10주년 기념 수정 증보판

조선족, 그들은 누구인가

-중국 정착 과정에서의 슬픈 역사-

10주년 기념 수정 증보판

〈중국 정착 과정에서의 슬픈 역사〉

조선족, 그들은 누구인가

곽승지 지음

인간사랑

목차

일러두기

1. 중국 동북지역의 조선족동포를 지칭하는 표현은 '조선인'과 '조선족'을 병행하여 사용했다. 조선족이란 표현이 중화인민공화국 수립 후 중국 공민의 일원인 소수민족으로 공식화되면서 사용된 정치적 용어이지만, 해방 이후 한반도로 귀환하지 않고 중국 동북지역에 정착한 사람들은 조선족의 모태로서 조선족의 범주에 포함시킬 수 있다. 하지만 이 책은 1945년 해방 후 조선인이 중국 동북지역에서 조선족으로 정착하는 과정을 기술함에 따라 중화인민공화국 수립을 기점으로 이전과 이후를 구분해 각각 조선인과 조선족으로 표기했다.

2. 중국 동북지역은 시대상황에 따라 다양한 이름으로 불려 왔다. 오늘날 중국에서는 흔히 동북(東北/동뻬이) 또는 동삼성(東3省) 등으로 부르지만 일제 강점기에는 간도(間島) 또는 만주(滿洲)로 불렸다. 또 이 지역을 더 세분하여 북간도·동간도·서간도, 혹은 동만·북만·남만·서만 등으로 부르기도 했다. 따라서 많은 연구물과 관련 서적들은 당시의 상황을 기술하며 옛 표현을 혼용하고 있다. 그러나 이 책에서는 오늘날 중국에서 일반적으로 사용하고 있는 용어를 차용하여 광의의 범위에서는 중국 동북지역 또는 동북지역으로 표기했다. 세분해서는 동북지역 동부권(북간도/동만/연변) 남부권(서간도/남만) 북부권(동간도/북만) 서부권(서만) 등으로 표기했다. 동북지역 동부권의 핵심지역인 연변지역을 지칭할 경우에는 그대로 연변 또는 연변지역으로 표기했다.

3. 이 책에 나오는 주요 지명과 사람 이름에 대해서는 원칙적으로 한국어 표기법을 택했다. 조선족동포는 물론 한국사회에서도 이에 대한 중국어 표기방식에 논란이 일고 있는 상황에서 독자들에게 친숙한 표현을 사용하는 것이 보다 바람직할 것이라는 판단 때문이다. 이에 따라 중국의 다른 지역 지명도 가능한 중국어 표기방식을 지양했다. 다만 조선족이 아닌 중국사람(한족) 이름이나 중국내 여타 지역의 지명 중 중국어 표기방식이 더 익숙한 경우 중국어 표기방식으로 기술했다.

4. 중국 동북지역에서는 해방 이후부터 중화인민공화국이 수립될 때까지 중국공산당과 국민당정부 간에 치열한 격전이 벌어졌다. 그 과정에서 양측은 우호 세력을 규합해 힘을 확충했다. 예컨대 중국공산당을 지지해 참전한 조선의용군과 조선인 중에는 중국공산당에 소속되지 않은 사람도 있다. 이들은 중국공산당이 아니라 '중국공산당 세력'의 일원이다. 따라서 이 책에서는 양자를 각각 '중국공산당 세력'과 '국민당정부 세력'으로 표기했다. 공산당 대신 중국공산당으로 표기한 것은 조선공산당 및 소련공산당과의 혼돈을 피하기 위해, 국민당 대신 국민당정부로 표기한 것은 당시 국민당정부가 사실상 중국 전역에서 주도권을 잡고 있었음을 반영한 것이다.

* 이 책은 관훈클럽 신영연구기금의 도움을 받아 저술·출판되었다

수정 증보판 서문

조선족에 대한 관심을 키우며 공부하던 중 중국 동북지역에서 인생 2막을 살아야겠다는 마음을 먹고 2014년 2월 연변에 정착했다. 연변과학기술대학에 적을 두고 동북지역 곳곳의 조선족사회를 살피면서 만나는 사람들에게 그곳에 살러 왔다고 호언하였다. 하지만 이런 저런 이유로 7년여만인 2020년 12월 한국으로 돌아와야 했다.

중국으로 떠나기 전 '한국사회와 조선족사회 간 좋은 관계맺기'란 화두를 끌어안고 씨름하면서 좋은 관계맺기가 안되는 이유를 서로가 잘 모르기 때문이라고 판단했다. 그래서 한국인들에게 조선족이 살아온 역사를 알려야겠다는 일념으로 책『조선족, 그들은 누구인가: 중국 정착 과정에서의 슬픈 역사』를 집필했다. 조선족동포들이 근현대 한민족 질곡의 역사를 딛고 중국 공민으로 살아온 이야기를 담았다. 역사학자가 아니면서 역사서를 쓴 것이다.

조선족의 삶을 이해할 수 있는 역사 개설서를 통해 일반 대중이 조선족에 대해 잘 알기를 바라는 마음이 작동했기 때문이다. 능력에 부치는 일임을 절감하면서도 동포들이 겪은 슬픈 역사를 생각하며 최선을 다했다. 그러나 여러 가지 사정으로 1970년대 문화대혁명 시기까지만 다루었다. 중국이 개혁개방 정책을 추진하고 한국과 외교관계를 수립한 이후 조선족사회의 탈영역화에 이은 재영역화 및 한국사회와의 관계맺기 등과 관련해서는 살피지 못한 것이다.

못내 아쉬움이 컸다. 그래서 책 말미에 기회가 닿는 대로 개정하고 보완하겠다고 약속했다. 약속에 대한 책임을 느끼며 기회를 엿보면서 10년 가까운 세월이 흘렀다. 더 이상 늦출 수 없다는 절박함 속에서 책 발행 10주년을 넘기지는 말아야겠다고 다짐하며 출판사 측과 논의했다. 다행스럽게도 출판계의 어려운 사정에도 불구하고 〈인간사랑〉은 수정 증보판 발행을 흔쾌히 수락해 주었다. 감사한 일이다.

『조선족, 그들은 누구인가』는 모두 3부로, 각 부는 4장으로 구성되었다. 수정 증보판은 여기에 1부 4장을 추가했다. 제4부의 제목은 '한중수교와 조선족사회의 변화'이며, 제1장 한중수교 전 중국 및 조선족사회, 제2장 한중수교와 한국사회-조선족사회 간 관계맺기, 제3장 한국의 조선족정책과 조선족사회, 제4장 조선족사회의 변화와 새로운 경향 등으로 구성됐다. 그리고 각 장은 모두 5개의 절로 내용을 구분하였다.

"현재를 이해하고 미래를 가늠하려면 될 수 있는 대로 천천히 현장을 다녀볼 일이다." 로버트 카플란(Robert D. Kaplan)이 2017년에 쓴 『지리의 복수 (The Revenge of Geography)』에서 지리학의 중요성을 강조하며 언급한 말이다. 2004년 1년여간 연변지역에 머물렀던 것을 포함하면 8년여 동안 조선족동포들이 사는 동북지역 이곳저곳을 살폈다. 카플란이 말한 것처럼 제법 긴 시간 찬찬히 조선족동포들의 삶의 현장을 살핀 덕분에 그들이 살아온 역사는 물론 현재의 조선족사회를 이해하고 미래의 모습을 어렴풋이나마 가늠하게 되었다.

그러나 문화대혁명 이후 중국은 역사적 대전환을 이루었다. 개혁개방 정책을 통해 완전히 다른 나라로 탈바꿈됐다. 그 변혁의 소용돌이 속에서 조선족동포들 역시 엄청난 변화를 겪었다. 탈영역화 과정을 통해 재영역화가 전반적으로 이루어지고 있어 이제는 중국 동북지역만이 조선족동포들의 삶의 현장이라고 말할 수 없게 됐다. 따라서 중국 동북지역을 두루 살폈다고 조선족동포들의 현재를 이해하고 미래를 가늠할 수 있다고 말하는 것 또한 무리이다.

그 변화의 역사를 압축해 정리하는 것도 간단치 않았다. 그런 만큼 다시 부족함을 절실히 느꼈다. 그럼에도 불구하고 수정 증보판 발간에 매달린 것은 독자들과의 약속을 지키는 것은 물론 어렴풋이라도 변화된 조선족사회를 알려야겠다는 생각 때문이었다. 이번 수정 증보판 역시 많은 사람들의 축적된 연구를 바탕으로 정리되었다. 당연히 오류를 포함한 모든 책임은 필자의 몫이다. 이 책이 한국사회와 조선족사회 간의 좋은 관계를 맺는 데 조금이라도 기여하기를 바라며 부족함에 대한 많은 지도와 편달을 기대한다.

2023년 원단 곽 승지

책을 시작하며

2013년 2월 현재 한국에는 50여만 명이 넘는 조선족동포들이 살고 있다. 이들이 한국에서 자리를 잡고 살아가기 시작한 것은 1992년 한중수교 이후부터이다. 조선족동포들의 본격적인 한국생활이 20여년이 넘었음을 의미한다. 물론 처음부터 이렇게 많은 조선족동포들이 한국에 정착하여 살았던 것은 아니다. 지난 20여 년 동안 우여곡절과 간난신고를 견디어낸 결과이다.

그럼에도 불구하고 조선족동포들은 여전히 한국에서의 생활을 낯설어 하고 힘겨워 한다. 몸과 마음을 한국에 의탁하고 있지만 한국정부와 한국사회가 적극적으로 포용하지 않기 때문이다. 이들은 지난 세월 한국정부의 동포정책에 일희일비해야 했고 한국사회의 홀대와 멸시를 묵묵히 견뎌야 했다. 그런 아픔은 지금도 계속되고 있다.

적지 않은 조선족동포들은 잘 사는 고국이 있다는 것을 기뻐하며 한국을 찾았건만 한국정부와 한국사회는 자신들을 동포로 대하지 않고 있다고 믿는다. 따라서 이들은 현실적 필요에 의해 한국생활을 선택했지만 한국사회에 대한 불만을 가슴에 품고 살아간다. 안타깝게도 한국에 대해 고마움을 느끼며 살아가는 사람 못지않게 마음에 응어리를 품고 살아가는 사람이 많은 것 같다.

조선족동포들은 중국공산당의 소수민족정책에 따라 중국 동북지역에서 동포들끼리 한데 어우러져 살아왔다. 그 결과 이들은 혈연과 지연 그리고 학연이 매우 강하게 얽혀있다. 따라서 한국에서 생활하는 조선족동포들은 어떤 형태로든 중국은 물론 세계 곳곳에 흩어져 살고 있는 친인척들과 매우 긴밀한 네트워크를 형성하고 있다. 이는 조선족동포들의 한국에서의 경험이 이들에게 국한되지 않고 모든 조선족동포들에게 빠르고 강하게 전파된다는 것을 의미한다.

한국에 거주하는 조선족동포들이 50여만 명이 넘었고, 한국사회와 조선족사회 간 적극적 관계 맺기를 한 시간이 20여년이 넘었다는 것은 양자 관계가 양적 질적으로 크게 변했음을 뜻한다. 그럼에도 불구하고 한국사회와 조선족사회가 좋은 관계를 맺지 못하고 갈등을 빚고 있다는 것은 많은 것을 생각하게 한다. 무엇보다 한국사회가 조선족동포들을 적극적으로 포용하는 것은 물론 이들과 더불어 살아가기 위해 보다 깊은 성찰을 해야 한다는 것을 일깨운다. 더불어 사는 좋은 관계를 맺기 위해서는 보다 능동적인 행동이 필요하다. 그것은 조선족동포들을 많이, 그리고 깊이 이해하는 데서부터 시작해야 한다.

조선족동포는 한민족의 일원이다. 비록 한반도 밖에 위치한 중국 땅에서 살아가는 중국 공민으로서 조선족이라는 별칭으로 불리며 때로는 애써 한민족임을 원망하기도 하지만 그들은 분명 한민족의 일원이다. 조선족동포들이 한민족의 일원임은 역사와 문화는 물론 말과 글을 우리와 공유하고 있는 데서도 확인된다. 기실 한민족의 일원이면서 말과 글을 공유하지 못한 채 살아가는 재외동포들이 많다는 점을 감안하면 이들은 특별하다. 그만큼 조선족동포들은 존중되어야 한다. 그럼에도 불구하고 한국사회는 이들을 특별하게 평가하지 않을 뿐 아니라 존중하지도 않는다.

오늘날 한민족이 세계 도처에 흩어져 살게 된 것은 지난 세기에 겪은 슬픈 역사 때문이다. 20세기 초 서세동점(西勢東占)의 전환기적 상황에서 나라는 나약하기 그지없었고 그로 인해 풍전등화와 같은 누란의 위기에 처했다. 당연히 백성을 돌보지 못했다. 급기야 일본 제국주의의 식민지로 전락했고 백성들은 뿔뿔이 흩어졌다. 한반도 안에서 천 년이 넘는 긴 세월 동안 희로애락을 함께 했던 한민족은 역사상 처음으로 살길을 찾아 한반도를 떠나 낯선 타국에서 둥지를 틀어야 했다. 어떤 사람들은 먹고살기 위해, 어떤 사람들은 나라의 독립을 위해, 어떤 사람들은 일제의 강제 동원으로….

일제에 나라를 빼앗긴 채 35여년의 모진 세월을 견디어 낸 후에야 한민족은 그들로부터의 핍박과 설움에서 벗어날 수 있었다. 그러나 해방의 기쁨도 채 가시지 않아 한반도는 남과 북으로 나뉘어 졌고 해외에 거주하던 적지 않은 사람들은 제각각의 이유와 사정으로 한반도로 돌아오지 못하고 그곳에 정착하게 됐다. 조선족동포들은 해방의 기쁨을 뒤로 한 채 한반도로 귀환하지 않고 중국 동북지역에 정착하기로 마음먹고 그곳에서 살아온 사람들이거나 그 후손들이다. 조선족동포들은 적어도 해방 이전까지는 우리와 같이 조선인으로 불렸던 사람들이다.

한민족이 겪은 20세기의 역사는 참담했다. 그 슬픈 역사 중에서도 조선족동포들은 더 힘겨웠다. 일본의 식민통치 시기는 물론 해방 이후 중국 동북지역에 정착하는 과정에서도 이들은 역사의 굽이굽이마다 크고 작은 역경을 견뎌야 했다. 간난신고 끝에 상처가 치유될 쯤에는 또 다른 역사(歷史)로부터 시험을 치러야하는 시지프스의 역사(役事)와도 같은 고단한 삶을 살았다. 그 과정에서 이방인이라는 낙인은 훈장처럼 따라 다녔다. 지금도 그들은 어느 한쪽에 온전히 소속되지 못한 채 정체성 혼란을 겪으며 살아가고 있다.

오랜 단절의 시간이 지나 마음속에 그리던 고국을 다시 찾은 지금도 그들은 또 다른 형태의 아픔을 겪고 있다. 한민족의 일원으로서 고국을 찾았건만 고국과 고국의 동포들이 외면하고 홀대하기 때문이다. 이들이 고국에서 겪는 아픔은 이전에 겪었던 것보다 더 가슴을 저밀 것이다. 그들은 애써 눈물을 감춘 채 그 모든 것을 숙명처럼 부여잡고 안으로 삭이며 고단한 삶을 살아가고 있는지도 모른다. 겉으론 웃지만 속으론 울어야 하는 피에로와 같은 슬픔을 간직한 채….

누구에게나 삶은 소중하다. 그런 만큼 누구나 자신의 삶이 정당하게 평가받기를 바란다. 스스로 당당한 삶을 살았다고 자부한다면 더욱 그럴 것이다. 하지만 적지 않은 사람들은 자신의 삶에 대해 정당한 평가를 받지 못한 채 살아간다. 세속적 잣대에 의한 사회적 편견과 폄하가 그 이유일 때가 많다. 좋고 나쁨, 옳고 그름을 정해진 틀에 맞춰 판단하려는 사회적 속성이 존중되어야 할 인간의 삶에 대한 평가에도 그대로 적용되기 때문이다. 조선족동포들이 한국사회에서 겪는 아픔 역시 여기서 비롯된다.

한국사회는 조선족동포들을 한민족의 일원으로 인정하면서도 이해부족과 편견 등으로 차별하고 있다. 이로 인해 한국사회와 조선족사회 간에는 상당한 정도의 갈등이 존재한다. 갈등을 촉발하는 많은 이유가 있지만 이들에 대한 이해부족이 주된 이유의 하나이다. 한국사회는 조선족동포들이 살아온 고단한 역사와 동포로 살아가고 싶은 원초적 바람을 외면한 채 이들을 중국 동북지역에서 가난하게 살아온 친북한적·친공산당적 사고를 가진 사람들이라는 틀 속에서 단선적으로 이해하며 구별하고 있다.

그러나 이러한 평가가 모두 사실에 부합하는 것은 아니다. 그것은 또 조선족동포를 구성하는 극히 작은 부분에 지나지 않는다. 물론 조선족동포들을 이해하고 적극 포용해야 하는 것은 단순히 이들이 한민족의 일원이라는 사실 때문만도 아니다. 이들을 이해하고 포용하여 좋은 관계를 맺는 것은 남북한 통합, 다문화사회로의 이행, 동북아시아공동체 건설이라는 한국사회가 추구해야할 현실적 과제들과 직결되어 있다. 따라서 한국사회는 조선족동포들에 대한 몰이해를 메우고 이들이 온전히 한민족의 일원으로 자리매김할 수 있는 방안을 모색하기 위해 더 많은 노력을 하여야 한다.

한민족이 겪은 슬픈 역사의 가장 적나라한 체험자인 조선족동포들을 이해하기 위해서는 먼저 이들이 살아온 역사를 알아야 한다. 그들의 역사를 통해 그들의 마음 속 깊은 곳에 자리 잡고 있는 의식은 물론 행동의 근원을 헤아릴 수 있을 것이기 때문이다. 그것은 또한 일제 강점기와 해방공간 및 국공내전 시기, 그리고 동서 냉전시대에 누구보다도 고단한 삶을 살아야 했던 이들의 마음을 어루만짐으로써 이들과 함께 새로운 미래로 나아가는 중요한 계기가 될 것이다.

단재(丹齋) 신채호(申采浩)는 한민족이 우리 역사를 모르는 것의 민망함을 달래기 위해 『조선상고사』를 썼다고 했다. 나는 한국사회가 한민족의 일원인 조선족동포들에 대해 잘 모르면서 그들의 현재의 모습과 그들이 처한 현실만으로 평가하며 홀대하는데 대한 미안함을 달래기 위해 그들의 삶의 궤적을 찾아 나섰다. 나는 또한 조선족동포들 스스로 자신들의 지난 역사를 뒤돌아보고 성찰함으로써 한민족의 일원으로서 오늘을 보다 당당하게 살기를 바라는 마음을 담아 이 글을 쓴다.

나는 역사학자가 아니다. 당연히 이 글을 역사서라고 말하기에는 많이 부족하다. 그렇더라도 역사서가 아니라고 말하고 싶지는 않다. 조선족동포들과 함께 한민족의 새로운 미래를 만들어 가기 위해 그들이 겪은 지난 역사를 돌아보려 하기 때문이다. 역사는 현재는 물론 미래를 위한 토대이다. 그런 만큼 한민족 모두는 지난 세기에 겪은 슬픈 역사를 되새기며 새로운 미래를 준비해야 한다. 그것은 한민족의 슬픈 역사를 복원하는 데서 시작해야 하며 그 일차적 과제는 조선족동포들의 역사를 한민족 민족사의 관점에서 성찰하는 것이다.

이 책은 조선족을 한민족의 일원으로 인식하며 조선족역사를 한민족사의 관점에서 서술하려는 목적에서 준비됐다. 따라서 조선족의 형성 시점을 중국 동북지역으로 이주했던 조선인이 1945년 8월 해방 후 한반도로 귀환하지 않고 그곳에 정착하기로 결심한 이후부터로 보았다. 이에 따라 해방 후 조선인들이 중국 동북지역에 정착해 중국 공민을 구성하는 소수민족으로 자리잡아가는 파란만장한 과정을 대중들이 이해하기 쉽게 개설서 형태로 정리했다.

책의 범위는 해방 후부터 조선족동포들이 중화인민공화국 수립 후 중국에서의 잇단 정치투쟁 속에서 갖은 어려움을 겪으며 중국 공민으로 거듭난, 문화대혁명 시기까지를 담았다. 책의 내용은 조선족동포들이 중국에 정착하는 과정을 사회문화사나 경제생활사 보다는 사회적 환경과 정치적 변화 속에서 살펴보았다. 책의 구성은 조선족동포들이 중국 동북지역에 정착하는 과정을 시대적 상황에 맞춰 시대구분한데 따라 크게 3부분으로 나누어 기술했다.

필자는 조선족동포들이 중국에 정착하는 과정을 '중국 정착기(해방 후-1946년 6월까지)', '중국 건국 참여기(1949년 10월까지)', '중국공민으로서의 생활기(1949년 10월 이후)' 등으로 시대구분 하고자 한다. 그러나 해방 직후부터 중화인민공화국 수립까지의 4여년의 격동의 세월과 6·25전쟁 기간 동안 조선족동포들이 겪은 엄청난 시련을 단순히 시대구분 속에 맞추기에는 어려움이 있었다. 따라서 당시의 국제정세와 국공내전의 전개과정, 북한과의 관계 등을 중심으로 조선족동포들의 역할과 의식 형성 과정에 초점을 맞추어 정리하고자 노력했다.

이에 따라 이 책은 해방 직후 조선인들이 중국에 정착을 결심하는 과정에서 중국 동북지역의 정세 변화를 다룬 '해방 전후 중국 동북지역과 조선인', 조선인들이 중국에 정착을 결심한 이후 동북아시아에서의 질서재편 과정에 깊이 연루된 과정을 정리한 '해방 후 동북아시아에서의 질서재편과 조선인', 그리고 동북아시아에서 질서재편이 마무리된 이후 조선인이 중국 공민의 일원인 조선족으로 자리잡아 가는 과정을 담은 '중화인민공화국 수립과 조선족으로서의 삶' 등 3부로 나누어 기술했다. 다만 6·25전쟁과 관련된 부분은 시기적으로는 중화인민공화국 수립 이후에 발생했지만 내용적으로는 동북아시아에서의 질서재편과 관련이 있는 것이기 때문에 2부에서 다루었다.

2013. 2.

지은이 곽 승 지

지도 1. 한반도 및 중국 동북지역 위치도

프롤로그

왜 조선족 역사인가?

흔히 조선족동포는 정주(定住)의식보다 나그네의식이 강하다고 말한다. 중국 동북지역으로 이주한 이후 갖가지 어려움을 겪게 되면서 고국(향)으로 돌아가려는 마음을 가슴에 품고 살았기 때문이란다. 어느 순간 이들이 얼마나 힘든 삶을 살았으면 다시 돌아갈 날을 생각하며 살았을까 하는 안타까운 마음이 들었다. 그들을 올바로 이해하기 위해 그들이 살아온 역사를 헤아려보아야겠다고 생각하였던 계기이다.

그렇다. 그들은 나그네와 같이 언제든 고국으로 돌아가려는 마음을 가슴 한편에 품고 살았다. 해방이 된 후에야 그들은 한반도로 귀환하는 대신 중국 동북지역에 정착하기로 마음먹었다. 하지만 중국의 개혁개방과 세계적인 탈냉전으로 새로운 시대가 도래하자 다시 나그네 의식이 발동되어 지금은 세계 곳곳에서 수많은 조선족동포들이 나그네로서의 삶을 살고 있다. 그리고 고국으로 돌아와서도 나그네로서의 설움을 안고 살아가고 있다.

흔히 '친구는 옛 친구'라고 말한다. 오래된 친구가 허물없고 좋은 것은 그의 현재는 물론 과거의 일까지 잘 알기 때문이다. 잘 안다는 것은 신뢰한다는 의미를 내포하고 있다. 알기 때문에 그의 말과 행동을 비판할 필요가 없고 문제시 할 이유도 없다. 그냥 이심전심으로 통하기 때문이다. 그러나 잘 모르는 사이에는 상대의 모든 것이 못마땅하고 그래서 의심스럽기까지 하다. 당연히 믿을 수 없게 되고 비판하게 된다. 한국사회와 조선족사회 간의 불편한 관계가 그런 것 같다는 생각을 했다.

이 불편한 관계를 어떻게 할 것인가. 관계를 정상화하는 과정은 험난할 것이다. 먼저 한국사회가 조선족사회를 이해하고 포용하는 데서 시작해야 한다. 그런 점에서 조선족동포에 대해 올바로 알려는 노력이 중요하다. 무엇보다도 먼저 그들의 역사를 이해하는 것이 순서일 것이다. 그들이 왜 그곳으로 이주하고 정착했는지, 정착한 후 어떤 과정을 거쳐 현재의 위상과 정체성을 갖게 됐는지를 아는 것은 그들을 이해하기 위한 선결조건이다.

역사의 굽이굽이 아픔을 간직한 조선족동포들의 삶은 통사적이고 연대기적인 사건들의 기록만으로 박제되어서는 안 된다. 기록되지 않은 시간과 잊혀진 기억들은 물론 그들의 삶 속에 내재된 모든 역사적 흔적들을 끄집어내어 올바로 평가할 뿐 아니라 그들의 마음 속에 남아 있는 작은 상처마저 치유할 수 있어야 한다. 그러나 지금껏 조선족동포들의 아린 삶은 온전히 드러나지 않았다. 그 절절한 사연들은 이데올로기에 함몰되어 편향된 기록으로만 전해지고 있다. 그들은 여전히 치유의 시간이 오기를 손꼽아 기다리고 있다.

그들의 삶을 진지하게 알려고 하는 사람도 없고 또 알려주려는 사람도 없었던 탓이다. 그 결과 조선족동포들의 삶은 일면만 묘사되어 폄하되고 그들의 생각은 부적절하고 배반적인 것으로 되고 있다. 조선족동포들이 왜 중국 동북지역에서 살게 됐으며 살아남기 위해 얼마나 많은 시련을 겪었는지, 어떤 과정을 거쳐 중국에서 현재와 같은 정치사회적 위상을 갖게 됐는지, 그리고 그들의 의식과 행동의 원천은 무엇이며 그것들이 어떻게 형성됐는지… 우리들은 그 모든 것을 잘 모르면서 그들에 대해 함부로 재단하고 말해 왔다.

조선족문학 작품에 나타난 조선족의 나그네 의식

"영수 오랍누이는 나중 돌아가신 어머니를 여읜 지도 벌써 4, 5년이지만, 어려서부터 받아온 그들 부모네의 영향으로 줄곧 해마다, '명년에 나간다! 명년에 나간다!'를 외느라고 언제나 궁둥이가 반쯤 떠 있어서, 빤빤한 터전에 나무 한그루 심으려 하지 않다가 작년에야 비로소 울타리 밑에 백양나무 다섯 주와 배나무 다섯 주를 떠다 심고, 거기에 자기들도 뿌럭지를 박고 안착할 결심을 내리었다."
(김학철, 『해란강아 말하라 (상)』, 22쪽)

슬픈 역사를 넘어 치유의 역사라야 한다

역사를 '현재와 과거의 대화'로 정의한 카(E. H. Carr)는 과거의 역사적 사실을 현재 시점에서 어떻게 수용하느냐에 따라 역사적 의미가 달라질 수 있다는 점을 강조한다. 이는 실증주의적 역사학이 주장하고 있는 역사적 사실로서의 객관성과 보편성을 거부하고 역사를 과거와 현재의 상호 연관성 속에서 파악함으로써 역사를 통해 미래지향적인 교훈을 얻어야 한다는 의미이다. 역사가의 해석 여하에 따라 과거의 역사적 사실이 현재는 물론 미래에 능동적으로 기능할 수 있음을 강조하며 역사 해석의 중요성을 설파한 것이다.

미국의 대표적인 역사이론가인 도미니크 라카프라(Dominick LaCapra)는 역사학을 아픈 기억에 대한 치유의 학문이라는 관점에서 접근한다. 이른바 '치유의 역사학'으로 불리는 라카프라의 역사관에 따르면 역사가는 개인이나 집단이 과거로부터 간직한 1차 기억을 여과·선별하고 재창조해 그 결과물인 2차 기억을 후대에 전달하는 '기억의 심부름꾼이며 가공생산자'이다. 그러므로 역사가가 감당해야 할 의무와 책임 역시 민족, 이데올로기, 도덕 등 다양한 이유와 명분에 의해 억압되고 질식당하고 있는 사람들의 기억들을 그 상흔의 굴레에서 해방시키는 것이라고 말한다. 즉, 역사가는 자신의 주체 위치를 설정하고 자신이 비극적 격자에 참여자로서 어떻게 얽혀 있는지 인식함으로써 역사에 대해 적극적인 태도를 취해야 한다는 것이다. 이는 역사에 방관자적 입장을 취하는 전통적인 역사학자의 태도와 다른 새로운 접근이다. 이를 위해 그는 후손들이 현명한 역사적 선택을 하는데 참조할 수 있는 이성적인 '기억의 역사창고'를 창조하고 보존하는데 주목한다.

"역사는 유동적이며 문제투성이인 담론이다. 겉보기에 이는 세계의 한 단면인 과거에 관한 담론이다. 그러나 그것은 현실에 얽매어 있는 연구자 집단이 만들어 낸다. 이 연구자들은 인식론, 방법론, 이데올로기와 실천적 측면에서 일정한 입장을 갖고 있다는 사실을 서로 인정하는 방식으로 작업을 시작한다. 이 연구자들이 만들어 낸 생산품은 일단 유통되면 논리적으로 무한히 이용되고 남용된다. 그러나 현실 속에서 그것은 주어진 일련의 권력 토대에 부합되고 지배·주변의 스펙트럼을 따라 역사들의 의미를 구조지으며 유포시킨다." 영국의 저명한 포스트 모던 역사학자인 케이스 젠킨스(Keith Jenkins)가 '나를 위한 역사란 무엇인가'라는 물음에 대해 내린 정의이다. 젠킨스는 역사를 역사가들에 의해 만들어진 것으로 규정하며 기존의 역사학계에서 일반화된 '역사란 무엇인가' 대신 '누구를 위한 역사인가'라는 물음이 필요하다고 강조한다.

조선족동포들은 20세기에 겪은 슬픈 역사 속에서 민족과 이데올로기라는 이유와 명분으로 억압되고 질식된 수많은 기억들을 가슴에 묻고 살아왔다. 이제 조선족동포들은 그들을 짓눌러온 아픈 기억들에 의한 상흔의 굴레로부터 해방되어야 한다. 이를 위해 조선족역사는 새롭게 쓰여져야 한다. 그 일차적 책임은 관련 역사학자들에게 있다. 조선족문제를 다루는 역사학자들은 역사학이 단순히 과거의 사실을 밝혀내는 것을 넘어 현재의 시점에서 재평가하는 것은 물론 그 시대에 겪은 아픈 기억들을 치유할 수 있도록 재해석해야 한다는 명제에 귀 기울여야 한다. 그리하여 단순히 이들의 기억을 들추어내고 과거의 역사적 사실을 규명하는데 머물러서는 안 된다. 조선족동포들이 겪은 슬픈 역사를 현재의 시점에서 재해석함으로써 이들의 마음을 짓누르고 있는 슬픈 기억의 굴레에서 벗어날 수 있는 길을 찾아야 한다. 아울러 그 슬픈 역사로부터 현재는 물론 미래를 위한 교훈을 찾아내야 한다. 또한 그동안 생산된 역사가 누구를 위한 역사였는지에 대한 성찰도 필요하다. 조선족동포들의 마음에 남아있는 아픈 기억은 결코 그들만의 것이 아니다. 한민족 모두가 공유해야 하고 이 시대를 사는 모든 사람들이 함께 극복해야 할 과제이다.

조선족역사를 위한 개설서가 필요하다

조선족 지식인 중 다수가 역사와 문학 전공자들이다. 그런 만큼 조선족동포들과 관련된 많은 글이 역사서나 문학작품으로 구현되어 있다. 그러나 조선족동포들의 삶, 특히 조선인이 해방 이후 중국 동북지역에 정착하여 조선족으로서의 삶을 살아온 과정을 체계적으로 다룬 글은 찾아보기 어렵다. 일부 역사학자들이 통사 약사 등의 형태로 조선족동포들의 삶을 다루었지만 이 역시 대부분 해방 이전 조선인이 동북지역으로 이주한 것에 집중되어 있다. 해방 이후의 문제를 다룬 경우에도 대부분 비정치적인 부문에 국한되어 있거나 이데올로기적으로 편향되어 있다.

한국학자들이 쓴 조선족역사와 관련된 글들도 있다. 한중 수교 이후 조선족동포들에 대한 관심이 높아지면서 한국학자들도 조선족동포들과 관련된 저작물을 적지 않게 내놓았다. 하지만 조선족동포들이 살아온 역사에 천착하기보다는 조선족 동포사회에서 나타나고 있는 현상에 주목하며 이를 분석하고 해설한 글이 대부분이다. 역사연구물의 경우엔 대부분 전문적인 논문 형식으로 되어있다. 따라서 일반 대중이 조선족역사, 특히 해방이후의 정치적 현상을 이해하기는 쉽지 않다.

조선족 역사와 관련된 대중적인 글로는 양적 질적인 면에서 조선족학자들의 글이 절대적으로 우세하다. 그러나 조선족학자들을 포함한 중국학계의 연구는 조선족역사를 한민족사적 관점이 아니라 중국 소수민족사의 한 부분으로 취급하고 있다. 중국공산당의 영향 아래 있는 이들로서는 현실적으로 중국공산당의 시각을 반영해야 하기 때문에 이데올로기 편향적일 수밖에 없다. 이로 인해 이들의 역사 서술은 대체로 실증주의적 방법을 취하고 있고 역사적 사실의 객관성을 검증하는데 치중해온 경향이 있다.

따라서 카가 말한 바와 같이 역사를 과거와 현재가 나누는 유용한 대화로 인식하며 미래지향적 교훈을 제시하는 데는 못 미친다. 라카프라의 치유의 역사학으로서의 역할은 말할 나위도 없다. 굳이 젠킨스의 질문에 답한다면 조선족을 위한 역사라기 보다 중국공산당을 위한 역사에 가깝다. 그런 점에서 기존의 조선족 관련 역사서들이 오늘날의 시대 상황을 적절하게 반영하고 있다고 말하기 어렵다. 즉, 과거 냉전시대에는 조선족동포가 한민족과 분리되어 단절된 역사를 살았지만 지금은 탈냉전 상황에서 세계화를 구가하는 새로운 시대를 맞아 조선족동포들 또한 한민족의 일원으로 살아가고 있다. 또 한민족과의 소통은 물론 다양한 민족과 집단 및 조직들과 상호의존적인 관계를 맺으며 살아가고 있다.

이 같은 현실을 직시할 때 해방 후 조선인이 중국 동북지역에 정착하여 조선족으로 살아온 역사를 한민족사의 관점에서 정리하는 것은 시급한 과제이다. 특히 한중 수교 이후 조선족동포들과 한국사회가 긴밀한 관계를 맺어온 지 20여년이 지났음에도 불구하고 아직 조선족동포들이 중국 동북지역에서 살아온 역사를 종합적으로 정리한 개설서 형식의 대중적 역사서가 없다는 점은 크게 아쉬운 일이다. 개설서는 역사의 대중화를 위한 필요조건이다. 조선족역사가 일부 전문가들만의 전유물일 수는 없다. 한국사회와 조선족사회가 좋은 관계를 맺기 위해서도 한민족 모두가 조선족역사를 공유해야 한다. 이를 위해 전문서가 아닌 일반대중이 읽을 수 있는 개설서는 반드시 필요하다.

역사를 연구하는 근본 목적은 개별적인 사실을 규명하는 것이 아니라 이런 사실들이 모여 이루게 될 전체적인 역사상을 제시하는 것이다. 이런 점에서 조선족역사에 대한 개설서는 조선족사회에 대한 종합적 이해와 그들과의 관계설정 등에 중요한 영향을 미친다고 할 수 있다. 필자가 조선족역사를 개설서 형식으로 정리하고자 한 것도 전문가가 아닌 일반대중이 조선족역사에 대해 관심을 갖고 그들의 삶을 올바로 이해하기를 바라기 때문이다. 이 글이 조선족역사에 대한 개설서를 양산하는 계기가 되길 바라면서….

조선족역사의 재정립이 시급하다

조선족역사 연구에서 제기되고 있는 당면한 쟁점은 두 가지다. 조선족동포들의 중국 이주시점을 언제로 할 것인가와 이주기간을 어떻게 시대 구분할 것인가 하는 것이다. 이것은 조선족의 정체성과 한민족 내에서의 위상, 조선족동포들과 중국공산당 간의 관계, 조선족동포들의 중국 내에서의 위상, 그리고 한국사회와 조선족사회 간의 관계 등을 이해하기 위한 기본적인 문제이다.

중국 연변대의 김춘선교수는 2012년 5월 서울에서 조선족역사학계에서 조선족 이주 역사에 관한 연구동향을 정리한 논문 「중국 조선족 이주사 연구동향」을 발표했다. 이 논문에 따르면 조선족동포들의 중국 이주시점과 관련해 조선족학자들 사이에서는 '토착민족설'과 '천입(遷入)민족설'이 팽팽히 맞서고 있다. 조선족의 이주시점과 관련해 전자는 명말(明末) 청초(清初), 즉 조선 중기인 16세기 초로 소급하는 반면 후자는 조선인이 대량으로 압록강과 두만강을 건너 중국으로 이주하기 시작한 구한말, 즉 19세기 중후반으로 본다.

토착민족설은 주로 연변대학 출신 학자들에 의해 주장되어 왔으며 박창욱, 손춘일, 강룡범 등이 대표적인 학자들이다. 이들은 중국정부가 하북성과 요녕성에 사는 고려인의 후예인 박씨촌 사람들을 조선족으로 받아들인 사실에 주목하며 조선족의 이주 시점을 명말 청초 시기로 소급해야 한다고 주장한다. 박창욱은 명말 청초 이후 국경이 상대적으로 안정됐으며 정묘 및 병자 호란 시기에 수 만 명의 조선인이 동북지역으로 끌려갔는데 이들과 조선족과의 연관성이 입증된다는 점을 토착민족설을 주장하는 이유로 들었다.

천입민족설은 한준광 김원석 등 주로 연변사회과학원 출신 역사가들에 의해 주장되어 왔다. 이들은 박씨촌의 고려인 후예들은 민족성을 상실했을 뿐 아니라 기타 민족에 동화됐기 때문에 조선족 이주시기를 이들과 연관짓는 것은 적절치 않다며 19세기 중엽 조선인이 대량으로 중국에 이주한 시기에 주목한다. 한준광은 19세기 이전에 이주한 조선인은 중국 소수민족의 일원인 조선족과 구별되며 현재의 조선족도 그들의 후예가 아니라는 점을 이유로 들었다. 그는 또 19세기 중엽을 기준으로 하여 그 이전은 조선인 해외이민사의 문제이고 그 이후는 조선족 천입사의 연구대상이라며 양자를 엄격히 구분해야 한다고 주장한다.

조선족 이주역사에 대한 시대구분과 관련, 조선족역사가들은 대부분 1945년 8월 해방 이전까지의 시기를 다루고 있다. 즉, 토착민족설을 주장하는 사람들은 1600년대부터 1945년 해방 시점까지를, 천입민족설을 주장하는 사람들은 1800년대 중후반부터 해방 시점까지를 각자의 관점에서 시기 구분했다. 일부의 논자들은 해방 이후 국공내전 시기까지로 그 시기를 확장하기도 한다. 예컨대 연변대학의 손춘일교수는 2009년 북경 중화서국에서 펴낸『중국조선족이민사』에서 조선족의 이주시기를 각 시기별 통치주체를 중심으로 청나라시기, 중화민국시기, 위만주국시기, 해방전쟁시기로 나누어 기술하고 있다.

조선족의 중국 이주시점 및 이주 이후의 역사에 대한 시대구분은 조선족동포들의 중국 정착 및 의식변화 과정, 그리고 정체성 형성 과정 등을 이해하는 핵심적 사안이다. 그러나 오늘날 조선족역사에 대한 대부분의 연구는 한민족의 중국 이주문제에 초점을 맞추고 있다. 즉 한민족의 중국 이주사와 조선인이 중국에 정착해 조선족으로 살아가는 과정을 혼동하고 있다는 것이다. 일부 조선족학자들이 조선족의 중국 이주시점으로 주장하는 명말 청초 혹은 구한말은, 굳이 따진다면, 한민족의 중국 이주시점이라고 해야 한다. 이는 한준광 등이 천입민족설을 주장하며 토착민족설을 주장하는 사람들을 반박했던 것과 같은 논리이다.

한민족 민족사적 측면에서 볼 때, 한민족의 중국 이주와 조선인이 해방 이후 중국에 정착해 중국 공민을 구성하는 소수민족의 일원이 된 조선족의 형성 시점은 분명히 구별되어야 한다. 그런 점에서 조선족학자들의 주장은 한민족과 조선족을 동일한 개념으로 인식했다는 점에서 오류이다. 조선족의 개념을 명확히 정의하지 않은 가운데 조선족의 역사를 무리하게 소급하려 한 것이 오류의 핵심이다.

오늘날 조선족 명칭에 대해 많은 논란이 있지만 이 명칭은 중국공산당이 중국 동북지역에 정착한 조선인(민족)을 중국 공민을 구성하는 소수민족의 일원으로 인정하면서 사용된 정치적 의미를 담고 있다. 실제로 중국에서 조선족이라는 명칭이 보편적으로 사용된 것은 1950년대 중반 이후부터이다. 이 같은 점에서 조선족의 형성 시점은 중국 동북지역에 살던 조선인이 해방 후 한반도로 귀환하지 않고 중국공산당이 통치하는 그곳에 정착하기로 결정한 시점으로 보는 것이 타당하다. 해방 이전에는 한반도에 거주했던 사람이든 중국 동북지역에 거주했던 사람이든, 조선인으로 불리든 한인으로 불리든, 명백히 똑같은 한민족이었기 때문이다. 조선족이라는 명칭이 중국공산당에 의해 1950년대 중반 이후부터 공식적으로 불려졌지만 그 시원은 조선인이 중국 동북지역에 정착을 결심한 때인 해방 직후로 보아야 한다는 것이다. 인하대의 이진영 교수 역시 해방 전후 중국공산당의 동북지역 조선인에 대한 법적 지위를 논하는 글에서 "중국 정부에 의해 조선족으로 칭해지기 전의 중국동포는 당연히 만주의 조선인으로 불러야 한다"고 언급, 조선족 명칭의 사용을 엄격히 할 필요성을 제기한 바 있다.

같은 맥락에서 조선족역사에 대한 시대구분 역시 해방 직후의 시점을 기준으로 구분해야 한다. 조선족동포들이 해방 이후 중국에 정착해 중국 공민으로 살아온 과정에 대해서는 시대상황에 따라 세 시기로 시대구분 할 수 있다. '중국 정착기(해방 후-1946년 6월까지),' '중국 건국 참여기(1949년 10월까지),' '중국공민으로서의 생활기(1949년 10월 이

後)'등이다. '중국 정착기'는 조선인이 한반도로 귀환하지 않고 중국에 정착하기로 마음을 먹은 시기로서 해방 직후부터 중국공산당과 국민당정부 간의 갈등이 본격화되고 중국공산당이 조선인을 대상으로 토지개혁을 시작한 1946년 6월 이전까지이다. 해방 초기 80여만 명의 조선인이 한반도로 귀환했는데 대부분 이 기간에 이루어졌다는 판단 때문이다. '중국 건국 참여기'는 조선인이 중국 정착을 결심한 후 중국공산당을 지지하여 국공내전에 참여해 중화인민공화국 수립에 기여한 1949년 10월까지의 기간이다. 그리고 '중국 공민으로서의 생활기'는 중화인민공화국 수립 이후 중국 공민을 구성하는 소수민족으로 살아온 시기이다. 중국 공민으로서의 생활기는 중국의 정치변동 과정을 중심으로 보다 세분할 수 있을 것이다.

주목되는 것은 조선족문학 연구자들 사이에서 이미 오래전에 조선족 형성 시점과 관련해 깊은 고민을 하고 나름대로 적절한 논리를 제시해 왔다는 점이다. 중국 길림대의 윤윤진교수는 1993년에《문학과 예술》에 발표한「중국 조선인문학연구에 나서는 몇가지 문제」제하의 글에서 중국공산당이 중화인민공화국을 수립한 1949년을 경계로 하여 이전을 '조선인문학'으로 이후를 '조선족문학'으로 불러야 한다고 주장했다. 1949년 이전의 문학을 조선족문학으로 칭하는 것이 적절하지 않은 측면이 있음을 간파한 것이다. 윤윤진의 이러한 주장은 중국 해양대학의 이해영 교수가 2006년에 펴낸 저서『중국조선족 사회사와 장편소설』에서 다음과 같이 확장됐다. 이교수는 중국과 한국 학계에서 조선족문학을 보는 시각을 언급하는 가운데 작가층의 교체와 광복 후의 재만 조선인의 중국 선택이라는 두 가지 이유를 들어 1949년이 아닌 1945년을 중국 조선족문학의 시작 기점으로 보아야 한다는 입장을 제시했다.

조선족학자들이 조선족역사를 한민족의 중국 이주시점으로 소급하려는 것에 대해서는 조선족이 한민족의 일원이라는 점에서 일견 이해할 수 있다. 그리고 조선족동포들의 역사를 확장하기 위해 한민족의 중국 이주역사를 활용할 수 있는 측면도 있다. 하지만 조선족은 해방 후 중국 동북지역에 정착하여 중국공산당을 지지하며 중국 공민이 된 조선인과 그 후손을 지칭한다는 점에서 해방 이전의 조선인과 해방 이후의 조선인은 분명히 구별돼야 한다. 즉, 한민족과 조선족간의 연관성을 논하기 위해 한민족의 중국 이주시점을 조선족의 역사에 활용할 수는 있지만 조선족이 형성된 과정에 주목한다면 이런 접근은 적절치 않다는 것이다. 최근 조선족학자들 중에서 조선족을 '100% 조선족'으로 칭하며 한민족과의 관계를 분리하려 하는 시도는 조선족역사를 지나치게 소급하고 있는 것과 무관치 않아 보인다.

현실적으로 중국학계에서는 조선족역사를 한민족사의 관점이 아니라 중국적 관점에서 연구할 수밖에 없을 것이다. 따라서 조선족학자들이 조선족역사를 중국 소수민족사의 시각에서 다루고 있는 점은 이해할 수 있다. 그러나 한국학계에서는 조선족역사를 한민족사의 일부로 인식하고 이에 걸맞는 연구를 통해 한민족사를 온전히 복원해야 한다. 해방 이전에 중국 동북지역과 인연이 있는 사람들마저 모두 조선족으로 표기하는 일부 학자들의 행태는 지양되어야 한다. 최근 조선족 학자들 사이에서도 조선족역사를 한민족 디아스포라의 관점에서 다루고 있는 점에 주목하며 한국역사학계가 조선족역사에 대해 보다 정확하고 엄밀하게 접근함으로써 조선족역사를 한민족사의 일부로 분명히 자리매김해야 한다.

조선족역사는 한민족사의 구성요소 이다

조선족역사를 한민족사에서 분리할 것인가? 이 우문을 제기하는 것은 지금껏 조선족역사를 한민족사의 관점에서 제대로 다루지 않았다고 생각하기 때문이다. 중국 조선족사회에서는 물론 한국사회에서도 마찬가지이다. 한국의 국사편찬위원회가 최근 '재외동포사총서'를 기획하면서 『중국 한인의 역사』를 상·하 두 권으로 발행한 것이 눈에 뜨일 뿐이다. 8천만 한민족 구성원의 2%, 7백50만 한민족 재외동포의 25%가 넘는 190여만 명의 조선족 역사가 한민족사에서 겉돌고 있다.

20세기 한민족이 겪은 슬픈 역사를 극복하고 한민족사를 온전히 복원하기 위해서도 조선족동포들의 삶에 대한 관심과 이를 정리하기 위한 노력이 절실하다. 20세기의 질곡의 역사 속에서 어쩔 수 없이 한반도를 떠나 중국 동북지역에 정착한 조선족의 역사에 주목해야하는 이유는 명백하다. 이들은 수적으로 여타 재외동포보다 월등히 많을 뿐 아니라 지리적으로 한반도와 이웃해 살고 있다. 또 이들의 이주

과정은 한민족이 겪은 슬픈 역사에서 비롯된 것이었으며 이주 후에도 한민족 및 한반도와 직간접적으로 관련된 삶을 살았다. 그 과정에서 이들은 특별히 힘든 시간을 보내야 했다. 힘겹게 살아온 그 세월 때문에 조선족동포들은 향후 남북통일은 물론 세계화에 따른 다문화사회, 그리고 동북아시아공동체를 준비하는 과정에서 중요한 역할을 할 것으로 평가되고 있다.

지난 시간을 단지 잃어버린 시간으로 치부할 것인가 아니면 새로운 미래를 위한 '예비'로 승화시킬 것인가? 이 문제는 이 시대를 사는 한민족이 조선족역사를 어떻게 재해석하는가의 문제와 직결된다. 그 일차적 책무는 한민족의 주류인 한국인 및 한국사회에 있다. 조선족동포들과 더불어 새로운 미래로 나아가기 위해서는 이들이 겪은 슬픈 역사에 귀 기울이며 이들의 아픔을 어루만져 주어야 한다. 이들을 명실상부한 한민족의 일원으로 포용함으로써 좋은 관계 맺기를 하여야 한다.

조선족역사를 한민족사의 관점에서 복원하는 것은 한국사회와 조선족사회 간의 갈등을 해소하고 당면한 문제들을 풀어가는 동력이 될 것이다. 최근 세계화의 흐름 속에서 국가 간 경계가 느슨해짐에 따라 인구의 초국가적 이동이 급속하게 이루어지고 있다. 이로 인해 사회적 계층이 다원화되며 갈등 요인이 증가하고 있다. 특히 출신지역별로 민족을 계서화(階序化)하는 현상은 민족 내부에서의 갈등을 부채질하는 요인이 되고 있다. 조선족역사를 한민족사의 관점에서 다루며 적극 포용함으로써 이들에 대한 차별을 줄여야 하는 이유이다.

조선족 인구 감소 실태

2010년 제6차 중국 인구조사 통계자료에 따르면 조선족인구는 183만929명으로 2000년 제5차 인구조사 당시 192만3천842명에 비해 9만2천913명이 줄었다. 10년 전인 1990년 인구조사 때도 조선족인구는 대략 192만여 명 선을 유지했었다. 조선족인구의 절대수가 10년 사이에 현저하게 줄었다.

중국 중앙민족대학의 박광성 교수에 따르면 조선족인구가 감소 추세를 보이기 시작한 것은 1994년부터이다. 그러니까 불과 16년만에 조선족인구의 절대수가 감소한 것이다. 박교수는 10년 사이 9만2천여 명이 감소한 원인에 대해 "이주, 외국 유출 등 기계적으로 증감된 것이 주요인"이라고 밝혔다. 중국의 56개 민족 중 인구의 절대수가 감소한 것은 조선족이 유일하다.

박교수는 무엇보다 조선족의 낮은 출산율을 우려한다. 인구의 현상유지를 위해서는 여성의 출산율이 2.1명을 유지해야 하는데 조선족 여성의 경우 현재 0.98명에 불과하다. 그는 "이 같은 상황이 지속되면 계산적으로는 30년 뒤에 조선족인구가 현재의 절반 수준으로 줄어들게 될 것"이라고 말한다. 이런 사실을 반영하듯 연변조선족자치주는 최근 둘째 아이를 출산하는 조선족동포에게 거금의 출산 장려비를 지급할 계획을 밝힌 바 있다.

표 1. 조선족 인구 변화 추이

년도	2000	2010	2020	비고
전체 조선족 인구	1,923,842	1,830,929	1,702,479	
연변주 조선족 인구		736,991	597,426	
연변주 조선족 인구 비율		32.5%	30.77%	1.8% 감소

* 위의 표에서 제시한 숫자는 2000년, 2010년, 2020년 제5차, 제6차, 제7차 중국 인구조사 통계자료 참고

제1부 해방 전후 중국 동북지역과 조선인

제1부
해방 전후 중국 동북 지역과 조선인

1장

해방 전후 중국 동북지역 정세 개관

1. 일본의 항복과 동북지역 세력 판도

1945년 8월 일본의 무조건 항복은 한반도와 중국 동북지역을 포함한 동북아시아에서 새로운 역사의 시작을 알리는 신호였다. 하지만 새로운 역사를 여는 일은 길고도 험한 여정이었다. 하나의 전쟁을 겪어냈지만 그 과정에서 전쟁 이전과는 다른 상황이 전개됐고 생각이 같은 사람들끼리 편을 나누어 반목하고 갈등했다. 그로 인해 새로운 역사를 열기 위한 또 다른 전쟁이 시작됐다. 중국 동북지역에서는 중국공산당과 국민당정부 간에 패권을 잡기 위한 국공내전이, 세계적 차원에서는 20세기 후반을 지배했던 냉전이 목전에 다가와 있었다.

해방 직후 중국 동북지역에는 대략 4개의 세력이 존재했다. 일제의 항복으로 이 지역에 대한 기득권을 가지고 있던 장개석(蔣介石)의 국민당정부 세력, 동북지역에서 헤게모니를 잡은 후 중국 전역에서 공산혁명을 달성하려던 중국공산당 세력, 일제가 항복한 이후 살 길을 찾기 위해 눈치를 보고 있던 일제 및 만주국 잔당, 일제 치하에서 주민들을 상대로 도적질을 하며 세력을 키웠던 토착비적(토비) 등이 그들이다.

이들은 일본의 항복 직후부터 힘의 공백 상태에 있는 동북지역에서 자신들에게 유리한 국면을 조성하기 위해 이합 집산하는 등 세력을 구축하는데 주력했다. 그러나 대부분의 일제 및 만주국 잔당과 토비들은 해방 직후의 정치적 상황을 고려해 국민당정부를 지지하며 그 편에 서서 활동했다. 따라서 시간이 지남에 따라 동북지역의 세력 판도는 국민당정부 세력과 중국공산당 세력으로 양분됐다.

국민당정부는 해방 전 상대적으로 영향력이 미치지 못했던 중국 동북지역을 접수하기 위해 대규모 군사작전은 물론 이 지역에 남아있던 일제 및 만주국 잔당과 토비들을 대상으로 지하공작을 감행하는 등 적극적으로 나섰다. 중국공산당 역시 이 지역을 거점으로 중국에서 공산혁명을 도모하려는 원대한 목표 하에 동북지역으로의 진공을 서두르는 한편 이 지역에서 지지 세력을 규합하기 위해 전력을 다했다. 자연스레 양자 간에는 힘의 충돌이 일어났고 이는 곧 국공내전으로 이어졌다.

중국공산당 세력과 국민당정부 세력 간 국공내전(해방전쟁)의 판세는 자체의 역량보다 이 지역에 형성된 몇 가지 변수에 의해 결정적인 영향을 받았다. 일제의 항복 직전 대일전 참전을 선언하고 동북지역에 진주한 소련군, 해방 후 이 지역에 대한 영향력 강화를 위해 국민당정부를 지원한 미국, 그리고 연변지역에 거주하며 항일투쟁 시기부터 중국공산당과 밀접한 관계를 맺어온 조선인이 핵심적인 변수였다.

대일전 참전 일주일 만에 일본이 항복함으로써 동북지역에서 일본군의 무장 해제 및 질서 유지에 나선 소련군은 이념적 유대를 가지고 있는 중국공산당을 외면하고 국민당정부를 지지했다. 얄타회담에서의 밀약에 따라 국민당정부와 중소우호동맹조약을 맺었기 때문이다. 소련이 중국공산당을 외면하고 국민당정부의 편에 서게 된 것은 이 지역에서 19세기 말부터 20세기 초 사이에 누렸던 영향력을 회복하고 일제가 건설한 경제시설들을 통해 경제적 이득을 취하려는데 목적이 있었다. 물론 중국공산당을 과소평가했던 것도 중요한 이유의 하나였다.

미국 또한 동북아시아에서 정치적 영향력을 행사하기 위해 일제의 항복 전부터 중국 동북지역을 포함한 동북아시아 정세에 관여했다. 미국은 일차적으로 중국에 있는 일본군의 무장해제를 돕는다는 명분을 내세워 대일전쟁 기간 동안 연합국의 일원으로 활동한 국민당정부와 협력관계를 유지하며 중국에 계속 주둔했다. 그리고 국민당정부가 동북지역에서 중국공산당과 대립하게 되자 국민당정부를 적극 지원하고 나섰다. 미국 역시 국민당정부가 전후에도 동북아시아에서 패권적 지위를 유지할 것이라는 판단에 따른 것이었다.

이에 따라 해방 초기 중국 동북지역의 정세는 국민당정부에게 절대적으로 유리하게 작용했다. 당연히 동북지역을 거점으로 하여 공산혁명을 추진하려던 중국공산당의 전략은 크게 차질을 빚었다. 그러나 중국공산당 세력도 상황을 반전시킬 새로운 카드가 있었다. 동북지역에 자리를 잡고 살아가던 조선인이 중국공산당 세력에 적극적으로 힘을 보태고 나선 것이다. 여러 가지 불리한 상황에 처한 중국공산당은 연변을 포함한 동북지역에 밀집해 살아가던 조선인들의 적극적인 지지에 힘입어 이곳을 중국의 공산혁명을 위한 동북근거지 구축의 발판으로 삼게 됐다.

사진 1-1. 미주리호 함상서 진행된 일본 항복 조인식

2. 해방 직후 미국 및 소련의 동북지역 개입

1945년 5월 독일의 항복에도 불구하고 일본군의 저항이 지속되자 미국은 독일 베를린 근교에 있는 포츠담에서 열린 영국·소련과의 3국 수뇌회담에서 재차 소련의 대일전 참전을 촉구했다. 이에 따라 소련은 일본이 무조건 항복하기 불과 일주일 전인 8월 8일 대일 선전 포고를 하고 다음날 연해주지역에 주둔하고 있던 극동군을 중국 동북지역의 3개 지역으로 진격시켰다.

소련군은 미국이 이틀 전인 8월 6일 히로시마에 원자폭탄을 투하함으로써 이미 전의를 상실한 일본군을 상대하기 위해 뒤늦게 나선 것이다. 따라서 소련군은 전투다운 전투도 하지 않은 채 전후 중국 동북지역을 포함한 동북아시아 지역의 질서재편 과정에서 미국과 함께 중요한 역할을 할 수 있는 기회를 잡았다.

소련이 해방 후 중국 동북지역의 질서 재편에 참여하게 된 것은 기본적으로 대일 선전포고를 하고 일본이 항복하기에 앞서 동북지역에 진군했기 때문이다. 그러나 보다 직접적으로는 연합군 사령관인 맥아더장군의 이른바 '일반명령 제1호'에서 비롯됐다. 각 지역 일본군이 항복할 대상과 방법을 구체화한 이 명령은, 북위 38도선 이북의 한반도와 사할린, 쿠릴열도 등과 함께 중국 동북지역(만주)의 일본군 지휘관들에게는 소련의 극동군 사령관에게 항복하도록 명령했다.

소련군의 대일전 참전은 미국의 오판에서 비롯된 것이었다. 오랜 전쟁의 후유증에 시달리던 미국은 5월 독일이 항복하였음에도 불구하고 일본군이 더 끈질기게 발악할 것으로 판단하고 전쟁 막바지에 소련 극동군의 대일전 참전을 종용했다. 미국의 이런 판단에는 연합국의 일원으로서 제2차 세계대전을 함께 치른 소련에 대한 믿음이 자리잡고 있었다. 미국은 종전 후에도 소련과 함께 세계질서를 만들어 갈 수 있을 것으로 낙관하고 있었던 것이다.

미국은 중국공산당 세력을 과소평가함으로써 또 다른 오판을 했다. 제2차 세계대전 기간 중 미국은 국민당정부군이 일본군에 대항해 싸우도록 지원하며 관계를 맺었는데 전후에도 국민당정부가 동북아시아에서 패권을 유지할 것으로 판단함으로써 지속적으로 그들을 지원하고 나섰다. 미국이 국민당정부를 지원한 궁극적인 목적은 국민당정부를 등에 업고 동북아시아에서 영향력을 확대하려는데 있었다.

실제로 해방 직후 국민당정부 세력은 중국공산당 세력에 비해 객관적 전력이 크게 우세했다. 더욱이 국민당정부는 소련과의 중소우호동맹조약 체결을 통해 일본군 무장해제를 위해 동북지역에 진주한 소련군으로부터 직간접적인 지원을 받게 되어 국면을 결정적으로 유리하게 이끌었다. 따라서 해방 직후 동북지역에서의 정세는 국민당정부 세력에 절대적으로 유리했다.

소련은 중소우호동맹조약 체결에 따라 중국 동북지역의 질서재편과 관련해 두 가지 조치를 취했다. 하나는 일제의 항복을 앞두고 하바로프스크에서 동북지역으로 들어가려고 준비하고 있던 동북항일연군 출신 88여단의 대일전 참전을 저지한 것이다. 다른 하나는 연안에 있던 중국공산당이 동북지역으로 진군하려던 계획을 막고 국민당정부와 협력해 연립정부를 세울 것을 지시한 것이다. 이에 따라 중국공산당의 모택동(毛澤東)은 중경에서 국민당정부의 장개석과 담판을 통해 3차 국공합작을 추진하기에 이른다.

그러나 소련은 해방 초기 국민당정부를 지지했으나 시간이 지나면서 변화를 보였다. 즉 중소우호동맹조약에 따라 기본적으로 국민당정부를 지원하면서도 중국공산당과의 관계를 유지하기 위해 이들에 대해서도 제한적인 지원을 하는 양면전술을 썼다. 소련의 이러한 태도는 9월 중순 이후부터 구체적으로 드러나기 시작했으며 이 지역에서 철수할 시점이 다가오면서 더욱 노골화됐다.

중소우호동맹조약에 의하면 소련군은 일본군이 항복문서에 조인한 9월 2일부터 3개월 후인 12월 1일까지 동북지역에서 철군을 완료하여야 했다. 그러나 국민당정부는 동북지역으로의 진군이 늦어짐에 따라 소련군에 철군 연기를 요청했고 중국공산당도 이를 묵인함에 따라 몇 차례의 연기가 거듭됐다. 이런 과정을 거쳐 소련군은 5월 3일에 가서야 여순, 대련 등 일부지역을 제외한 동북지역에서 완전 철수하게 됐다.

미국은 중국 동북지역에서 영향력 행사를 강화하는데 많은 관심을 가졌지만 직접 국공내전에 개입할 수 있는 명분이 없었다. 따라서 국민당정부를 지원하는 형식으로 간접적으로 관여했다. 중소우호동맹조약도 국민당정부의 장개석이 참가하지 않은 얄타회담에서 미국의 루즈벨트가 소련의 스탈린과 밀약함에 따라 체결된 것이다. 미국은 얄타회담 무렵부터 국민당정부를 등에 업고 동북지역에 영향력을 행

사진 1-2. 소련군이 연길 부근서 일본군으로부터 항복을 접수하는 장면

사할 방법을 모색했음을 짐작할 수 있다.

미국은 대일전쟁 시기부터 국민당정부와 협력관계를 유지하고 있었지만 중국내 군사력은 변변치 않았다. 따라서 한반도에 미군이 진주한 것보다도 늦은 1945년 9월 30일 천진의 당고(塘沽)에 1만8천여 명의 해병대를 상륙시켰다. 이어 진황도와 청도 등지에도 군대를 파견했다. 11월 말 경 중국에 파병한 미국의 병력은 대략 11만3천여 명에 이르렀다. 미국이 중국에 군대를 파견한 명분은 국민당정부를 도와 일본의 항복을 접수하며 국민당정부군을 동북지역으로 수송한다는 것이었다.

그러나 실상은 동북아시아에서 소련과 보이지 않는 경쟁을 하고 있는 상황에서 이 지역에 대한 영향력을 행사하려는데 있었다. 보다 직접적인 목적은 동북지역에서 중국공산당 세력과 일전을 벌이고 있는 국민당정부 세력을 돕는 것이었다. 당시 국민당정부군의 주력부대는 중국 남부지역에 주둔하고 있어 동북지역으로 진출하는데 어려움을 겪고 있었는데 미국이 이들을 수송하는데 많은 도움을 주었다. 미국은 항공기와 선박을 이용해 남부지역의 국민당정부군을 천진과 진황도 등지로 수송했다.

보다 중요한 것은 국공내전 기간 중 국민당정부군을 사실상 지휘한 최고책임자가 미국의 웨더마이어 중장이었다는 점이다. 그는 대일전쟁이 한창이던 1944년 12월 국민당정부군의 지휘를 맡은 후 국공내전중인 1947년 7월까지 그 자리를 지켰다. 미국은 중국공산당의 팔로군과 싸운 국민당정부군의 신1군과 신6군을 훈련시키고 최신무기를 지원하기도 했다.

맥아더장군의 '일반명령 제1호'

북위 38도선을 경계로 한반도를 남북으로 나눈 공식 근거인 '일반명령 제1호'는 통상 연합군 사령관 맥아더장군에 의해 발령된 것으로 알려져 있다. 그러나 이 명령을 초안하고 실행한 것은 맥아더장군이지만 실은 일본 대본영에 의해 공표된 것이다. 승전국인 연합국의 요구에 따라 패전국인 일본의 지휘부가 자기 나라 군대 및 그때까지 일본의 통제 하에 있던 지역의 군대에게 '적대행위 금지,' '무장해제,' '무조건 항복' 등을 지시한 것이다. '일반명령 제1호'의 공식 제목 역시 '연합국 사령관의 명령 하에서 일본제국 대본영에 의해 발표된 일반명령 제1호

(General Order No. 1 Issued by the Imperial General Headquarters of Japan under Order from the Supreme Commander for the Allied Powers)'이다.
이 명령은 △중국 동북지역(만주), 북위 38도선 이북의 한반도, 사할린, 쿠릴열도에 있는 일본국의 선임지휘관과 모든 육해공군 및 보조부대는 소련 극동군사령관에게 항복하고, △일본과 일본 본토에 인접한 여러 소국, 북위 38도선 이남의 한반도, 류큐제도 및 필리핀제도에 있는 일본국의 선임지휘관과 모든 육해공군 및 보조부대는 미합중국 태평양 육군부대 최고사령관에게 항복하도록 하였다. 이 명령은 또 해당 지역에서는 연합국의 해당 지휘관만이 항복을 수락할 수 있는 권한이 부여된 '연합국 대표자'라고 분명하게 명기했다.
'일반명령 제1호'는 동북지역을 제외한 중국 전 지역, 대만, 그리고 북위 16도 이북 프랑스령 인도차이나의 모든 일본군 선임지휘관은 장개석 장군에게 항복한다고 적어 동북지역을 제외한 중국 본토의 일본군은 국민당정부의 장개석에게 항복하도록 했다. 당시 장개석의 국민당정부군에 항복한 일본군은 1백여만 명에 이르렀으며 이 중에는 일제의 강제 징집으로 끌려간 조선인도 10여만 명이나 되었다. 한국독립당은 해방 직후 국민당정부의 협조를 얻어 일본군에 징집됐다 항복한 10여만 명의 조선인 병력을 넘겨받아 당당하게 귀국하려는 계획을 세우기도 했었다.

3. 소련의 동북지역에 대한 관심과 이중적 태도

소련은 제정 러시아 이후 부단하게 부동항 확보를 위한 동진정책을 추진해 왔는데 이 과정에서 중국 동북지역에 특별한 관심을 기울여 왔다. 실제로 러시아는 1858년 아이훈(愛琿)조약을 통해 흑룡강성 동북쪽의 방대한 지역을 장악했고 2년 후인 1860년 북경조약을 통해 청나라로부터 우수리강 동쪽의 40만 평방킬로미터에 이르는 연해주 지역을 할양받았다. 따라서 이들 지역보다 훨씬 더 유용한 동북지역에 대해 탐내는 것은 자연스러운 일이라고 할 수 있을 것이다.

러시아는 1896년 청나라와 러·청밀약을 체결하고 이를 통해 바이칼호에서 중국 동북지역을 횡단해 블라디보스톡을 연결하는 동청(東清)철도를 건설했다. 이어 2년 후 대련(大連)과 여순(旅順)을 25년간 조차했다. 그리고 동청철도와 대련을 연결하는 남만철도를 건설했다. 철도는 러시아와 청국이 공동으로 소유하는 형식을 취했지만 사실상 실권은 상대적으로 국력이 강했던 러시아가 장악하고 있었다.

그러나 러시아는 1904-05년의 러일전쟁에서 패배함에 따라 중국 동북지역에서 가졌던 대부분의 권리를 일본에 넘겨줘야 했다. 동청철도는 러시아가 계속 장악했지만 남만철도와 대련·여순 항은 전쟁 패배 직후 일본에 양도했다. 소련은 중국 동북지역에 대한 지배력을 상실함에 따라 볼셰비키혁명 이후 이들 철도를 놓고 동북지역의 군벌 장작림(張作霖)-장학량(張學良) 세력 및 일본과 갈등을 겪어야 했다. 결국 소련은 일본이 만주를 점령한 이후인 1935년 동청철도를 일본의 괴뢰정권인 만주국에 매각하고 이 지역에서 완전히 철수했다.

하지만 소련은 제2차 세계대전에서 일본이 패망하게 되자 다시 동북지역에 대해 적극적인 관심을 보이기 시작한 것이다. 소련이 국민당정부와 중소우호동맹조약을 체결한 것 역시 이 지역에 대한 관심이 변함없음을 구체적으로 드러낸 사례이다. 소련은 이 지역에서의 영향력을 되찾기 위해 이념적 유대를 맺고 있는 중국공산당과의 관계를 접어두고 국민당정부와 조약을 맺는 강수를 두었다.

소련은 국민당정부와의 합의사항을 지키기 위해 해방 직후인 8월 20일과 22일 중국공산당에게 국민당과의 대결을 중지하고 평화적으로 나라를 재건할 수 있는 방법을 모색할 것을 지시했다. 중국공산당에게 무력투쟁을 꾀하지 말고 타협의 길을 찾으라는 것이었다. 하지만 중국공산당은 일본의 패색이 짙어진 8월 초 이미 동북지역을 탈환하기 위한 작전에 돌입한 상태였다. 얘기치 않은 일들로 인해 상황이 여러 가지로 복잡하게 된 것이다. 이후 소련은 다양한 방법으로 중국공산당 세력의 동북지역 진출을 억제하기 위한 설득작업을 전개했고 스탈린의 요구를 거절할 수 없었던 중국공산당 역시 이를 기본적으로 수용했다. 따라서 해방 초기 동북지역에서의 정세는 국민당정부 세력에게 일방적으로 유리하게 전개됐다.

그러나 9월 중순 이후 소련의 태도는 달라지기 시작했다. 소련이 절충안을 통해 제한적으로나마 중국공산당 세력이 동북지역에서 거점을 마련할 수 있는 길을 열어주었다. 심양(瀋陽) 장춘(長春) 등 동북지역의 대도시와 이 지역의 철도는 국민당정부 세력에게 이양하는 대신 중국공산당 세력이 중소도시와 농촌지역을 점령하는 것을 허용한 것이다. 소련군은 특히 동북지역에서 철수할 경우 점령했던 도시들을 자동으로 국민당정부에 이양하지 않고 양 세력 간의 자연적인 추세에 맡기도록 하겠다고 밝힘으로써 중국공산당 세력을 고무했다. 국민당정부 편에 섰던 소련이 중국공산당에게도 우호적인 태도를 보

사진 1-3. 모스크바에서 열린 전승기념 퍼레이드에 참석한 스탈린

이기 시작한 것이다.

이에 따라 중국공산당 정치국은 9월 19일 남쪽에서는 방위태세를 취하고 북쪽에서는 공세를 취한다는 이른바 '향북발전 향남방위(向北發展 向南防衛)'의 결정을 내리고 20만 대군을 동북지역에 집결시켰다. 이는 중국공산당이 8월 26일 소련의 지시를 수용해 중국에서 평화와 민주주의를 이룩하기 위한 노선을 따른다며 동북지역으로의 진출을 자제하고 8월 28일 국민당정부와 3차 국공합작을 도모했던 것에서 벗어나는 것이었다.

소련도 9월 중순 이후 국민당정부 편향적 태도에서 변화를 보였는데 10월에 들어서면서 보다 노골적으로 국민당정부와 체결한 조약을 무시하였다. 소련은 10월 8일 중국공산당에 30만 병력을 동북지역으로 이동시켜 국민당정부 세력에 맞설 것을 지시하는 동시에 이들에게 대량의 무기를 제공하기도 했다. 더욱이 10월 중순 이후에는 국민당정부 세력이 동북지역으로 이동하는데 제약을 가하기도 했다.

소련의 이러한 태도는 철저하게 중국 동북지역에서 자신들의 지배력을 회복하고 나아가서 미국의 영향력을 차단하기 위한 목적을 반영한 것이라고 할 수 있다. 이와 관련해 재미역사학자 이정식은 전후처리를 위해 런던에서 열린 미국 영국 소련 3국의 외교장관회의에 주목한다. 9월 12일부터 10월 2일 사이에 열린 이 회의에서 소련은 일본에 대한 지배권 확보 등을 요구했으나 뜻을 이루지 못하면서 미국과 대립하게 됐고 이로 인해 미국의 지원을 받고 있던 국민당정부에 대한 지지를 제한하고 중국공산당을 지원하기 시작했다는 것이다. 이 주장은 소련이 9월 중순 이후 국민당정부와 체결한 중소우호동맹조약에도 불구하고 중국공산당을 돕기 시작한 것과 같은 맥락에서 이해할 수 있을 것이다.

결국 소련은 1946년 봄 중국 동북지역에서 철수할 때까지 중국공산당과 국민당정부 세력 사이에서 자신들의 정치적 목적을 추구하기 위한 이중적인 태도로 일관했다. 소련은 동북지역에서 철수한 이후에도 동북지역에서의 영향력을 제고하기 위해 중국공산당이 세운 동북인민정부와의 관계를 강화하는 등 일련의 조치를 취했다.

중소우호동맹조약

미국과 소련은 1945년 2월 2차 세계대전 종전문제를 논의하기 위해 열린 얄타회담 중 일본의 항복 후 중국 동북지역에 대한 지배권과 관련해 밀약을 체결했다. 중국대표가 참석하지 않은 가운데 미국이 중국의 입장을 대변한 이 밀약은 일본의 항복 하루 전인 1945년 8월 14일 중소우호동맹조약 체결로 구체화됐다. 이 조약은 향후 소련이 동북지역에 대한 국민당정부의 권리를 지지하는 대신 중국은 이 지역에서 소련이 과거에 누렸던 지배권을 인정한다는 내용을 골자로 하고 있다.

구체적으로 살펴보면, 소련은 중국 동북지역을 중국의 일부로 인정하고 이 지역에 대한 국민당정부의 완전한 주권행사를 존중하기로 하였으며, 국민당정부는 대련에서 소련의 이익확보를 보장하고 대련(大連)항을 자유무역항으로 여순(旅順)을 소련의 해군기지로 하는 조차권을 회복시킨다는 것이다. 또 양측은 동청철도와 남만철도의 주요 간선을 중국 장춘철도로 부르며 소련과 국민당정부측이 공동으로 소유·경영하고 평상시 소련군대의 수송을 인정하기로 했다.

4. 중국공산당과 국민당정부 간 세력경쟁

중국 동북지역은 해방 직후 무주공산의 권력 공백지대였다. 동북지역의 맹주로 군림하던 일제는 패전에 대한 책임을 지고 물러나야 했고 일제를 등에 업고 이 지역을 통치하던 만주국은 더 이상 통치권을 행사할 수 없게 됐다. 그리고 해방 직전 동북지역에 진주한 소련군은 일본의 항복 후 일정 기간 이곳에 남아 전후 질서재편 과정에 참여했지만 역시 직접 통치권을 행사할 수 있는 주체는 아니었다.

이와 같은 권력 공백상태에서 중국공산당과 국민당정부는 해방 직후부터 이 지역을 차지하기 위해 첨예한 세력 경쟁에 돌입했다. 그러나 양측 모두에게 상황은 만만치 않았다. 사실상 중국 전역에 대한 통치권을 되찾을 수 있는 기회를 잡은 국민당정부는 주력군이 동북지역에서 너무 멀리 떨어진 남부지역에 있어 그 힘을 발휘할 수 없었다. 중국공산당 역시 동북지역을 중시하며 이 지역으로 진출을 모색했지만 이 지역을 점령한 소련군의 저지로 여의치 않은 상태였다.

그럼에도 불구하고 동북지역을 차지하려는 양측의 의지는 확고했다. "동북이 없으면 화북(華北)이 없고 화북이 없으면 중국이 없다"는 장개석의 말은 해방 직후 국민당정부가 동북지역을 중시했음을 단적으로 보여준다. 중국공산당 역시 열세에 있던 군사력을 극복하기 위해 상대적으로 유리한 위치에 있던 동북지역을 거점으로 하여 국민당정부 세력에 맞서기 위한 작전을 펼쳤다. 모택동은 1945년 12월 동북근거지 창설을 지시했으며 1946년 6월 국민당정부 세력의 총공세에 밀려 연변지역으로 후퇴한 후에는 이 지역을 근거지로 삼았다.

비록 해방 직후 중국 동북지역에는 절대강자가 없는 상태에서 양세력 간 각축이 벌어졌지만 지역별로는 지지 세력의 차이가 극명했다. 다수의 조선인이 거주했던 동북지역 동부권(동만/북간도)과 북부권(북만/동간도)은 상대적으로 중국공산당 세력이 우세했다. 따라서 중국공산당은 이 지역을 중심으로 토착 지지 세력을 규합하는 한편 이 지역을 거점화하는데 주력했다. 구체적인 조치는 중국공산당이 1945년 9월 18일 동북지역을 통일적으로 지도하기 위해 팽진(彭眞),

진운(陣雲) 등을 심양으로 파견해 중국공산당 동북국을 창설하면서 시작됐다. 중국공산당은 같은 시기 중국인(한족) 간부를 연변에 파견해 당시 조선인들 중심으로 안정을 찾고 있던 연변지역에 대한 직접 통치를 시작했다.

해방 직후 국민당정부 세력은 군사력을 포함해 모든 면에서 중국공산당 세력을 압도했다. 해방 직후 양 진영의 군사력을 보면 그 차이는 보다 극명하게 드러난다. 당시 국민당정부군은 총병력이 무려 430여만 명에 이르렀는데 그중 정규군이 200여만 명에 달했다. 이들은 현대화된 무기를 가지고 있었을 뿐 아니라 일본군으로부터 접수한 장비를 취한데다 미국으로부터도 군사원조를 받고 있었다. 반면 중국공산당은 정규군 60여만 명을 포함해 총 병력이 120여만 명에 불과했다. 당시 국민당정부의 통치권이 미치는 지역도 중국 전체의 4분의 3에 달했다.

이와 같이 우세한 전력을 바탕으로 국민당정부 세력은 1946년 봄 소련군이 철수를 시작하자 중국공산당 세력에 대한 대대적인 공세를 펼쳤다. 국민당정부 세력은 불과 3개월도 걸리지 않아 심양, 장춘, 길림 등 동북지역의 서부 대도시는 물론 남부권(남만/서간도) 및 북부권(북만/동간도) 대부분을 장악했다. 이 무렵 중국공산당 세력은 일부는 연변을 포함한 동북지역 동부권(동만/북간도)으로, 일부는 북한지역으로 후퇴할 수밖에 없었다.

국민당정부 세력의 공세에 밀려 연변지역과 북한지역으로 후퇴한 중국공산당 세력은 이곳을 근거지나 후방기지로 활용하여 힘을 길러야 했다. 비록 최악의 국면을 맞았지만 중국공산당 세력으로서는 다행스럽게도 이 지역에서 힘을 기를 수 있었다. 연변지역에는 적극적 지지 세력인 조선인들이 밀집해 살고 있었으며, 북한의 수뇌부는 항일투쟁 시기부터 깊은 인연을 맺어 왔기 때문에 힘을 추스르는데 큰 도움을 주었다.

물론 북한이 중국공산당 세력을 지원하는 과정에서 북한지역을 점령하고 있던 소련군도 물심양면으로 도왔다. 중국공산당 세력이 국민당정부 세력에 밀리자 동북지역이 국민당정부 수중에 들어갈 경우 이 지역이 미국의 영향 하에 놓이게 될 것을 우려한 측면도 있다. 결국 중국공산당으로서는 연변지역 조선인의 적극적인 지지와 함께 북한지역을 후방기지로 활용하게 되면서 위기를 기회로 삼아 반격할 수 있는 발판을 마련하게 됐다.

런던 외교장관회의

제2차 세계대전이 종결된 후 미국 영국 프랑스 소련 등 전승국 외교장관들이 전후 질서를 논의하기 위해 1945년 9월 12일부터 10월 2일까지 런던에서 가진 회의. 전승국들의 전후 세력판도를 규정하는 회의일 뿐 아니라 각국 간 이해관계가 교차하는 중요한 회의였다. 이 회의에서는 패전국인 독일 이탈리아 일본과 관련된 문제는 물론 이들 나라의 식민지에 대한 문제 등이 주된 의제로 다루어졌다.

회의는 시작부터 두 가지 측면에서 부딪혔다. 미국과 영국은 2차 세계대전 말기부터 동유럽국가들을 공산화한 소련의 위성국가화에 대해 얄타회담의 합의 위반임을 지적했고, 소련은 미국과 영국이 이탈리아를 포함한 지중해 지역과 일본을 독점하려 한다며 이를 부당하다고 주장했다. 이러한 갈등 속에서 회의는 시작한 지 4-5일만인 9월 15-16일경부터 교착상태에 들어갔다.

미국과 소련은 특히 일본의 통치문제에 대해서도 심각한 의견대립을 보였다. 소련은 그 무렵 자신들이 일본 통치에 참여해야 한다며 홋카이도 지역의 진주를 명령하기도 했다. 특히 런던 외교장관회의가 열리기 직전인 9월 7일 소련외상 몰로토프는 일본에 공동관리위원회를 설립할 것을 주장하기도 했다. 그러나 미국은 런던 외교장관회의가 열리고 있던 9월 22일 단독으로 일본을 통치할 것임을 분명히 하는 성명을 발표했다. 따라서 이 무렵 회의 분위기는 크게 악화됐다. 런던 외교장관회의는 사실상 결렬됐고 이후 미국과 소련은 냉전의 길로 들어섰다.

5. 조선인 밀집지역으로서 연변의 정세

일제가 무조건 항복하기 직전인 1945년 8월 8일 대일전 참전을 선포한 소련군은 참전 선언과 동시에 중국 동북지역 탈환에 나섰다. 8월 9일 새벽 150여만 명의 혼합부대로 구성된 소련군은 동북지역 탈환을 위해 3개 방면으로 나누어 공격했다. 당시 일본군은 관동군 70여만 명과 만주국 군대 30여만 명 등 약 100만 명이 응전했다. 그러나 소련군은 사기가 땅에 떨어진 일본군을 일방적으로 물리쳤다.

파죽지세로 진격한 소련군은 8월 12일 훈춘(琿春)을 탈환한데 이어 왕청(汪淸)과 도문(圖們)을 거쳐 18일 연길(延吉)을 해방시켰다. 그리고 19일 용정(龍井)과 돈화(敦化), 20일 화룡(和龍)을 점령했다. 이로써 연변지역은 완전히 해방됐다. 소련군은 연변지역을 모두 장악한 당일 연길에 사실상 이 지역 행정업무를 맡을 '간도임시정부'를 조직했다. 간도임시정부는 중국공산당이 11월 연변지위를 구성할 때까지 연변지역의 행정 주체로 기능했다.

연변지역은 조선인이 밀집해 살고 있는 곳으로 당시 총인구의 70% 이상이 조선인이었다. 따라서 연변지역의 핵심세력 역시 조선인이었다. 특히 소련군 88여단 소속 조선의용군 출신 강신태[姜信泰/강건(姜健)]가 9월 소련군에 합류하여 연변경비려의 책임을 맡으면서는 조선인의 역할이 두드러졌다. 주요 행정조직의 업무도 강신태와 함께 조선인들이 맡았다. 연변지역은 지리적으로 소련 및 한반도와 인접한 변경지역일 뿐 아니라 남부권(남만/서간도)과 북부권(북만/동간도) 지역을 연결하는 핵심지역이다. 따라서 해방 직후 모든 세력은 연변지역을 장악하기 위해 특별한 관심을 기울였다.

소련군에 의해 연변지역이 해방됐지만 동북지역의 여타 지역과 마찬가지로 연변 곳곳에는 여전히 국민당정부를 지지하는 일제 및 만주국 잔당과 토비들이 발호했다. 따라서 해방 초기 소련군과 강신태가 지휘하는 연변경비려의 주 임무는 토비를 숙청하고 치안을 유지하는 것이었다. 당시 연변지역에는 일제의 잔재로서 만주국 관련 조직 및 세력이 국민당정부를 지지함으로써 중국공산당을 지지하는 세력과 충돌했다. 1945년 말 경 동북지역 북부권(북만/동간도) 현·성 중 3분의 2 이상이 국민당을 지지하는 정치토비들이 장악했었다는 통계도 있다.

이렇게 혼란한 상황에서 만주국 잔여세력과 지주계급, 정치토비 등

사진 1-4. 용정에 있는 일제 강점기 일본군총영사관 건물 전경

국민당정부를 지지하는 세력은 연길에 국민당 길림성당부 전원판서처를 세우고 용정에 국민당 연길현당부를 세우는 등 신속하게 세력을 확장했다. 국민당정부 세력은 중국공산당 세력이 우세한 연변지역의 지역적 특성을 감안해 비밀리에 지하조직을 만드는 형태로 세력을 넓혔다. 왕청, 돈화, 안도 등지는 연변지역 내에서도 상대적으로 국민당정부 세력이 강했던 곳이다. 이곳에서는 국민당정부를 지지하는 토비들이 나서 '반공안민' '국민당의 접수를 환영한다'는 구호를 내걸고 국민당정부에 대한 지지입장을 과시했다.

하지만 국민당정부 세력의 노력에도 불구하고 조직적이며 대중적 지지를 받는 중국공산당 세력이 체제를 정비하면서 이 지역은 중국공산당 세력의 영향 하에 놓이게 됐다. 이 과정에서 조선인의 탄탄한 지지는 중국공산당 세력의 든든한 기반이 됐다. 더욱이 11월 조선의용군 제5지대가 연변지역으로 진출함으로써 지역 정세도 점차 안정을 찾게 됐다.

그러나 국민당정부를 지지하는 세력은 일부 지역을 장악한 채 세력을 지키기 위해 안간힘을 다했는데 안도현이 가장 대표적인 곳이었다. 이곳은 1946년 초까지 국민당 지지세력이 장악했었다. 이와 함께 연길 외곽 지역에서는 토비들이 이권을 차지하기 위해 버티면서 조선인을 괴롭혔다.

한편, 연변지역의 정치사회 중심지인 연길은 일제 강점기 간도성의 성도였다. 따라서 이곳에는 소련군이 주둔하고 있었고 아직 돌아가지 못한 수천 명에 달하는 일본인들이 남아있었다. 그리고 연길 감옥에는 만주국 황제 푸이의 가족과 일부 전범들도 갇혀 있었다. 따라서 여러 측면에서 복잡하고 민감한 상황에 있었다. 더욱이 1946년 봄 소련군이 철수를 시작하면서 치안문제는 특별히 중요했다. 다행스럽게도 소련군이 철수할 무렵에는 중국공산당 세력이 토비들은 물론 국민당정부 지지 세력도 대체로 제압한 상황이어서 별다른 문제가 발생하지는 않았다.

연변지역의 토비 및 토비 숙청

해방직후 연변을 포함한 동북지역은 토비 천국이었다. 청나라 말기 이후 이 지역에 대한 중앙의 통치력이 약화된 틈을 타 발호한 토비들이 일제에 의한 만주국 시절을 거치며 각 지역에서 크게 영향을 미치고 있었다. 자료에 따르면 1945년 말 무렵 북만지역의 현·성 중 3분의 2 이상을 정치토비들이 장악했었다. 연변지역도 중국공산당 세력이 치안을 담당하기 전까지는 크게 다르지 않았다. 정치토비들은 대부분 중국공산당과 국민당정부 간의 세력 다툼의 와중에서 국민당정부의 입장을 지지했다. 따라서 중국공산당으로서는 국민당정부와의 싸움에 앞서 토비를 숙청하는 또 하나의 전쟁을 치러야 했다. 연변지역에서는 1946년 7월경에 이르러서야 대부분의 토비가 섬멸됐다.

2장

해방 전후 중국 동북지역의 조선인

1. 해방 전 동북지역 조선인의 삶

조선인이 중국 동북지역을 삶의 터전으로 하여 살아가기 시작한 것은 1800년대 중반 이후부터이다. 1860년대 중후반 한반도에 심한 기근이 들어 먹고살기 어렵게 되자 두만강과 압록강 인근의 조선인이 봉금지대로 묶여 있던 이곳으로 건너가 농사를 짓기 시작한 것이다. 청나라가 봉금령을 해제(1881)하고 일제가 한반도를 강점하면서 함경도와 평안도 지역 주민에 한정되지 않고 한반도 전역의 조선인이 동북지역으로 이주하게 됐다.

특히 일본이 한반도를 강점한 이후에는 생활고를 해결하고 일제로부터의 핍박을 피하며 독립운동을 하기 위해 수많은 조선인들이 이곳으로 몰려들었다. 1931년 만주사변 이후에는 적지 않은 조선인들이 일제의 군량미 생산에 동원되었고 일부 조선인들은 일제를 도와 일하기도 했다. 이에 따라 1930년대에는 연변지역(동만/북간도) 전체 주민의 76%가 조선인으로 구성될 만큼 이 지역은 조선인의 절대적인 영향 하에 있었다. 이에 따라 해방 무렵 동북지역의 조선인 수는 전체 조선인의 9%에 육박하는 216여만 명에 이르렀다.

1905년 을사늑약에 이어 1910년 경술국치로 조선이 일제의 식민지가 되면서 뜻있는 사람들은 자연스레 한반도와 가깝고 이미 많은 조선인이 이주해 살고 있던 중국 동북지역으로 이주하여 독립운동의 거점으로 삼았다. 그런 만큼 이곳으로 이주한 조선인은 단순한 생활인이 아니었다. 이들은 어떤 형태로든 일제에 저항하고 조국의 독립을 쟁취하기 위한 일과 직간접적으로 연관된 삶을 살 수밖에 없었다. 실제로 두만강과 압록강 인접 지역은 물론이고 동북지역 전역에 조선인에 의해 행해진 독립운동의 족적들이 남아있다.

물론 일본의 정책을 쫓아 친일 행각을 한 사람들도 적지 않았다. 특히 일제가 중국 동북지역에 만주국을 세운 이후 이른바 내선일체를 주장하며 조선인을 중국인(한족)에 비해 상대적으로 우대하는 가운데 만주통치에 적극 활용했다. 일제는 당시 일본인 1등 민족, 조선인 2등 민족, 만주족 3등 민족, 한족 4등 민족 등으로 서열화했었다. 1930년대 초에 발생한 만보산사건과 민생단사건은 일제의 조선인 우대에 대한 중국인(한족)들의 불만이 주된 이유 중의 하나였다. 해방 후에도 중국인들은 일제의 뒤에서 호가호위했다며 조선인을 배타시했다. 그러나 해방 후 중국공산당이 연변지역을 장악한 뒤 이른바 친일잔재 청산운동을 전개하고 중화인민공화국 수립 후에도 일련의 과정을 거치면서 조선족사회 내의 친일잔재는 대체로 청산됐다.

중국 동북지역에서 조선인의 항일운동은 시기나 지역에 따라 이념적 성향에서 차이를 보였다. 1920년대까지의 독립운동은 조선인 사이에 공산주의 이념이 확산되기 전이어서 민족주의 계열에 의해 주도됐다. 우당 이회영과 석주 이상룡 등이 동북지역 남부권(남만/서간도)에 자리를 잡고 독립군을 양성하며 행한 독립운동이나 3.1운동 이듬해인 1920년 6월과 10월 연변지역에서 일어난 봉오동전투와 청산리전투 등은 모두 민족주의계열이 주도한 것이었다. 1920년대 말 경에는 동북지역 전역에 참의부, 정의부, 신민부 3부가 조직되었으며 이들 조직은 조선인 독립운동의 중추 역할을 했다. 특히 신민부는 중국 국민당 정부와 연합전선을 결성해 당시 일제와 결탁하여 조선인 탄압에 앞장섰던 동북지역 중국 군벌인 장학량(張學良) 세력을 타도할 계획을 세우기도 했다. 그러나 그 계획은 실패로 끝나고 3부의 통합노력도 결렬됐다. 그리고 주요 지도자들이 잇따라 일제에 의해 체포되면서 동북지역에서 민족주의계열 독립운동은 급격하게 내리막길로 들어섰다.

당시 중국은 신해혁명 이후의 과도기적 상황에서 장개석의 국민당 정부에 의해 통치됐으나 동북지역은 예외였다. 중국공산당과 싸우고 있던 국민당정부가 이곳까지 신경을 쓸 만한 힘이 없어 사실상 방치하고 있었기 때문이다. 중앙의 권력이 미치지 못하는 상황이라 조선

사진 1-5. 만주국 시기 연길시장 모습

인이 이곳으로 이주해 독립운동을 하기에는 적합한 환경이었다. 그러나 역사적 사실이 증명하듯 권력의 공백기에는 또 다른 권력자가 나타나기 마련이다. 장작림과 장학량이 이끄는 군벌이 동북지역에서 영향력을 행사하며 일제를 도와 조선인을 탄압했다. 그리고 일제는 1931년 9월 18일 만주사변을 일으켜 만주국을 세운 후 동북지역에 대한 직접 통치를 시작했다.

이에 앞서 조선인 공산주의자들은 중국 동북지역에 거주하는 조선인을 상대로 공산주의 활동 및 독립운동을 전개하기 위해 1926년 5월 조선공산당 만주총국을 현재의 흑룡강성 영안 지역에 설립했다. 서울에 조선공산당이 설립된 지 1년여만의 일이었다. 그러나 1928년 12월 제3차 코민테른 회의에서 이른바 '1국1당주의 원칙'을 제시함으로써 동북지역의 조선인 공산주의자들은 1930년 4월 조선공산당 만주총국을 해체하기로 최종 결정했다. 따라서 조선공산당 지도하에 독립운동을 하던 이 지역의 조선인들은 독립운동을 하기 위해 어쩔 수 없이 중국공산당에 가입해야 했다.

만주사변 이후 이곳에서의 항일운동이 크게 위축됨에 따라 중국공산당은 당원을 확충하고 군사력을 강화하기 위해 이 지역에 밀집해 살고 있던 조선인의 영입을 서둘렀다. 조선인 또한 일제의 탄압으로 이 지역에서 민족주의계열 독립운동의 맥이 끊긴 상황에서 독립운동을 위해 중국공산당에 가입하지 않을 수 없는 상황이었다. 따라서 조선인과 중국공산당이 연합한 항일유격대에는 조선인이 월등이 많았다. 하지만 유격대를 지도하는 것은 중국공산당이었다. 이러한 불평등한 상황 속에서 조선인은 부당한 핍박을 받기도 했고 당연히 그로 인한 갈등을 겪었다.

그러나 비온 뒤 땅이 굳듯 중국공산당이 민생단사건을 해결하는 과정에서 조선인에 대한 우호적인 정책을 제시함에 따라 이후 비교적 원만한 관계를 유지할 수 있었다. 하지만 1939년 가을부터 일제가 항일 무장 세력에 대한 대대적인 토벌에 나서면서 조선인을 포함한 중국공산당 산하 동북항일연군은 거점을 소련으로 옮겨야 했다. 이들이 소련으로 거점을 옮긴 후에도 동북지역의 일부 조선인들은 지하에서 중국공산당과의 연대를 꾀하며 항일투쟁을 전개했다. 그리고 1945년 8월 소련군이 연변을 해방시키자 이들은 앞장서 소련군을 맞았으며 해방정국에서도 적극적인 역할을 했다.

만보산사건과 민생단사건

만보산사건은 1931년 7월 장춘현 만보산지역에서 일제의 술책으로 조선인 농민과 중국인 농민이 벌인 유혈사태를 일컫는다. 중국인 농민은 일본경찰의 무자비한 발포로 많은 피해를 입으면서 조선인 농민에 대한 감정이 더욱 악화돼 조선인에 대한 무자비한 폭력이 자행됐다. 이러한 정황은 곧 한반도 내에 전해졌고 이는 국내 조선인들의 민족감정을 자극해 중국인 배척운동으로 발전하기도 했다.

민생단이란 만주사변 이후 동북지역으로 이주한 조선인들 중 일제를 지지하는 사람들에 의해 결성된 단체를 일컫는다. 민생단사건은 1932년 이후 중국공산당이 중심이 되어 조선인 항일운동가들을 민생단과 관련된 일본 첩자로 내몰아 1천여명을 숙청한 사건이다. 중국공산당은 이 사건 발생 후 수년에 걸쳐 진상을 조사해 조선인의 무고함을 밝히고 이를 수습하기 위해 조선인에 대한 우호적인 정책을 제시했다.

2. 해방 후 조선인의 한반도로의 귀환

일제로부터 해방될 무렵 중국 동북지역에는 한반도에서 이주해 간 216여만 명의 조선인이 살았다. 당시 전체 한민족의 수가 약 2천5백만 명이었다는 점을 감안하면 9%에 육박하는 적지 않은 수이다. 이들 중 절반 정도는 해방 후 연고가 있는 남한 또는 북한으로 돌아가고 중화인민공화국이 수립된 1949년 10월 무렵에는 동북지역에 111여만 명의 조선인이 남았다. 한반도로 귀환한 사람들 중 80여만 명은 1947년 이전에 돌아갔으나 약 30여만 명은 그 이후부터 중화인민공화국이 수립될 무렵 사이에 돌아간 것으로 추정된다.

연변조선족자치주 통계연감에 따르면 중국에 공산정권이 수립된 당해 연도인 1949년 연변지역의 조선인 인구는 52만9천258명에 이른다. 전체 조선인의 절반 정도가 연변지역에 거주했음을 보여준다. 그리고 '조선민족자치구'가 수립된 1952년에도 비슷한 수준을 유지했다. 이는 이후 인구조사에서 전체 조선족 인구 대비 연변 조선족 인구 비율과 유사한 수준이다.

한반도로 귀환한 사람들 중 남한 또는 북한으로 돌아간 사람들에 대한 구체적인 통계는 확인하기 어렵다. 그러나 남한으로 돌아간 사람들이 월등히 많았을 것으로 추정된다. 한 통계에 따르면 해방 초기 한반도로 귀환한 80여만 명의 조선인 중 60여만 명은 단동(丹東)을 거쳐 압록강을 건너 귀환했다. 두만강을 건너 귀환한 사람은 20여만 명으로 4분의 1 수준이다. 단동에서 압록강을 건너 귀환한 사람들은 대부분 북한을 거쳐 남한으로 간 남한 출신이었을 것으로 짐작된다. 또 1947년 이후부터 중화인민공화국 수립 전까지의 기간 동안 귀환한 30여만 명도 대부분 국민당정부 세력이 관할하던 서부권 지역의 수복구에 거주하던 사람들로서 남한지역으로 귀환했을 것으로 추측된다.

이와 같이 북한출신 조선인들의 귀환이 적었던 것은 우선 지리적 인접성을 이유로 들 수 있을 것이다. 주로 두만강과 압록강 인근에 거주했던 북한지역 출신 조선인들은 지리적으로 가까워 귀환을 서둘 필요를 덜 느꼈을 것이다. 마음만 먹으면 언제라도 갈 수 있었기 때문이다. 또 북한지역 출신 조선인들이 다수였던 연변지역은 중국공산당이 장악하고 있던 해방구로서 중국공산당의 우호적인 정책으로부터 영향을 받았을 것이다.

그러나 남한출신 조선인들은 대체로 수복구로 불리던 국민당정부의 영향 하에 있던 압록강 북쪽에 위치한 동북지역의 서부권이나 북부권(동만/동간도) 지역에 많이 거주했다. 따라서 국민당정부의 조선인에 대한 핍박 때문에 귀환을 서둘렀을 것으로 추정할 수 있다. 또 남한출신 조선인들 중 다수는 1930년대 이후에 동북지역으로 이주했는데 이들의 동북지역으로의 이주 기간이 비교적 짧다는 것도 귀환을 서두른 중요한 이유로 보인다. 이주기간이 짧다는 것은 고국(향)에 대한 기억이 더 강하다는 것을 의미하기 때문이다. 이것은 연변지역의 북한출신 조선인들이 상대적으로 이주기간이 길었던 것과 비교된다. 이주기간이 중요한 귀환 이유가 될 수 있다는 것이다.

조선인이 고향으로 돌아가지 않고 중국에 남은 이유는 다양하다. △확실한 결심을 하지 못한 채 망설이다 기회를 놓친 사람, △토지개혁을 통해 경작지를 재분배하고 조선인을 소수민족으로 우대하는 중국공산당의 우호적인 정책을 신뢰해서 중국에 남는 것을 새로운 기회로 인식한 사람, △중국에서 이미 생활기반을 갖춘 이주 2세대들의 경우와 같이 다시 고향으로 돌아갈 필요를 느끼지 못한 사람, △고향을 떠나온 지 오래되어 고향에 대한 기억이 희미하거나 마땅히 돌아갈 고향이 없는 사람, △고향에 돌아갔을 때 겪게 될지도 모르는 어려움과 불확실성을 염려하는 사람 등….

사진 1-6. 인천항에 도착해 검역을 받고 있는 귀환 조선인들

조선인의 동북지역 이주문제에 천착해온 조선족 작가 유연산(柳燃山)은 해방 후 조선인이 귀환하지 않은 이유와 관련해 해방 시점에 주목한다. 대부분 농사를 지으며 근근이 먹고 살던 조선인들로서는 해방을 맞은 8월이라는 시점은 이들이 귀환을 결정하기에 애매한 시기였다는 것이다. 농사꾼으로서 한창 곡식이 무르익어가고 있는데 논밭에 곡식을 그대로 놔둔 채 귀환을 결정하기가 어려웠을 뿐 만 아니라 당장 노자돈을 마련할 방법도 마땅치 않았을 것이라는 주장이다. 따라서 해방 시점이 가을걷이 이후였다면 더 많은 사람들이 귀환했을 수 있다는 것이다.

중국 동북지역 조선인이 한반도로 귀환하지 않은 이유는 재일 조선인들의 미귀환 이유와 사뭇 다르다. 재일 조선인의 경우엔 연합국이 나서서 이들의 귀환을 돕기 위한 구체적인 조치를 취함으로써 이에 따라 귀환이 이루어졌다. 그러나 동북지역 조선인들은 국민당정부 세력이 관할하고 있던 서부권에서 제한적인 귀환정책이 추진되어 소수의 조선인들이 이 정책의 도움을 받았을 뿐 대부분의 조선인들은 각자 자신의 판단과 노력으로 귀환해야 했다.

해방무렵 동북지역 조선인 통계자료

해방 무렵 중국 동북지역 조선인 수에 대한 통계는 구구하다. 연변대학에서 발행한 『조선족통사』에서도 230만 명과 216만 명 등 2가지를 적시하고 있다. 여러 가지 자료를 종합할 때 216만 명을 주장하는 자료가 다수이고 또 타당해 보인다. 따라서 이 책에서는 해방 무렵 중국 동북지역 조선인의 수를 일관되게 216만 명으로 기술했다. 또 1949년 10월 중화인민공화국 수립 당시 동북지역에 정착한 조선인은 111여만 명으로 추산된다. 이와 관련해 『조선족통사』 등은 1950년 동북지역 조선족인구를 100만8천359명으로 기록하고 있다. 당시 조선족동포들 중 10만여 명이 6·25전쟁에 참전한 것을 감안하면 비슷한 수치이다. 1952년의 한 인구조사 관련 자료는 당시 조선족인구를 111만여 명으로 적고 있다.

재일 조선인의 귀환 이유

해방 후 일본에 거주하던 200여만 명의 조선인 중 70여만 명이 귀환하지 않고 일본에 정착했다. 한 조사 결과에 따르면 이들이 귀환하지 않은 이유는 △귀국 후 생활전망이 서 있지 않아서(62.7%) △한반도정세가 불안해서(17.1%) △한국전쟁이 일어났기 때문에(7.6%) △식량사정이 좋지 않아서(4.1%) △유행병이 발생했다고 들어서(3.0%) △남북분단 때문에(2.1%) △기타(3.1%) 등이었다. 이러한 미귀환 이유는 중국 동북지역 조선인들의 경우와는 많은 차이가 있다.

표 2. 해외이주 조선인의 해방 후 한반도 귀환 실태

지역	이주자 수	귀환자 수	정착자 수	비고
중국 동북지역	216여만 명	105여만 명	111여만 명	제한적인 귀환정책
일본	200여만 명	140여만 명	70여만 명	연합국의 귀환정책
기타 지역	소련, 사할린, 미국 등지의 조선인에 대해서는 귀환정책도 없었고 실질적인 귀환도 이루어지지 않았다.			

3. 해방 후 조선인의 동북지역 정착

중화인민공화국이 수립될 때까지 한반도로 귀환하지 않고 동북지역에 정착한 111여만 명의 조선인 원적지를 확인할 수 있는 자료도 찾기 어렵다. 여러 가지 정황으로 미루어 볼 때, 대체로 북한지역과 남한지역 출신이 60대40 정도의 비율로 북한지역 출신이 많았을 것으로 추정된다. 특히 지리적으로 북한과 가까운 연변지역 조선인들의 경우 해방 후 곧 중국공산당의 영향 하에 있었기 때문에 이념적으로도 북한과 밀접한 관계를 맺고 있어 귀환 필요성이 상대적으로 적었을 것이다.

이러한 추론은 북한지역 출신 조선인들이 동북지역으로 이주한 역사가 훨씬 더 길다는 점에서도 생각할 수 있다. 통계자료에 따르면 동북지역 조선인의 수가 100만 명을 넘은 것은 1939년경이다. 그러니까 1939년 이후 해방까지의 5-6년 기간 동안 100만 명 이상의 조선인이 동북지역으로 이주했다. 이는 일본이 만주사변 이후 군량미 확보를 위해 한반도 남부지역의 조선인들을 이곳으로 대량 이주시킨 때문이다. 그러니까 1939년 이후 이주 조선인들은 다수가 남한지역 출신이고 이들 중 다수가 해방 후 남한으로 돌아갔다는 추정이 가능하다.

중국에 정착한 조선인들 중 북한지역 출신이 더 많았던 이유는 북한과 중국에 정권이 수립된 이후 북한에 연고가 있는 조선인들이 비교적 자유롭게 북한을 드나들었기 때문이라고 추론할 수 있다. 북한지역 출신 조선인의 경우 지리적 이유로 하여 함경도 사람이 절대적으로 많았는데 이들은 주로 인접해 있는 연변지역(동만/북간도)에서 거주해 왔다. 다음은 평안도 사람으로, 이들은 압록강 건너 동북지역 남부권(남만/서간도)과 연변지역에서 자리를 잡았다.

함경도와 평안도 출신 조선인이 주로 동북지역의 연변지역과 남부권에 자리를 잡은 것과는 달리 남한지역 출신의 조선인은 두만강과 압록강에서 비교적 멀리 떨어져 있는 흑룡강성과 길림성·요녕성 북부지역 등지에 자리를 잡았다. 함경도와 평안도 출신 조선인에 비해 훨씬 늦게 동북지역으로 이주했기 때문에 토지 개간을 위해서는 보다 넓은 땅을 찾아 나서야 했기 때문이다.

이와 같이 조선인의 출신지역에 따른 정착지역의 차이는 조선인의 중국 동북지역 이주과정과 밀접한 관련이 있다. 조선인의 동북지역 정착지역을 이주 과정을 중심으로 구분하면 대체로 세 시기로 나누어 구분할 수 있다.

첫째는 1800년대 말 이후부터 시작된, 농사를 짓기 위한 생계형 이주로서 함경도와 평안도 지역에 거주하던 사람들이 농사지을 땅을 찾아 두만강과 압록강 건너 가까운 지역으로 이주한 유형이다. 두만강 건너의 연변지역과 압록강 건너의 동북지역 남부권에 정착한 사람들이 여기에 속한다.

둘째는 1905년 을사늑약이 체결된 후 일제의 침략이 본격화됨에 따라 독립운동을 하기 위해 이주한 사람들이다. 이들의 출신지역은 어느 한곳에 한정되지 않고 한반도 전 지역에서 왔다. 이들은 독립운동의 특성상 한반도와 인접한 연변지역과 동북지역 남부권에 자리를 잡았다. 일제의 중국 동북지역에 대한 영향력이 크지 않았던 1920년대까지는 민족주의 계열 독립운동가들이 이 지역에 기반을 두고 활발하게 독립운동을 펼쳤다. 그러나 일제가 봉오동 전투와 청산리 전투에서 대패한 후 독립군 대토벌 작전을 펼치면서 연변지역 및 동북지역 남부권의 독립운동 세력은 북부의 밀산(密山) 등지로 정착지를 옮겼다.

셋째는 일제가 1931년 만주사변을 일으킨 후 태평양전쟁을 본격화하면서 군량미 조달을 위해 주로 남한지역 출신 조선인을 동북지역으로 이주시킨 것이다. 이주민들의 주류는 남한의 경상도와 전라도 지역 출신이었는데, 이들은 동북지역 서부권(서만)과 북부권(북만) 등 한반도에서 비교적 멀리 떨어진 지역으로 이주했다. 두만강과 압록강에 인접한 지역에는 먼저 이주해 온 사람들이 자리를 잡고 있었기 때문에 이들은 농사지을 땅을 찾아 한반도에서 더 멀리 떨어진 곳으로 갈 수 밖에 없었다.

한편, 해방 무렵 동북지역 이외의 지역에도 적지 않은 조선인이 살고 있었다. 기록에 따르면 1945년을 전후하여 산해관(山海官) 이남 지역에 거주한 조선인은 약 10여만 명에 달하였으며 다수가 화북지역에 모여 살았다. 그러나 해방 후 대부분의 조선인이 한반도로 귀환함에 따라 산해관 이남 지역에는 고작 수천여 명의 조선인만 남았다. 이들은 중화인민공화국 수립 이후 소수민족 식별 조사를 통해 동북지역 조선인에게 조선족 명칭을 부여할 때 조선족 대신 북한과의 관계를 고려하여 북한공민인 조교(朝僑)로 분류됐다.

결국 오늘날 중국에서 살아가고 있는 조선족은 해방 후 이런 저런 이유로 한반도로 돌아가지 않고 중국에 남은 사람들과 그 후손들이다. 중국당국이 중국에 거주하는 같은 조선인임에도 불구하고 산해관 이남에 거주하던 사람들을 조선족이 아닌 조교로 분류한 것도 조선족의 출현 시점과 관련해 주목되는 부분이다. 해방 이전에 중국에서 살아가던 조선인은 한반도에 대한 연고와 분명한 민족의식을 가지고 살았다면 그 이후에는 역내 질서가 재편되는 과도기적 상황을 거친 후 소수민족인 조선족으로서 중국 공민의 일원으로 새로운 삶을 살게 된 것이다.

중국내 조교(朝僑) 실태

북한의 국적을 가지고 중국에 상주하는 사람을 조교라 한다. 중국이 소수민족 식별 과정에서 산해관 이남에 거주하던 조선인을 조교로 처리하면서 형성됐다. 이들과 함께 소수민족 식별 이후 북한에서 중국으로 나온 사람도 조교로 편입됐다. 중국 당국은 조교에게 거류증을 주고 북한은 해외공민증을 발급한다. 현재 중국에는 조교들의 모임인 재중조선인총연합회가 결성되어 있다. 조교의 수에 대한 공식 통계는 없지만 대략 5천여 명 내외로 추산된다. 최근에는 조교들이 중국국적을 취득하려는 경향이 늘고 있는 것으로 알려지고 있다.

표 3. 해방 전 조선인의 동북지역 이주 추이

년도	인구수(명)	증가율(%)
1908	323,808	
1917	358,425	10
1920	459,400	22
1930	607,119	24
1936	854,411	29
1939	1,065,523	20
1944	1,658,572	36
1945	2,160,000	23
1949	1,110,000	-50

4. 해방 후 동북지역 조선인의 정치사회적 위상

해방 직후 조선인의 정치사회적 위상은 거주지의 정치적 환경에 크게 좌우됐다. 즉, 중국공산당의 영향 하에 있느냐 국민당정부의 영향 하에 있느냐에 따라 조선인의 위상은 사뭇 달랐다. 양 세력은 동북지역을 놓고 첨예한 대립을 보이는 가운데 이 지역에 대한 접근 방식과 조선인에 대한 정책에서 큰 차이를 보였는데 조선인은 이로부터 직간접적으로 영향을 받을 수밖에 없었다.

중국공산당은 해방 이전부터 이 지역에서 조선인과 함께 항일투쟁을 함으로써 조선인에 대해 우호적이었을 뿐 아니라 소수민족의 입장을 고려한 민족정책을 펼쳐 왔다. 해방 이후에도 조선인에 대한 이러한 태도와 정책은 계속되었다. 더욱이 중국공산당은 동북지역을 탈환하기 위해 조선인이 밀집해 거주하는 연변지역(동만)을 거점으로 하려는 방침을 세운 터였다. 따라서 중국공산당 세력의 영향 하에 있던 지역의 조선인은 해방 직후의 혼란스럽고 불안정한 상황에서도 비교적 유리한 위상을 확보할 수 있었다.

반면에 국민당정부 세력은 조선인을 부정적으로 인식하면서 사회적 경제적으로 탄압하기까지 했다. 국민당정부는 조선인을 한교(韓僑) 또는 조교(朝僑)로 불렀는데 이는 중국에 정착할 사람이 아니라 한반도로 돌아가야 할 사람이라는 것을 노골적으로 드러낸 것이다. 실제로 국민당정부는 남한의 한독당과 긴밀한 관계를 유지하는 가운데 조선인을 남한으로 송환하려는 정책을 추진하기도 했다. 이에 따라 해방 초기 국민당이 장악하고 있던 동북지역의 심양과 장춘 등 서부권의 대도시와 남부권 지역에 거주하던 조선인은 국민당정부 세력으로부터 적지 않은 탄압을 받았다. 국민당정부 세력의 영향 하에 있던 요녕성과 길림성 지역에는 원래 조선인이 20여만 명에 이르렀으나 중국공산당 세력이 점령한 1948년 무렵엔 1만여 명도 남지 않았다는 사실에서 국민당정부의 영향 하에 있던 조선인의 처지를 헤아려 볼 수 있다.

국민당정부 세력이 조선인을 탄압한 것은 조선인이 일제 때 일본인에 이어 2등 국민으로 불렸던 것에 대한 반감이 크게 작용했기 때문이었다. 일제는 만주국을 세운 이후 동북지역을 통치하기 위해 이른바 '분리와 지배(divide and rule)'의 기술을 통해 조선인과 중국인을 이간질했다. 즉 조선인을 2등 국민으로, 만주족과 한족을 각각 3등, 4등 국민으로 칭하고 중국인(한족)으로부터 빼앗은 토지 등을 조선인에게 나누어 주었다. 따라서 중국인은 조선인을 일제의 앞잡이로 부르면서 일본인 못지않게 미워했는데 해방이 되고 국민당정부가 통치권을 행사하게 되면서 이러한 구원(舊怨)을 드러내게 된 것이다.

국민당정부 세력은 특히 조선인의 재산을 일제로부터 받은 것으로 취급하여 압수 및 몰수함으로써 생활기반을 박탈하는 등 갖가지 방법으로 탄압했다. 국민당정부가 조선인을 차별하고 억압한 이유는 두 가지 측면에서 생각할 수 있다. 동북지역 거주 조선인을 한교로 취급하였기 때문에 그들이 이곳에 거주하는 자체가 불법이라고 인식한 것이다. 그리고 조선인이 중국 동북지역에서 형성한 재산은 대부분 일본의 비호 하에 한족 지주로부터 약탈이나 강탈한 것이라는 인식에서 원주인에게 돌려줘야 한다는 입장이었다.

중국공산당과 국민당정부의 조선인에 대한 이러한 입장 차이는 조선인의 정치적 위상에도 그대로 반영됐다. 중국공산당은 동북항일연군 또는 조선의용군으로 중국공산당과 함께 활동한 조선인들을 해방 후 요직에 앉혀 중용했다. 특히 조선인들이 밀집해 살고 있는 연변지역의 행정책임자인 연변 전원공서 전원은 조선인이 맡았으며 조선의용군 출신 지도자들은 중국공산당 세력내 군대에서 지휘관으로 활동했다. 그러나 국민당정부는 한국독립당과의 관계를 위한 자리를 제외하고는 사실상 조선인을 배제했다.

해방구와 수복구

해방 이후 동북지역은 중국공산당과 국민당정부 세력에 의해 양분되어 통치됐는데 중국공산당의 영향력이 미치는 지역을 해방구로, 국민당정부의 관할 하에 있는 지역을 수복구로 불렀다. 이러한 명칭은 중국공산당과 국민당정부의 정책 차이에서 비롯됐다. 중국공산당은 자신들의 영향 하에 있는 지역의 주민들을 한족이든 조선족이든 대등하게 대하며 토지분배 등 핵심 정책에서도 이러한 기저를 유지했다. 반면 국민당정부는 조선인을 한교 또는 조교로 칭하며 일시 거주자나 귀환 대상자의 관점에서 대했다.

5. 해방 후 동북지역 조선인사회의 생활상

피지배민족인 조선인이 일제의 압박으로부터 벗어나 해방을 맞는다는 것은 분명 기쁜 일이다. 그러나 타국인 중국 동북지역에서 해방을 맞이한 조선인들의 처지는 모두 달랐다. 해방의 기쁨으로 들떠 날마다 축제를 벌이는 중국인(한족)들 사이에서 적지 않은 조선인들은 번민과 불안으로 밤을 지새야했다. 고국으로 돌아갈 것인가 아니면 계속해서 동북지역에서 살 것인가는 이들의 가장 큰 고민이었다. 이곳에 정착하기로 결심한 사람들도 새로운 질서에 대한 불확실성과 그로 인한 두려움으로 편할 날이 없었다.

중국 동북지역의 조선인은 일제하에서 상대적으로 안정된 상태에서 중국인들보다 우월한 지위에서 생활했다. 일제가 내선일체를 부르짖으며 조선인을 동북지역 통치에 이용하기 위해 일본인에 이은 2등 민족으로 우대했기 때문이다. 따라서 일부 조선인들의 경우는 일제의 통치로부터 해방된 것이 반드시 좋지만은 않았다. 상대적으로 더 억압받았던 중국인들로부터 보복을 염려해야 하는 상황이었기 때문이다. 실제로 일부 조선인들은 중국인들로부터 보복성 테러를 당하기도 했다.

무엇보다 현실적인 문제는 동북지역 곳곳에서 날뛰던 토비들의 횡포를 견뎌내는 일이었다. 당시 동북지역에서는 치안이 혼란한 틈을 타 곳곳에서 토비들이 발호했다. 해방 이전에는 그나마 일제에 의해 치안이 유지되어 그럭저럭 살 수 있었지만 권력 공백상태에서 토비들의 준동은 조선인의 가장 큰 걱정거리 중 하나였다. 조선인들이 토비들의 주된 표적이 됐기 때문이다. 따라서 토비들이 장악하고 있던 동북지역 북부권의 조선인들 중에는 이들의 등살에 못 이겨 추수도 포기하고 살길을 찾아 대도시로 이주하는 경우도 흔했다.

해방 무렵 중국 동북지역의 조선인 경제사정 역시 그다지 여유 있는 것은 아니었다. 먹고 살기 위해 한반도를 떠나 동북지역까지 흘러왔지만 이곳 사정도 별반 나은 것은 없었다. 당시 동북지역 조선인의 경제사정과 관련해 미국에서 발행된 한 자료는 조선인 대다수가 조국에 있을 때보다 경제사정이 좋았다고 평가하고 있다. 그렇지만 이들의 생활이 획기적으로 나아진 것은 아니어서 실제는 별반 다르지 않았던 것 같다. 일부 친일 지주나 관리들을 제외한 대부분의 조선인은 겨우 입에 풀칠을 하며 근근이 살아가는 정도였기 때문이다.

동북지역의 전체 조선인 중 90%에 이르는 사람들이 농업에 종사했는데 이들은 대부분 소작농이었다. 일제에 의해 강점된 동북지역 대부분의 토지는 동양척식회사와 만주척식회사 등 일제 및 만주국의 경제적 수탈기구와 일부 친일 지주들의 소유였다. 따라서 조선인 농민들은 일본의 수탈과 식민지 백성으로서 겪어야 하는 아픔을 모두 견뎌내야 하는 이중 삼중고에 시달려야 했다.

농민들의 토지 소유 실상과 그들의 사회적 지위를 살펴보면 농사를 짓는 조선인들이 어떤 처지에 있었는지 분명히 알 수 있다. 당시 일본인은 총 경작면적의 10%를 강점하였으며 총인구의 3-4%에 해당하는 지주가 경작면적의 40-50%를 차지했다. 전체 인구의 90%에 이르는 농민이 단지 20-30%의 경작면적만 가지고 있었다. 따라서 대부분의 농민은 경작지가 없어 품팔이로 생계를 유지하는 파산농민이었다. 전체 농민의 3분의 1이 넘는 32-40%가 파산농민이었다는 통계자료도 있다. 소작료는 통상 수확량의 50%가 넘었는데 각종 가렴잡

사진 1-7. 해방 후 동북지역 조선인들

세를 포함하면 최고 착취율은 80%에 이른다는 분석도 있다. 이러한 상황을 감안하면 일제하에서 동북지역 조선인 농민들의 형편이 어땠는지는 충분히 짐작할 수 있다.

이러한 사정은 해방 후 변했는데 해방구와 수복구에 따라 크게 달랐다. 중국공산당의 영향 하에 있던 해방구 조선인 농민들은 중국공산당이 공유지 분배에 이어 토지 무상분배를 실시함으로써 새로이 살 길을 찾을 수 있었다. 하지만 국민당정부 세력이 점령한 수복구의 조선인 농민들 형편은 오히려 사정이 더 어려워졌다. 국민당정부는 조선인을 한교로 간주함으로써 거주권만 승인할 뿐 토지 및 재산의 소유권을 인정하지 않았기 때문이다.

국민당정부는 1946년 4-9월 사이에 조선인 농민들의 토지를 적위자산으로 평가하며 몰수했다. 이에 따라 국민당정부가 관할하는 지역에서는 9만496명의 조선인 중 무려 2만4천 149명이 적빈 유랑자로 되었다. 또 1947년의 통계에 따르면 각종 죄명으로 규류된 조선인이 8천468명에 이르고 피살된 사람도 2천명이 넘었다. 국민당정부의 통치기구인 동북행원은 당시 조선인에 대한 탄압 사실을 인정하고 있다. 1948년 무렵 동북행원의 한 보고서는 조선인 농민들을 박해함으로써 수전 농업이 황폐 위기에 직면했으며 이로 인해 군량미 공급에 차질이 생겼음을 언급하는 가운데 국민당정부가 조선인을 배척한 것은 '중대한 실수'였다고 언급했다.

3장

중국공산당과 동북지역 조선인 간 상호관계

1. 중국공산당-조선인 관계의 기원

중국 동북지역, 특히 연변을 포함한 동부권과 북부권 농촌지역에 거주하던 조선인들은 해방 이후 중국공산당과 밀접한 관계를 맺고 이 지역에서 이들이 추진하는 새로운 질서를 만드는데 적극 참여했다. 조선인이 해방 직후 공산당의 노선을 지지하며 이들과 함께 전후 질서를 만드는데 앞장선 것은 결코 충동적이거나 일회성의 기회주의적인 태도가 아니었다. 조선인은 해방 이전부터 이 지역에서 중국공산당 세력과 특별한 관계를 맺어오면서 이를 예비했었다. 따라서 중국 동북지역 조선인들은 이 지역에서 질서재편이 마무리될 때까지 줄곧 중국공산당과 운명을 같이 했다.

중국 동북지역의 조선인이 중국공산당과 관계를 맺은 것은 1930년대 초로 거슬러 올라간다. 조선인은 일찍이 일제에 맞서 독립운동을 하기 위해 중국 동북지역으로 이주했고 다수의 조선인은 그곳에서 조선공산당 만주총국의 지휘 하에 독립운동을 전개했다. 그러나 상황이 바뀌면서 독립운동을 위해 중국공산당에 가입하여 이들과 연대하는 방략을 택할 수밖에 없었다. 이러한 상황은 일제가 1931년 만주사변을 일으키고 동북지역에 대한 지배력을 강화한 이후에 더 구체화됐다.

조선인이 독립운동을 위해 중국공산당에 가입하게 된 것은, 실은 국제공산주의운동의 내부 방침에서 비롯됐다. 국제공산주의운동은 1928년 제3차 코민테른회의에서 이른바 '1국1당주의 원칙'을 통해 한 나라에는 하나의 공산당만이 존재한다는 입장을 공식화했다. 당시 중국 동북지역은 중국 본토에서 멀리 떨어져 있어 중앙권력이 미치지 않았을 뿐 아니라 정치적으로도 복잡한 상황에 있었다. 따라서 중국공산당과 조선공산당은 공히 동북지역을 책임질 조직을 별도로 두고 있었다. 이런 상황에서 코민테른 결정이 발표되면서 조선공산당은 흑룡강성 영안에 자리잡고 있던 만주총국을 해산해야 했다. 따라서 중국 영토 내에 살고 있는 조선인이 공산주의 노선에 따른 독립운동을 하기 위해서는 중국공산당 만주성위원회에 가입해야만 했다. 더욱이 1920년대 말부터 민족주의 계열 조선인 독립운동 세력이 사실상 와해된 상황에서 동북지역 조선인이 독립운동을 하기 위한 선택지는 달리 없었다.

만주사변 이후 동북지역에서의 상황이 급격하게 나빠지면서 중국공산당 만주성위원회도 조직을 확대하기 위해 조선인의 입당을 독려했다. 이에 따라 1930년대 중엽 중국공산당 만주성위는 전체 당원의 절대다수를 조선인으로 구성했다. 조선인 공산당원이 폭발적으로 증가하면서 동북지역 공산당 지도부는 12개에서 85개로 늘었는데 당원의 85%가 조선인이었다. 그럼에도 불구하고 중국공산당 내 중국인과 조선인 간의 양자 관계는 여러 가지 특수한 상황으로 말미암아 불평등했고, 그 결과 민생단사건 같은 참상이 일어나기도 했다. 따라서 중국 공산당은 양자 관계를 새롭게 정립하기 위해 1935년 11월 조선인에 관한 4개 항의 정책을 제시하는 등 상호 협력관계를 모색했다. 이 무렵 동북항일연군이 결성됐다.

그러나 일제가 1930년대 말부터 동북지역 내 항일세력에 대한 탄압을 강화하면서 이 지역의 독립운동 세력은 대부분 다른 지역으로 옮겨가거나 지하로 숨었다. 그 결과 표면적으로는 1940년대 들어 동북지역 내에 공산주의 세력은 없었다. 이후 해방될 때까지 이 지역의 조선인은 중국공산당과 특별한 관계를 형성하지 못했다. 대신 소련 88여단에 합류한 동북항일연군 소속 조선인들과 연안에 자리잡은 중국공산당 중앙의 팔로군 및 신사군에 합류한 조선의용군이 중국공산당과 공식적인 관계를 맺고 있었다. 당시 이렇게 맺어진 관계는 해방 후 동북지역에서 중국공산당이 국민당정부에 맞서 싸우는 과정에 온전히 반영됐다.

1국1당주의 원칙과 조선공산당 만주총국

레닌의 주도로 1919년에 창설된 공산주의 인터내셔널, 즉 코민테른(Communist International)은 공산주의운동에서의 국제주의 원칙을 강화하기 위해 1928년에 열린 제3차 회의서 각국은 수도에 하나의 당만을 두도록 하는 원칙을 제시했다. 그러니까 자기 나라의 수도에만 당의 본부를 둘 수 있으며 다른 나라에는 당 조직을 두는 대신 해당 국가의 당과 연대를 꾀하도록 했다.

이에 앞서 조선공산당은 당 창립 1년 뒤인 1926년 5월 중국 길림성 영고탑(영안현)에서 국외 조직인 만주총국을 설립했다. 조봉암(曺奉巖)이 초대 책임비서를 맡아 만주 전역에 구역국을 설치해 활발한 활동을 전개했다.

그러나 코민테른이 1국1당주의 원칙을 제시함에 따라 조선공산당은 만주총국을 해체하지 않을 수 없게 됐다. 그 결과 조선공산당 만주총국은 일련의 과정을 거쳐 1930년 6월에 이르러 모든 조직을 해체했다. 그리고 만주총국 지도하에서 독립운동을 하던 조선인들은 대부분 중국공산당에 가입해 활동했다.

2. 중국공산당의 동북지역 통치 구조

항일투쟁시기 중국공산당에게 있어서 동북지역은 변방중의 변방이었다. 중원에서 국민당정부와 치열한 격전을 벌여야 하는 중국공산당으로서는 변방인 이곳까지 신경 쓸 여력이 없었다. 따라서 1928년 9월 만주성위원회를 설립한 이후 이 지역에서는 만주성위원회가 중국공산당의 위임을 받아 독자적으로 권한을 행사했다. 중국공산당은 이 지역에서 일어나는 모든 사안에 대해 사실상 만주성위원회에 일임했다. 중국공산당 만주성위원회는 해방 전 동북지역을 책임지고 있는 실질적인 상급 조직이었다. 그러나 일제가 항복하면서 상황은 달라졌다. 중국공산당은 동북지역을 중국혁명의 거점으로 삼으려는 전략을 세우는 등 이 지역을 중시하기 시작하면서 직접 통치를 준비했기 때문이다.

일제의 항복에 앞서 동북지역으로 진군을 준비하고 있는 마당에 소련이 국민당정부와 중소우호동맹조약을 체결하고 국민당정부 편에 서면서 상황은 중국공산당에 불리했다. 중국공산당으로서는 소련이 일본군 무장해제를 위해 동북지역에 진군한 상태에서 소련의 결정을 따르지 않을 수도 없었다. 따라서 중국공산당은 간부들을 동북지역에 파견해 공작을 강화하는 우회 전략을 취했다. 팽진(彭眞)과 진운(陣雲) 등 당중앙의 간부들을 심양에 파견해 기존의 중국공산당 만주성위원회와는 별도의 조직인 중국공산당 동북국(東北局)을 1945년 9월에 세웠다. 따라서 이후 중국공산당의 동북지역 정책은 동북국 중심으로 이루어졌다.

동북지역은 일제의 패망으로 만주국이 해체되어 사실상 지역 내 행정기구가 존재하지 않았다. 따라서 해방 초기에는 기존 조직이 활용됐으나 중국공산당 세력과 국민당정부 세력 간의 각축 속에서 점차 해당 지역을 점령한 세력이 통치권을 행사했다. 이에 따라 해방 초기부터 중국공산당이 장악한 연변을 중심으로 하는 동부권(동만/북간도)과 북부권 일부(동간도)의 농촌지역은 중국공산당에 의해 통치됐다.

그리고 소련군 철수 후 중국공산당 세력에 앞서 국민당정부 세력이 선점한 심양 장춘 길림 등 서부권(서만)의 대도시는 국민당정부가 통치했다.

연변지역의 경우, 소련군이 이 지역에 진주한 후 중국공산당 연변위원회(연변위)가 정비되었고 지역을 통치할 행정조직으로 연길에 간도임시정부를 설립하고 각 현에도 임시 현정부를 두었다. 그러나 11월 중국공산당 중앙이 파견한 옹문도(雍文濤) 등 33인의 간부가 연변에 도착한 후 중국공산당 조직 및 행정조직도 바뀌었다. 이들은 먼저 중국공산당 연변위를 연변지방위원회(연변지위)로 재조직하고 이 위원회를 중심으로 조직을 정비했다. 연변지위 위원장은 옹문도가 맡았다. 연변지위는 '간도임시정부'를 폐지하고 대신 연변지역의 행정을 전담하게 될 조직으로 '연변행정독찰 전원공서'를 세웠다. 전원공서의 최고책임자인 초대 전원으로는 관선정이, 부전원으로는 동곤일이 임명됐다. 이어 연변지위는 관할 지역의 지구 및 현의 당정군 영도기관을 조직했다. 이에 따라 각 현에는 현당위원장과 현장이 임명되었다. 그리고 지역 내 군사조직인 연길군분구를 조직해 88여단 소속 조선인인 강신태(姜信泰/姜健)를 사령원으로, 옹문도를 정치위원으로 임명했다.

한편, 중국공산당은 정권 수립일을 불과 한 달여 앞둔 1949년 8월 말 동북지역을 통치하기 위한 행정조직으로서 동북인민정부를 수립했다. 정권수립에 앞서 지역 정부를 먼저 수립함으로써 이 지역에 대한 특별한 관심을 보인 것이다. 동북인민정부의 초대 책임자로는 중국공산당 동북국의 핵심 인물이었던 고강(高崗)이 맡았다. 당시 동북지역은 별도의 화폐인 동북화폐를 사용하는 등 상당한 독자성을 가졌었다. 그러나 동북지역에서 고강의 세력이 확대되는 등 부작용이 발생하자 1952년 4월 동북지역에 한정해 화폐개혁을 단행, 동북화폐를 인민화폐로 통합했다. 이어 8월 지방행정을 통일한다는 명분을 내세워 동북인민정부 까지 폐지했다. 중국공산당 동북국은 1954년까지 유지됐다.

중국공산당 군대의 명칭 변경

중국공산당은 동북지역으로 진주한 이후 전력을 강화하는 과정에서 군대의 명칭을 수시로 바꾸었다. 해방 초기 중국공산당의 영향력이 상대적으로 약했을 때는 소련군의 영향 하에서 '경비대'또는 '경비려'로 불렸다.

이후 중국공산당이 심양에 동북국을 세우고 동북지역에서 역할을 강화하면서 1945년 10월 30일 군대의 명칭은 '동북인민자치군'으로 바뀌었다. 동북인민자치군에는 동북지역에 진출한 팔로군과 신사군, 동북항일연군 등이 포함됐다. 동북인민자치군은 1945년 말 무렵 10개 군구, 3개 종대, 5개 직할사, 17개 려 등으로 구성됐으며 총병력은 27만4천900여명에 달했다.

그러나 1946년 1월 14일 동북인민자치군은 다시 '동북민주련군'으로 재편됐는데 '조선의용군'도 동북민주련군에 편입됐다. 이후 조선의용군 명칭은 점차 공식문서에서 사라졌다. 동북민주련군 명칭은 1947년 3월 이후 대외적으로 '중국인민해방군'이란 명칭이 사용되기까지 1년 이상 통용됐다. 6·25전쟁 당시 중국이 북한을 돕기 위해 파병한 중국군은 중국인민해방군 대신 '중국인민지원군'으로 불렸다.

3. 중국공산당 내 조선인의 위상과 역할

해방 무렵 중국 공산당 내에는 여러 부류의 조선인이 있었으며 이들은 공산당 세력이 동북지역을 거점화하는 과정에서 특별한 활약을 했다. 당시 중국 공산당 내 조선인은 세 부류로 나눌 수 있다. 특별한 두각을 나타내지 않았고 그 수도 미미하지만 동북지역에 남아 항일운동을 전개한 토착 조선인 공산주의자들, 소련군 88여단에 속해 있으며 소련군이 동북지역으로 진군한 후 이들을 돕기 위해 이 지역으로 들어온 동북항일연군 출신 조선인, 그리고 팔로군과 함께 중국공산당 중앙의 명령에 따라 동북지역으로 진출한 조선의용군 소속 조선인들이 그들이다.

동북지역의 토착 조선인 공산주의자들은 눈에 뜨일만한 특별한 인물이 없었다. 하지만 이들은 동북지역, 특히 연변 등지에서 지하 활동을 통해 항일운동을 돕고 있었다. 이들은 또 일제의 항복이 임박했음을 미리 알고 지역 내에서 소련군의 진주를 환영하거나 해방을 맞을 준비를 했다. 그러나 이들은 그 세력이 미미함에 따라 해방 직후 소련군과 함께 진주한 동북항일연군 출신 88여단 소속 조선인들에 흡수됐다.

88여단에 소속된 조선인은 대략 170명 선인 것으로 추정된다. 주보중과 김일성이 이들을 지도했는데 김일성그룹은 '조선공작단'을 결성해 대부분 북한으로 들어갔고 일부만이 주보중그룹과 함께 동북지역으로 들어갔다. 당시 동북지역으로 들어간 88여단 소속 조선인으로는 강신태(강건), 김광협, 박락권, 최명석, 박근식 등이 있다. 강신태는 9월 연길에 도착하자마자 소련군을 도와 군사령부와 경찰 행정조직을 구축하고 질서 유지에 주력했다. 그는 소련군 연길위수사령부 부사령으로서 이 지역의 치안을 유지하는데 특별히 중요한 역할을 했다. 당시 연변지역에는 강신태가 지휘하는 3개 연대가 있었는데 이들은 동북인민자치군에 편재됐다. 연길에 주둔한 1연대는 2,500여명의 병력을 거느리고 있었으며 박락권이 연대장을 맡았다. 왕청에 주둔한 2연대는 최명석이 지휘했으며 2,000여명의 병력이 있었다. 한편 3연대는 화룡에 자리를 잡고 있었으며 박근식이 연대장을 맡아 지휘했다.

조선인으로 구성된 동북인민자치군은 시간이 지나면서 크게 늘었다. 한 통계에 따르면 1945년 12월 무렵 동북인민자치군에 편입된 조선인은 약 2만여 명에 달했다. 그 가운데 연변 11,000명, 돈화 500명, 길림시 500명, 심양시 2,000명, 안산시 500명, 철령 500명, 빈현 1,000명, 목단강 2,000명, 가목사 1,000명이 있었다. 이들은 동북지역에서 중국공산당의 지도하에 지방 치안을 유지하고 주민들의 생명과 재산을 보호하는데 일익을 담당했다.

조선의용군에 속해 있던 주요 인사로는 박일우, 주덕해, 이상조 등이 있다. 조선의용군은 해방 직전인 1945년 8월 11일 팔로군 총사령 주덕의 명령에 따라 동북지역으로 진군했으나 소련군의 저지로 곡절을 겪은 후 3개 지대로 나누어 동북의 각 지역으로 분산 배치됐다. 제1지대는 남부권(남만/서간도)으로, 제3지대는 북부권(서만/하얼빈 등지)

으로, 제5지대는 동부권(동만/북간도)으로 각각 진출했다. 박일우가 이끄는 조선의용군 제5지대는 1946년 초에 연길에 도착했다.

한편 해방 초기 강신태를 중심으로 한 동북항일연군 출신 조선인은 연변지역에서 일본 잔재 및 토비를 소탕하고 질서를 유지하는데 큰 역할을 했음에도 불구하고 시간이 지나 연안의 중국공산당에서 파견한 사람들이 연길로 진주하면서 역할이 위축됐다. 특히 조선의용군 소속 조선인이 연변지역으로 들어온 후 그 역할은 더 축소됐다. 이는 해방 직후 소련군이 동북지역에 진주해 질서를 유지함에 따라 소련군 88여단에 속했던 동북항일연군 출신 조선인이 두각을 나타냈지만 1945년 11월 이후 중국공산당이 직접 연변지역을 장악하고 영향력을 행사하게 되면서 무게 중심이 이들과 깊은 인연이 있는 사람들에게로 쏠리게 됐기 때문이다. 더욱이 소련은 1946년 봄 동북지역에서 철수했다.

한편 동북항일연군 출신의 88여단 소속 조선인은 해방 직후 연변 등지에서 조선인의 생명과 재산을 지키는데 기여했으나 중국내 정세가 변하고 북한에서도 공산정권 수립을 위한 준비가 순조롭게 진행되면서 조선(북한)으로 돌아갔다. 강신태와 김광협이 각각 1946년 4월과 1947년 5월에 북한으로 돌아갔다. 이에 따라 중국공산당의 영향을 받은 주덕해 등 조선의용군 출신의 새로운 민족간부들이 연변지역의 당정 업무를 책임지는 인물로 부상했다.

해방 직후 조선인의 사회적 위상

중국공산당 간부들의 갖가지 말과 교시에도 불구하고 중국공산당은 1948년 중반까지 조선인의 국적 등에 대한 명확하고도 확정된 정책이 없었다. 특히 조선인의 사회적 위상과 관련해 혼선이 있었으며 구체적인 사례들도 적지 않다.

1946년 12월 중국공산당 길림성위원회 민족사업회의에서 당시 길림성 주석 주보중은 연설을 통해 당간부들이 조선민족 문제에 대한 이해가 심하게 불일치할 뿐 아니라 어떤 이는 추상적으로 이해하고 어떤 이는 경험만 가지고 이해하고 또 어떤 이는 아예 경험이 없다며 당간부들 사이의 혼란상에 대한 우려를 표했다.

1948년 9월 14일 중국공산당 동북행정위원회 민족사무처(처장 주덕해) 기관지인 하얼빈의 《민주일보》는 "교민이라면 왜 토지분배 해주는지?"라는 조선인 독자의 질문에 대해 답하면서 조선인은 "형식상은 교민이지만 실제 내용에 있어서는 국민"이라고 애매한 답변을 했다. 이는 교민과 국민 사이에서 아직 갈피를 못 잡고 있음을 보여주는 사례이다.

또 국공내전에 참전한 조선인부대의 경우 주요 간부는 중국인(한족)이 맡고 조선인은 '부'직위만 가지고 있었던데 대해 조선인들 사이에서 불만이 높았다. 1947년 8월 돈화지구의 조선인 부대를 모아 편성한 부대인 동북민주연군 10종대(군단)가 조선종대로 발전하지 못하고 무산된 것도 조선인 간부들은 불만의 대상이었다. 당시 몽골인들은 자체의 대규모군대를 유지하고 있었다.

4. 해방 후 중국공산당의 조선인 정책

중국공산당은 국공내전에서 객관적인 전력의 열세를 극복하기 위해 조선인이 밀집해 살고 있는 동북지역을 혁명의 거점으로 삼아 국민당정부 세력과 싸우겠다는 전략을 수립했다. 조선인은 동북지역에 밀집해 살고 있었을 뿐 아니라 중국공산당과 함께 항일운동을 한 경험이 있어 중국공산당에 우호적이었다. 특히 동북항일연군 출신 88여단 소속 조선인 중 일부 간부들과 연안에서 활동하다 동북지역으로 진출한 조선의용군은 국공내전 기간 동안 중국공산당 세력의 핵심으로 혁혁한 공을 세웠다.

따라서 중국공산당은 해방 직후부터 조선인을 우호세력으로 확보하기 위해 적극적으로 친조선인 정책을 제시했다. 중국공산당의 친조선인 관련 정책의 핵심은 국적문제와 민족자결 문제였다. 당시 조선인은 대부분 국적이 없는 상태에 있었는데 항일투쟁 시기 중국공산당 간부들이 민족자치에 대해 언급한 것에 대해 상당한 기대를 가지고 있었다. 따라서 중국공산당 간부들은 이러한 문제를 직시하고 조선인 정책에서 이와 관련된 문제를 집중적으로 제시했다.

중국공산당의 조선인에 대한 정책이 보다 구체적으로 제시된 것은 1946년 1월 8일 소집된 중국공산당 연변지위 제1차 확대회의에서였다. 이 회의는 국민당정부가 1945년 11월부터 동북지역을 탈환하기 위해 대규모 병력을 이 지역으로 이동시키기 시작한데 이어 모택동이 12월 28일 '튼튼한 동북근거지의 창설'에 대한 지시를 내린 지 불과 10일 후에 열렸다. 이 회의에서는 다수의 조선인을 어떻게 중국공산당 지지세력으로 만들 것인가 하는 점이 중점적으로 논의됐는데 조선인 지역에는 조선인 간부를 파견해 조선인의 이익에 맞게 행동하는 것이 필요하다는 결론을 내렸다. 이러한 정책은 이후 실시된 토지개혁 과정에 그대로 반영됐다.

국적문제와 관련, 길림성 주석 겸 동북민주연군 부사령원인 주보중은 1946년 12월 중국공산당 길림성위원회 민족사업회의에서 연설을 통해 동북지역 조선인은 연변지역 등의 중요한 개척자이고 영광스러운 혁명전통을 갖고 있으며 9.18사변 이후 중국공산당 조직의 60-70%를 차지하였다면서 항일전쟁시기 조선인의 역할을 강조했다. 이어 그는 조선인이 높은 혁명적 열정을 보여주었다며 이들은 "중국의 한 민족이 되기에 손색이 없다"고 언급, 조선인을 중국의 소수민족의 일원으로 인정하는 발언을 했다.

중국공산당 연변지위도 1948년 8월 15일 연변민족문제에 대한 결의문을 발표하고 조선인에 대한 방침과 정책을 제정했다. 이 결의문은, 조선인은 훌륭한 혁명적 전통을 지니고 각 시기 혁명운동에 적극 참가하였고 해방전쟁 시기 "전선을 지원하고 후방을 건설함에 있어서 주된 역할을 하였다"며 국공내전 기간 동안 조선인의 역할을 평가하였다. 또 조선인은 "연변을 개발하고 건설하는 주력군"이라며 그 위상을 명확히 했다. 이어 결의문은 조선인과 끝까지 단합하여 "전체 조선인민들로 하여금 중국인민과 함께 신민주주의 새 연변을 건설하기 위해 분투하도록 하여야 한다"고 주장했다.

이 결의문에서 중국 공산당은 조선인의 국적문제와 관련해 '중국 공민' 및 '조선 교민'의 자격에 대해 보다 분명한 입장을 제시했다. 결의문은 "연변에 거주하고 있는 조선인민으로서 호적이 있는 사람은 공민이며 잠시 래왕하는 처지로서 호적이 없는 사람은 교민이다. 정부의 비준을 거쳐 이주해 갔다가 다시 돌아온 사람, 우리측 고급정부의 비준을 거치지 않고 이주해온 자는 교민이다. 가족이 조선에 있지만 호주와 재산이 연변에 있는 자는 정부의 비준을 거쳐 공민으로 승인받을 수 있다. 공민과 교민은 권리 및 의무에서 구별되어야 한다"고 밝혔다.

결의문이 발표된 지 4개월 후, 사실상 중국공산당이 동북지역에서 승리한 후인 1948년 12월 9일 중국공산당 연변지위 서기 류준수는 「민족정책 중의 몇 가지 문제에 대해서」라는 글을 통해 조선인의 지위에 관한 문제를 재차 천명했다. 그는 "연변 경내에 거주하는 조선민중들은 중국 경내의 조선 소수민족이라는 것을 확정하며 중화민주공화국의 일부분이라는 것을 확정한다. 민주정부는 민족 평등의 원칙에 따라 조선민중에게 지권 인권 재권을 주며 민중들의 생명과 재산의 안전을 보호한다"고 말했다. 조선인이 공식적으로 중국공민의 지위를 획득한 것은 1950년대 이후이지만 조선인은 사실상 이 무렵부터 중국공민의 지위를 확보하게 된 것이다.

민족자결 문제와 관련해서는 1949년 1월 21일부터 중국공산당 동북국과 동북행정위원회의 위탁을 받아 길림에서 열린 '민족사업좌담회'에서 심도있게 논의됐다. 이 토론회에는 중국공산당 내의 다양한 세력이 참가했다. 동북항일연군 계열의 친북한 성향의 조선인 인사들, 그리고 중국공산당 중앙의 지원을 받는 사람들이 그들이다. 이 좌담회에서는 1945년 8월 해방 이후 3년간에 걸친 민족사업과 정책 등

각 부문에서의 경험을 총괄하는 한편 연변에서의 정치구조문제를 논의했다. 주목되는 것은 이 회의에서 연변지역의 민족구역자치제를 실시하기로 결정한 것이다.

이 좌담회는 동북지역에서 중국공산당 세력이 국민당정부를 패퇴시키고 북한에도 새로운 공산정권이 수립된 상황에서 조선인 밀집지역인 연변지역의 정치구조를 논한 의미있는 자리였다. 그런 만큼 이 좌담회에서는 연변지역의 미래에 대한 다양한 의견이 제시됐다. 주목되는 것은 동북항일연군 계열 조선인 인사들이 연변지역을 중국에서 분리, 독립시킬 것을 주장한 것이다. 당시 연변전원공서 전원으로 있던 임춘추(林春秋/북한 부주석 역임)는 연변지역을 중국으로부터 독립시켜야 한다고 강조하는 가운데 조선인이 다수 거주하는 해림, 영안, 동녕 등의 지역과 함게 북한에 귀속시킬 것을 주장했다. 그는 중국공산당이 항일투쟁 기간에 조선인에게 지속적으로 민족자결권을 주고 간도를 할양할 수 있다고 언급했음을 상기시키며 이 약속을 지킬 것을 촉구했다.

중국공산당은 실제 1930년대 중반 이후 동북지역 거주 조선인과 관련한 우호적인 정책을 제시해 왔다. 민생단 사건을 해결하는 과정에서 중국공산당은 1935년 11월 조선인의 지지를 이끌어내 상호 협력관계를 모색하기 위해 조선인에 관한 4개 항의 정책을 제시했다. 이것은 이후 중국공산당의 조선인 관련 정책의 방향이 됐다. 핵심 내용은 일제의 만주국이 멸망한 후 간도지역에 조선인 민족자치 지역을 건립하고 조선인과 중국공산당 간의 연합군을 형성해 한반도(조선)의 독립을 위해 대일본전에 나선다는 것이었다. 중국공산당의 이같은 정책은 동북지역 조선인의 의식에 커다란 영향을 미쳤는데 임춘추의 주장은 이를 근거로 한 것으로 보인다. 그러나 중국공산당의 이같은 주장은 '민족구역 자치제'로 바뀌었고 중화인민공화국 수립 후 연변조선족자치주와 조선족 자치 현 및 향(진)의 설립으로 구체화됐다.

중국공산당의 소수민족 관련 4개 원칙

1935년 11월 중국공산당이 제시한 소수민족 관련 4개 항은 △중국공산당 중앙은 한족 조선족 만주족 몽골족의 연합을 구성하여 일본제국주의를 물리치자는 구호와 함께 조선과 중국 간의 단결을 강조하고 △중국공산당은 간도에 조선족 민족자치구를 만주국 멸망 후에 건립하고 조선과 중국 연합군은 조선의 독립을 위해서도 싸우며 △만주공산당은 민생단사건의 과오를 인정해야 하며 △당내의 한 분파조직을 만들어 후에 조선민족혁명당을 결성케 한다 등이다.

5. 해방 후 중국공산당의 연변지역에서의 활동

소련군의 진군으로 해방을 맞은 연변지역에서는 곧바로 토착 공산세력을 중심으로 치안유지를 위해 '간도임시정부'를 수립하는 등 자체 통치기구를 만들었다. 9월 초에는 동북항일연군 부대를 근간으로 하여 연변에 군사령부와 경찰 행정조직으로 '연변경비려'를 만들었다. 이어 중국 공산당 동북위원회의 비준을 거쳐 10월 20일 연변경비려를 중국공산당 연변위원회(연변위)로 확대 개편하여 당의 위성조직으로서 대중조직들을 결성했다. 그리고 연변 각지에 결성된 노동자·농민·청년·여성동맹 조직들을 연합해 '연변노농청부총동맹'을 결성했다. 이는 후에 '연변인민민주대동맹'으로 개칭됐다. 이 동맹의 맹원수는 14만5천여 명에 달했으며 그 중 13만7천여 명이 조선인이었다. 이 동맹은 이후 연변지역에서 중국공산당 정권을 구축하는 기초 조직으로 역할했다.

그러나 중국공산당은 국민당정부와의 갈등이 고조되면서 동북지역을 거점으로 활용하기 위해 1945년 11월 12일 중국인 간부 33인을 당시 중국공산당 세력의 활동이 가장 활발했던 연변지역에 파견했다. 33인의 간부들은 곧바로 중국공산당 길림성공작위원회의 결정에 따라 항일연군 소속 강신태(강건)의 연변위를 해산하고 대신 중국공산당 연변지방위원회(연변지위)를 결성했다. 중국공산당 중앙의 이러한 움직임은 이들이 직접 조선인 거주지인 연변을 장악하려는 의지를 분명히 한 것이었다.

'연변지위'는 11월 20일 연길에서 연변인민대표대회를 소집해 간도임시정부를 해산하기로 결정하고 '연변정무위원회(연변정무위)'를 설립했다. '연변정무위'는 대주민포고를 통해 연변지역의 모든 인민들이 새 정부를 옹호하고 정부에 협조하여 "새 연변을 건설하기 위하여 분투할 것"을 촉구했다. 연변정무위는 설립 다음 날 제1차 회의를 열어 조선인과 중국인(한족)의 평등을 보장한다는 내용의 '10대 시정방침'을 채택했다. 그리고 동북민주연군 길림성 '연길분구'라는 무장력을 조직하고 정치위원직에 중국인(한족)을 기용함으로써 연변지위를 중국공산당 동북국의 영향 하에 두었다.

중국공산당 중앙의 이러한 움직임은 국민당정부 세력과의 싸움에서 승리하기 위해서는 동북지역을 군사적·정치적 근거지로 삼아야겠다는 생각에 따른 것이다. 실제 1945년 12월 28일 모택동은 '튼튼한 동북근거지의 창설'에 대한 지시를 내렸고, 이에 근거하여 1946년 1월 8일 소집된 '연변지위' 제1차 확대회의는 연변에서 무장 공작, 당 건설, 간부 양성, 정권 공작 등에 대해 토론했다. 모택동의 이러한 조치는 장개석이 11월 경 군대를 대거 동북지역으로 이동시키며 이 지역에 대한 대대적인 공세를 펼치기 시작한 직후에 이루어졌다.

한편 중국공산당 동북국은 1946년 1월 12일 길림성공작위원회를 길료성위원회로 개편했다. 이는 요녕성 일대가 국민당에 밀리면서 상대적으로 변방인 길림성과 통합하려는 목적에서 비롯됐다. 같은 해 5월 중국공산당은 길료성위원회를 다시 길림성위원회로 변경하고 이 위원회의 소재지를 연길로 옮겼다. 조선인 밀집지역인 연변과 연길이 동북지역에서 중국공산당의 주 활동무대가 된 것이다.

이러한 상황에서 중국공산당은 연변지역에 대한 지배권을 확보한 후 조선인 통제를 위해 토지개혁과 참군 참전 운동을 적극 펼쳤다. 토지개혁은 중국공산당이 조선인 농민에게 준 선물이자 혜택이라면 참군 참전 운동은 조선인이 새로운 정권에 충성하도록 유도하기 위한 의도에서 비롯됐다. 중국공산당은 이 두 조치를 통해 조선인을 효과적으로 동원해 사회주의 건설과 민족 통합이라는 두 가지 목표를 동시에 추진하고자 했다.

4장

해방 후 동북지역 조선인의 정세관

1. 해방 후 동북지역 및 한반도 역내 질서와 조선인

중국 동북지역과 한반도는 비록 두만강과 압록강을 경계로 분리되어 국가를 달리했지만, 일제가 한반도를 강점한데 이어 만주사변을 일으켜 중국 동북지역 마저 통치하기 시작한 이후에는 사실상 일제의 통치 하에 있는 하나의 '통합된 지역'이었다. 따라서 조선인이 이곳으로 이주한 것 또한 만주사변을 전후해 그 의미가 달라졌다. 일제의 한반도 강점 초기에는 일제 치하를 벗어나 독립운동을 하고 생계를 유지하기 위해 동북지역으로 이주했다면 만주사변 후에는 이 지역을 한반도의 연장선으로 인식하고 이주한 측면이 있다. 당시 일제는 내선일체를 주장하며 동북지역 통치에 조선인을 적극 이용하기도 했다. 더욱이 지리적으로 두 지역이 인접해 있고 기후 등 자연환경도 크게 다르지 않을 뿐 아니라 사회경제적으로도 조선인 끼리 집단을 이뤄 함께 생활함에 따라 한반도에서 사는 것과 차이가 없었다.

해방 당시 전체 조선인의 9%에 이르는 216여만 명의 조선인이 동북지역에 거주하였던 것도 이 지역에 대한 조선인들의 이러한 인식과 무관치 않을 것이다. 그러나 해방과 함께 사정은 달라졌다. 동북지역과 한반도가 공히 이념적 갈등을 겪게 되고 그에 따라 편이 나뉘게 되는 상황에서 동북지역 조선인들 역시 이러한 정세변화에 직접적인 영향을 받았다. 동북지역에 거주하는 조선인은 반드시 어느 한 쪽을 선택해야만 하는 기로에 선 것이다. 결국 조선인들은 국공내전 과정에서 중국공산당과 국민당정부로 편이 나누어졌고, 내전에서 중국공산당이 승리하게 되자 중국공산당을 지지한 조선인들은 그곳에 정착하고 국민당정부를 지지한 조선인들은 전향하거나 남한으로 귀환하였다.

중국 동북지역과 한반도는 공히 일제의 강점 하에서 해방을 맞았다. 따라서 표면상으로는 비슷한 상황이었으나 실제는 많이 달랐다. 양 지역에는 일제의 무장을 해제하고 전후 질서를 확립하기 위해 연합국이 진주했다. 그러나 동북지역은 소련군이 단독으로 진주한 반면 한반도는 미국과 소련이 각각 남한과 북한을 나누어 점령했다. 동북지역은 소련의 영향 하에서 중국공산당과 국민당정부가 이념 대립에 따라 내전을 치른 반면 한반도는 38선이 분단선으로 획정된 상태에서 남한과 북한에 진주한 미국과 소련이 자신들의 이념을 이식하고 그에 따라 체제 및 진영 간에 대립했다. 중국 동북지역에서는 중국인들 간에 이념적으로 대립하여 내전을 치르게 된 반면, 한반도의 경우는 미국과 소련이 남북한을 나누어 진주해 각각 다른 이념을 이식하고 주민들이 이를 따르면서 갈등하는 형국이었다.

한반도와 중국 동북지역에서의 이러한 상황은 남북한의 정치세력과 중국 내의 정치세력 간의 연대를 추동했고 이는 동북지역 조선인들에게도 고스란히 전이됐다. 동북지역 조선인들은 중국공산당과 국민당정부가 대립하고 있는 상황에서 우선 어느 한쪽을 선택해야 했다. 그리고 그 선택은 결국 한반도의 남한과 북한 중 어느 한쪽을 선택하는 것과 같은 의미를 띠게됐다. 중국공산당은 항일투쟁 시기 동북항일연군, 조선의용군 및 조선독립동맹과 긴밀한 관계에 있었는데 이 조직에 참여했던 사람들은 해방 후 북한 권력의 중추로서 역할하였다. 더욱이 중국공산당은 김일성을 중심으로 하는 북한권부와 이념적으로 연대하고 있었으며 공히 소련의 영향을 받고 있었다. 반면 국민당정부는 항일투쟁시기 김구(金九)가 주석으로 있던 임시정부와 긴밀한 관계를 유지했는데 임시정부 인사들은 한국독립당의 주축으로서 해방공간에서 남한의 핵심 정치세력 중 하나였다.

한편 해방 직후 권력 공백 상태에 있던 동북지역의 조선인은 자신이 정착한 지역이 중국공산당과 국민당정부 중 어느 쪽의 세력권에 들어가느냐에 따라 이념적 성향이 결정됐다. 즉, 조선인이 능동적으로 이념을 선택했다기 보다 상황에 따라 자신들이 취할 이념이 주어진 것이다. 일부 신념이 투철한 사람들의 경우는 예외였겠지만 큰 흐름에서 보면 당시 조선인은 스스로 특정 이념을 선택하기 보다는 상황에 따라 주어진 이념을 수용해야만 했다. 사실 해방 무렵 동북지역 조선인들은 대부분 이념적 색채가 약했다. 연변지역을 포함한 동북지역 동부권과 북부권 조선인들의 경우 항일 투쟁시기부터 중국공산당과 긴밀한 관계를 가졌다는 점에서 중국공산당에 대해 보다 호의적이었을 뿐이다.

그런 점에서 중국공산당보다 국민당정부의 영향을 더 많이 받은 서부권의 조선인 역시 국민당정부의 조선인정책이 배타적이었음에도 불구하고 이 지역에 거주한다는 이유로 이들을 따라야 했다. 대신 이들은 국민당정부가 오랜 동안 이 지역에 영향을 미치고 있었을 뿐 아니라 국민당정부와 남한과의 관계가 우호적이라는 점이 작용한 측면이 크다. 즉, 이 지역에는 상대적으로 남한출신 조선인이 많았는데 이에 따라 국민당정부와의 관계가 비교적 활발했다. 비록 국민당정부가 조선인에 대해 비우호적인 정책을 펼쳤지만 이들은 남한 및 한국독립당과의 관계, 그리고 향후 국민당정부가 동북지역을 점령할 것에 대한 기대 등을 중요하게 고려했던 것으로 볼 수 있다.

따라서 대부분의 서부권 조선인은 1948년 국민당정부 세력이 중국공산당 세력에 밀리게 되자 한반도로 귀환하기 위해 이 지역을 떠났다. 한반도로 귀환하지 못한 일부 조선인은 그곳에 남아 중국공산당을 지지하며 새로운 질서에 적응해야 했다. 결국 해방 이후부터 중국공산당이 동북지역을 점령할 때까지 이곳의 조선인은 스스로의 이념적 정향 보다 당시 지리적 정치적 변수에 따라 중국공산당과 국민당정부 중 어느 하나를 선택해야 했으며 이는 다시 남한과 북한에 대한 입장을 규정하는 데까지 영향을 미쳤다.

만주국 개요

일제는 1931년 9월 18일 만주사변을 일으켜 중국 동북지역을 점령한 뒤 1932년 3월 1일 청조의 마지막 황제인 푸이(溥儀)를 집정으로 앉히고 수도를 신경(新京/ 장춘)으로 하는 '만주국' 수립을 선포했다. 그러나 만주국은 일제의 관동군사령관이 실권을 쥐고 있었다.

만주국은 중국 동북지역의 요녕성 길림성 흑룡강성 내몽골 동부 일부지역, 열하성(熱河省) 등이 포함된 113만 평방킬로미터로서 한반도의 5배가 넘는 광범위한 지역을 포괄했다. 인구는 1942년 기준으로 4천446만 명이었고 한족 만주족 회족 몽골족 등 중국계가 4천176만 명(94.5%)이고 조선인이 그 다음으로 154만 명(3.55%), 일본인 110만 명(2.5%) 등이었다.

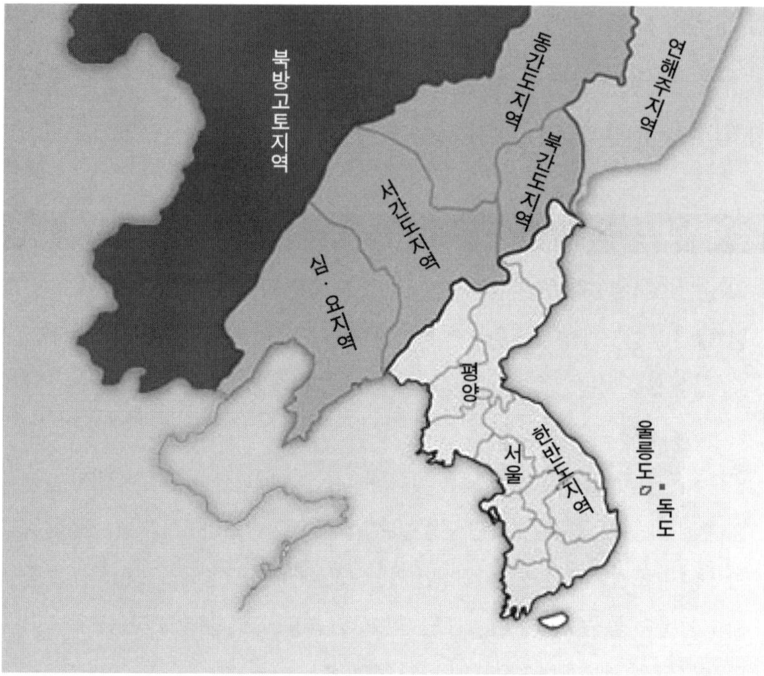

지도 2. 간도(만주)지역 위치도(간도 되찾기 운동본부 참고)

1 심 요지역(1667-1845 봉금 실시)
변책을 설치, 한족(韓族) 출입을 엄금함

2 서간도지역(1881 조선 봉금 해제)
1700년부터 조선인 부락이 형성됨

3 북간도지역(1881 봉금 해제)
1872년 동변도, 개방 후 재중동포 부락형성

4 동간도지역
1920년 로마 교황청, 간도지구를 한국령으로

5 알동 연해주지역
1860년 북경조약으로 연해주를 러시아에 불법적으로 넘겨줌

2. 해방 후 동북지역 내 조선인의 이념적 지형

해방과 함께 시작된 민족분단의 아픔 속에서 이념적 갈등을 겪어야 했던 냉엄한 현실은 중국 동북지역에서도 그대로 재현됐다. 그러나 이곳에서의 양태는 한반도와는 사뭇 다르게 나타났다. 중국공산당과 국민당정부가 동북지역을 차지하기 위해 각축을 벌이던 터라 조선인들의 거주 지역 내 지배세력이 확정되지 않았기 때문이다. 따라서 어떤 세력이 점령하고 있느냐에 따라 조선인의 이념적 성향에도 영향을 미쳤다.

해방구로 불리던 연변지역을 포함한 동북지역 동부권 및 북부권 등 해방 초기부터 중국공산당 세력이 우세했던 지역의 조선인은 자연스레 공산주의 노선을 수용하며 친북한적 성향을 보였다. 이는 해방 이전부터 중국공산당과 함께 독립운동에 참여했을 뿐 아니라 해방 직후 소련군이 진주한데 이어 전후 질서수립 과정에서 공산주의계열 독립운동에 참여했던 조선인들의 활약, 그리고 중국공산당의 조선인에 대한 우대정책 등에 힘입은 바 크다. 이후 이 지역에서는 중국공산당 세력이 앞장서 질서를 유지하고 우호적인 정책을 추진함으로써 조선인들은 국공내전 기간 내내 중국공산당 세력의 중요한 세력 기반이 됐다.

그러나 수복구로 불리던 심양과 장춘 길림 등 동북지역 서부권 조선인은 이 지역이 해방 초기부터 오랜 동안 국민당정부 세력의 영향하에 있었기 때문에 친국민당정부 성향을 보였다. 이는 이 지역 조선인이 해방 이전부터 국민당정부에 우호적인 면이 있었을 뿐 아니라 동북지역에 진주한 소련군의 행패를 목격하며 공산주의에 대해 부정적 영향을 받았던 경험도 작용했을 것이다. 1946년 봄 소련군이 철수하면서 국민당정부 세력이 이 지역을 점령함에 따라 이들은 국민당정부의 노선을 적극 지지하지 않을 수 없었다. 더욱이 이들은 국민당정부 세력이 종국에 가서 동북지역을 지배할 것으로 믿었는데 이는 곧 한반도에서 남한에 유리한 정세가 도래할 것이라는 기대를 갖게 했다. 이에 따라 심양과 장춘 등지의 조선인은 국민당정부와 연계를 위한 관련 단체들을 잇따라 세웠다. 특히 심양은 소련군이 철수하고 국민당정부가 이 지역을 장악한 후 1948년 11월 2일 중국공산당 세력에 의해 점령될 때까지 동북지역의 국민당 본거지였다.

그러나 서부권 조선인들 중 정치에 관심없는 사람들은 국민당정부의 조선인에 대한 탄압과 귀환정책 등으로 중국에 정착하기보다 한반도로 귀환하려는 경향이 컸다. 더욱이 1948년 들어 국민당정부 세력이 중국공산당 세력에 밀리게 되면서 이곳 조선인은 한반도로의 귀환을 서둘렀다. 이러한 현상은 중국공산당 세력이 이 지역을 탈환했을 때 조선인의 수가 현저히 줄었던 데서 확인할 수 있다.

동북지역 조선인의 이러한 이념적 지형은 당시 중국에서 독립운동을 하던 두 정치세력 - 중경의 임시정부를 중심으로 하는 한국독립당과 연안의 중국공산당과 연대한 조선독립동맹 - 간 갈등과 해방 이후 이들의 동북지역 조선인에 대한 접근 방식의 차이로부터도 영향을 받았다. 항일투쟁 시기 내내 사실상 이념 및 방략에 따른 갈등으로 제대로 된 협력관계를 구축하지 못했던 두 세력은 해방이 된 후 동북지역 조선인과의 관계 정립에도 각각 다른 입장을 취했다. 한반도가 남북으로 갈라진 상황에서 양측은 어쩔 수 없이 남한과 북한을 염두에 두고 각자의 판단에 따라 자신에게 유리한 방식으로 동북지역 조선인들과의 관계를 형성하고자 했기 때문이다.

한국독립당은 해방이 됐음에도 불구하고 중국에서 힘을 키운 후 귀국하기로 결정하고 몇가지 계획을 세웠다. 그 중의 하나가 국민당정부의 만주진출 정책에 편승해 동북지역에 거주하는 조선인집단에 영향력을 키우려는 이른바 '만주계획'이었다. 이는 국민당정부와의 협력관계를 이용해 동북지역 조선인들을 한국독립당의 세력 기반으로 활용하려 한 것이었다. 이에 따라 김구는 8월 18일 임시정부 화북대표를 통해 동북지역에 공작원을 파견하기로 결정하고 9월 중순 심양에 임시정부 동북대표부를 설치했다.

한국독립당이 심양에 동북대표부를 설치하고 조선인과의 관계에 관심을 갖고자 한 것은 국민당정부가 소련군 철수 후 동북지역을 장악할 것이라는 정세 판단에 따른 것으로 보인다. 따라서 한국독립당 당수인 김구는 장개석에게 서한을 보내 동북지역 조선인문제에 대해 공동대처할 것을 요청하기도 했다. 그러나 이들의 바람과는 달리 국민당정부의 지원도 제한적으로 이루어져 큰 성과를 거두지 못했다. 더욱이 소련군 철수 후 국민당정부가 동북지역 서부권과 남부권을 장악했으나 국공내전에서 국민당정부 세력이 패배함에 따라 한국독립당의 애초 계획은 수포로 돌아가고 말았다.

한편 조선독립동맹은 산하 무장력인 조선의용군과 함께 해방 직후 북한으로 들어가기 위해 동북지역으로 진출했다. 하지만 소련군이 이들의 북한진출을 저지함에 따라 이들은 11월 중순 심양에서 전체 회의를 열어 김두봉과 무정 등 일부 간부들만 북한으로 들어가고 조선의용군은 중국에 남아 동북지역의 조선인을 보호하고 중국공산당을 지원하기로 결정했다. 조선의용군은 모두 4개 지대로 나누어 동북 각 지역으로 분산해 배치됐다. 그리고 현지에서 조선인사회를 안정시키고 참군 참전 운동을 통해 조선인 병력을 확충해 국공내전에 참여함으로써 동북지역 정세를 중국공산당 세력에 유리하게 조성하는 데 크게 기여했다.

김구의 만주계획

대한민국 임시정부 수반인 김구는 1945년 8월 15일 갑작스런 광복을 맞게 됨에 따라 중국에서 임시정부의 역량을 키운 후 귀국하려는 생각을 가졌다. 이를 위해 두 가지 점에 초점을 맞췄다. 하나는 광복군의 확군(擴軍)이었고 다른 하나는 동북지역 조선인에 대한 영향력을 확대하는 것이었다. 전자와 관련해서는 국민당정부로부터 일본군에 끌려갔던 조선인 포로를 인수해 광복군에 편재하려는 계획을 세웠다. 후자와 관련해서는 9월 12일 심양에 임시정부 동북대표부를 설치했다. 김구는 장개석의 국민당정부로부터 지원을 받고자 했지만 소기의 성과를 거두지 못함에 따라 만주계획은 수포로 돌아갔다.

사진 1-8. 해방 직후 환국에 앞서 기념촬영하는 중경 임정 요인들

3. 조선인의 중국공산당 및 국민당정부에 대한 인식

해방 후 중국 동북지역의 정세는 한치 앞도 분간하기 어려운 불확실성과 불안정성이 지배하고 있었다. 일제가 무조건 항복했지만 일제의 잔당과 그 추종 세력들은 자신들의 살길을 찾아 준동했고 이 지역을 근간으로 하여 새로운 중국을 건설하려는 중국공산당과 국민당정부 또한 세력을 확장하기 위해 각축을 벌이고 있었다. 그런 상황에서 중국인(한족)들은 일제의 만주국 시기의 구원을 들어 조선인을 탄압했다. 동북지역에 정착하기로 마음먹은 조선인으로서는 자신의 생명과 재산을 의탁해야 할 대상을 찾는 것이 가장 절박한 과제였다.

이들의 선택지는 단지 두 가지 뿐이었다. 그러나 그 역시 자신의 의지에 따라 선택할 수 있는 것도 아니었다. 자신이 정착한 지역을 어느 세력이 점령했느냐에 따라 선택의 방향이 정해졌기 때문이다. 따라서 이들은 국공내전 상황에서 자신의 편은 선이고 상대의 편은 악이라는 선악의 논리에 따라 양측을 평가하며 합리화할 수밖에 없었다. 즉, 중국공산당이 점령한 지역의 조선인은 의당 중국공산당 편에 서서 국민당정부 세력을 폄하했고, 국민당정부가 점령한 지역의 조선인은 중국공산당 보다 국민당정부와의 관계를 중시했다. 그런 만큼 조선인은 각자의 입장에 따라 중국공산당과 국민당정부에 대한 인식에서도 명확하게 차이가 났다.

중국공산당 편에 선 조선인은 중국공산당과의 인연 및 정책에 보다 중점을 뒀다. 항일투쟁 기간 중국공산당과 함께 싸웠던 경험과 해방 이후 이들이 취한 토지개혁 등 친 조선인정책을 높이 평가했다. 특히 중국공산당이 조선인을 한족과 대등하게 대하며 조국(북한)과의 관계를 인정하는 정책에 주목했다. 따라서 연변 등 중국공산당이 점령한 지역의 조선인은 국공내전에 적극 참여하는 등 중국공산당에 대한 지지 입장을 분명히 했다.

반면 국민당정부 편에 선 조선인은 당시의 정세에 대한 판단이 중요하게 작용했다. 이들은 월등히 우세한 전력을 가지고 있는 국민당정부가 장차 동북지역을 장악하게 될 것이며 그럴 경우 남한과의 관계 등을 고려하여 국민당정부를 지지하는 것이 바람직할 것이라고 생각했다. 상해 임시정부의 주축이었던 한국독립당 역시 심양에 임정 동북대표부를 설치하고 국민당정부가 장악한 지역에서 조선인들과의 관계를 확대했다.

물론 동북지역에 뿌리를 내리고 살아야겠다는 의식이 강했던 일부 조선인은 고국으로 돌아가지 못하는 상황에서 현실적으로 동북지역에 뿌리를 내리고 살기 위한 방편을 찾는데 초점을 맞췄다. 따라서 이들은 국민당정부보다는 중국공산당에 대해 더 우호적이었다. 이는 해방 초기 국민당정부를 추종하며 이 지역에서 행세했던 만주국 잔당이나 토비들이 조선인을 괴롭혔을 뿐 아니라 국민당정부 역시 조선인의 정착보다는 귀환에 초점을 맞춘 정책을 편데 영향을 받았다. 국민당정부 세력의 영향 하에 있던 서부권 조선인 중 적지 않은 사람들이 중국공산당이 이 지역을 점령했을 때 이들의 정책을 지지하며 이곳에 정착하기로 결정한 것도 이런 이유 때문이라고 할 수 있다.

이는 중국공산당 편에 선 조선인이 국공내전 기간 동안 적극적으로 참군 참전 운동에 나선 이유와도 맞닿아 있다. 즉 가난한 조선인으로서는 중국공산당이 토지개혁을 통해 무상으로 토지를 분배한데 대해 고마워했는데, 국민당정부가 동북지역을 점령할 경우 분배받은 토지를 다시 빼기게 될 것이라는 불안 심리가 작용했을 것이다. 실제로 당시 중국공산당 편에 섰던 조선인 사이에서는 이런 분위기가 팽배했었다.

한국독립당의 동북지역에서의 역할

한국독립당은 해방 후 광복군 확군 운동을 하는 등 중국내에서 세력을 확장해 한반도로 진주하려는 계획을 세웠지만 국민당정부가 지원하지 않음으로써 성과를 거두지 못했다. 그러나 한국독립당은 조선인이 밀집해 살고 있는 동북지역으로 진출해 이곳에서 세력을 확장하려는 목표를 세우고 동북지역 한인들을 동원해 임정 동북대표부를 설치했다.
1946년 3월 소련군이 동북지역에서 철수를 시작하자 한국독립당은 관내지방의 주요 역량을 동북지역에 투입해 세력 강화에 주력했으나 현지 조선인 세력의 견제로 성공하지 못했다. 그러나 1947년 초 이들은 국민당정부군이 장악한 지역에서 조선인 교민조직을 장악하는데 성공했다.
국민당정부군이 장악한 지역에서 발판을 굳힌 한독당은 다음과 같은 정책을 추진했다. 1)국민당정부 및 미국과의 관계개선 노력, 2)동북지역 조선인농촌사회 재건을 통해 농촌에서의 토대 구축, 3)동북지역에서 한국독립당 군대 창설 등이다. 그러나 1948년 7월 이후 중국공산당 세력이 국민당정부군 관할지역을 점령함에 따라 한국독립당의 이 같은 정책 역시 더 이상 의미가 없게 됐다. 이미 이 지역 내 조선인 수도 현저히 감소된 상황이었다.

4. 조선인의 동북아시아 정세에 대한 인식

중국 동북지역에서 해방을 맞은 조선인은 두 부류로 나누어진다. 일제의 항복을 확인하고 서둘러 고국으로 돌아 간 사람들과 이런저런 이유로 동북지역에 남아있게 된 사람들이다. 문제는 후자의 경우이다. 비록 나름의 이유로 그곳에 남았지만 이들은 동북아시아에서의 질서재편을 위한 열강들의 각축과 제 세력들의 긴박한 움직임 속에서 누구보다도 정세 변화에 민감할 수밖에 없는 처지에 있었기 때문이다.

실제로 동북지역 조선인은 동북아시아에서의 새로운 질서가 재정비되는 1949년 말까지 한치 앞도 가늠하기 어려운 혼미한 정세 속에서 가슴을 졸이며 살아야 했다. 그러나 이들은 민족 지도자들을 중심으로 일치단결해 당면한 난관을 극복하고자 했다. 그러한 모습은 중국공산당의 영향 하에 있던 연변을 포함한 동북지역 동부권 조선인에게서 더 분명하게 나타났다. 그 이유에 대해서는 여러 가지를 생각할 수 있지만 항일투쟁에 참여했던 민족지도자들이 중심을 잡고 있었고, 북한과 연계하여 민족독립이나 민족자치를 추구하려는 열망을 가지고 있던 점에 주목할 필요가 있다.

당시 동북지역 조선인은 어느 지역 어느 세력의 영향 하에 있던지 간에 관심의 범위를 동북지역에 한정하지 않고 한반도로까지 확장하고 있었다. 비록 한반도 밖에 떨어져 있지만 한민족의 일원으로서 자신들의 미래 역시 한반도의 미래와 직결된다는 인식을 하고 있었기 때문이다. 이는 또 남북한 간의 분단이 고착화되어 가는 상황에서 한반도 통일에 대한 희망을 품고 있었음을 의미하는 것이기도 하다. 물론 그 과정에서 이들은 자신들의 위치에서 남한이나 북한 중 어느 한 편을 지지해야 했다. 이러한 상황은 자연스레 한반도에 진주한 미국과 소련의 역할에 주목하게 했다.

1945년 말 동북지역 북부권으로 진출한 조선의용군 제3지대의 지대장 김택명(이상조)과 정치위원 주덕해가 작성한 한 계획서는 당시 이들의 정세관을 잘 보여주고 있다. 이들은 미국과 소련이 38선으로 남북한을 양분한데 대해 크게 우려했다. 38선을 단순한 경계선이 아니라 미국을 중심으로 하는 제국주의 진영과 소련을 중심으로 하는 사회주의 진영이 맞붙는 진영 간 경계선으로 인식한 것이다. 그리고 남한을 점령한 미국이 결코 쉽게 물러가지 않을 것이기 때문에 이 경계선은 상당기간 지속될 것으로 판단했다.

김택명과 주덕해의 이 같은 정세 인식은 중국공산당을 지지하며 국공내전에 참여한 조선인에게도 영향을 미쳤다. 일반 조선인의 경우 특별한 정보를 얻기 어려워 지도층 인사들이 정리하여 제시하는 정보와 판단에 의존할 수밖에 없었기 때문이다. 이에 따라 중국공산당을 지지하며 국공내전에 참전한 조선인들은 국민당정부와 남한 및 남한 정치세력, 그리고 미국을 일체화시켜 모두 적으로 인식했다. 제국주의자인 미국이 남한을 점령해 남한 정치세력과 결탁해 남한주민들을 착취하고 있고 중국에서도 국민당정부와 연계하고 있다는 식이다. 따라서 이들은 중국공산당을 도와 동북지역에서 국민당정부를 몰아낸 후 북한과 힘을 합해 한반도통일을 이루어야 한다고 생각했다. 즉, 이들이 중국공산당을 도와 국공내전에 참전한 것은 국민당정부를 몰아내기 위해서 뿐 아니라 '미제국주의'를 타도하여 한반도통일을 이루겠다는 또 다른 이유가 있었던 셈이다.

그러나 국민당정부가 오랫동안 점령하고 있던 서부권 대도시 조선인들은 1948년 중국공산당 세력이 이 지역을 점령하기 전까지는 국공내전이 국민당정부 세력의 승리로 끝날 것으로 낙관했다. 이에 따라 이곳 조선인들은 다양한 단체를 만들어 자생적 역량을 기르는 가운데 국민당정부 세력과의 관계 형성에 주력했다. 이곳 조선인들은 수적으로도 적었지만 연대의식도 낮아 당시의 정세에 대해 상대적으로 수동적인 입장을 견지했던 것 같다.

해방 후 연변 조선인들의 정세관

해방 직후 연변 조선인들은 이념을 떠나 조선(한반도)의 완전한 독립을 추구했다. 그러나 조선인사회의 이러한 분위기는 조선인들을 반국민당 투쟁으로 유도하려는 중국공산당측에게는 마뜩치 않았다. 따라서 중국공산당의 영향을 받아 조선인사회는 1946년 후반 이후 남한정세와 관련한 군중대회를 열어 '미제국주의'와 남한정부 및 장개석의 국민당정부를 연계하여 비판하기 시작했다. 즉, 주요 지도자들은 조선인들에게 자신들의 이익만을 쫒지 말고 "중국과 조선 인민의 공동한 임무를 완성하는데 노력해 줄 것"을 당부하는 등 조선인과 중국인 간의 반제국주의적 연대 필요성을 강조했다. 이와 관련해서 1947년 3월 1일 연길시 인민광장에서 3만여 명의 군중이 모인 3.1절 기념집회에서 길림성정부 주석인 주보중은 연설을 통해 "전 조선민족이 왜놈의 노예가 된 뒤 일본은 중국과 조선 양 민족 공동의 적이었는데 중국과 조선 민족이 해방을 획득한 후에는 공동의 적인 장개석과 김구·이승만을 방조하여 중국과 조선 인민을 노예로 만들려는 미제국주의가 또 왔다"고 주장했다. 연변에서는 이미 1946년 10월부터 중국에서 미군을 퇴출하는 운동이 전개되고 있었다.

주보중의 연설은 이후 조선인사회의 주된 정세관으로 자리잡았다. 즉, 조선인들은 해방 초기 독자적인 정세관을 가지고 조선의 완전독립을 주장했으나 이후에는 미국과 남한의 우익을 동일선상에서 비난하고 좌익의 저항을 찬양·지지하는 양상을 보였다. 이와 같이 대중적 차원에서 반미운동을 전개하면서 조선인사회는 "해방 전에는 일제가 조국을 강점했고 이제는 미국이 조선의 남반부에 들어와 식민통치를 강화하고 있어 조선이 독립되지 못하고 분단되었다"는 인식을 갖게 됐다.

결국 조선인들은 해방이후 동북지역의 정치적 상황에 대한 중국공산당과 조선인 지도자들의 반미 반제국주의에 대한 반복된 주장에 의해 새로운 정세관이 형성됐고 이에 따라 국공내전은 물론 6·25전쟁 역시 중국공산당과 북한의 입장에서 인식할 수밖에 없었다. (염인호, 『또하나의 한국전쟁』, 역사비평사, 63-84쪽)

5. 조선인의 남북한 및 한반도통일에 대한 인식

해방 후 한반도로 귀환하지 않고 중국 동북지역에 남은 조선인들은 비록 몸은 멀리 떨어져 있지만 마음은 남북한 혹은 한반도를 향하고 있었다. 따라서 이들은 남북한에서 일어나는 갖가지 사정들에 귀 기울이며 남북분단 현실을 안타까워하고 있었다. 일제의 압제로부터 35여년 동안 갖은 설움을 당하며 해방의 날을 기다려 온 조선인들로서는 불가피하게 동북지역에 정착하였지만 고국에 대한 그리움과 분단 현실에 대한 안타까움을 떨칠 수 없었기 때문이다.

그러나 조선인들의 남북한 및 한반도 분단현실에 대한 관심은 자신들의 판단과 의지를 넘어서는 문제였다. 동북지역에 정착한 조선인들은 철저히 이 지역 내 정치상황에 종속되어 있었기 때문이다. 중국공산당과 국민당정부로 나뉘어 대립하고 있는 상황에서 조선인들의 남북한에 대한 인식도 이들과의 관계로부터 직접적인 영향을 받았다. 그럼에도 불구하고 동북지역 조선인들은 한반도 분단현실을 안타까워하고 궁극적으로 통일을 염원하고 있었다. 이는 당시 동북지역에 있는 좌우파를 막론한 모든 정파가 조선인들의 역량을 높여 한반도통일에 활용하려는 나름대로의 방략을 세웠던 데서 뒷받침된다.

동북지역 조선인들은 자신들이 거주하는 지역이 어느 세력의 영향 하에 있느냐에 따라 이념적 정향은 물론 정세에 대한 인식도 달랐다. 남북한 및 한반도통일 문제에 대한 인식도 그 연장선에서 이해할 수 있다. 즉, 동북지역 조선인들의 남북한 및 한반도 통일에 대한 인식도 이러한 이념적 지형에 따라 중국공산당의 영향을 받아 북한과의 연대를 강화하려던 측과 국민당정부의 영향 하에서 남한과의 연대를 모색하려던 측으로 나누어졌다.

중국공산당의 영향 하에 있던 동북지역 동부권 및 북부권 조선인들은 여러 가지 측면에서 북한과의 인연이 많았는데 특히 동북항일연군과 조선의용군 출신 지도자들의 역할이 컸다. 이들은 해방 직후 동북지역에 진출하면서 북한 진주를 도모하는 등 북한과의 연대를 꾀한 만큼 동북지역에 머무는 동안에도 줄곧 북한과 관계를 유지하고 북한중심의 통일을 모색했다. 이런 점에서 중국공산당을 지지하기 위한 조선인들의 참군 참전 운동은 한편으로는 이들이 동북지역에 뿌리를 내리기 위한 의지를 반영한 것이었지만, 다른 한편으로는 북한을 지원해 한반도통일을 준비하려는 것이었다.

김택명과 주덕해가 38선을 제국주의 진영과 사회주의 진영 간의 경계선으로 인식하며 이를 철폐하고 조국통일을 이루는 문제에 대한 계획서를 작성한 것도 이를 뒷받침한다. 이들은 이 계획서에서 남한에서 미제국주의 세력을 몰아내고 한반도를 통일·독립시키는 것을 조선혁명의 제1단계로 설정하고 이를 위해 동북지역을 통일혁명 역량을 키울 전진 기지로 삼아야 한다는 이른바 '만주기지론'을 주장했다. 이 계획서에 따르면 이들은 남한은 물론 소련이 점령하고 있는 북한 역시 한반도통일을 위한 기지가 될 수 없지만, 수백만 명의 조선인이 살고 있고 중국공산당의 영향이 큰 동북지역을 활용하는 것이 유리하다고 판단했다. 김택명과 주덕해는 동북지역에서 국공내전이 본격화될 경우 조선인 청년들을 혁명군에 가담시켜 훈련시킨다는 복안도 가지고 있었다.

그런 점에서 보면 이 복안은 어느 정도 실천됐다고 볼 수 있다. 즉 국공내전 기간 조선인 청년들이 참군 참전하여 실전 경험을 체득하였고 이 기간 연길 등지에 동북군정대학 길림분교 등을 세워 간부들을 양성했다. 또 6·25전쟁 동안 상당수의 조선인들이 북한에 들어가 북한군의 중추로서 역할하기도 했다.

국민당정부의 영향 하에 있던 동북지역 서부권에서는 당시 국민당정부를 등에 업은 한국독립당이 조선인들의 중심에 있었다. 한독당은 국공내전 초기 이 지역에서 국민당이 세력을 확장하자 동북지역에 친남한 세력 양성에 관심을 기울였다. 이에 따라 초기에는 광복군 확장운동을 폈으며 1947년 4월에는 친북한의 조선의용군에 대항하기 위해 광복군 후신 부대인 '민주자위군'을 창설했다. 한국독립당은 이 부대를 조선의용군처럼 수만 명으로 키워 남북통일의 역량으로 삼겠다는 생각이었지만 고작 1개 대대병력 규모에 지나지 않았다. 한국독립당이 군사력을 양성하고자 한 것은 국민당정부가 동북지역을 장악하면 남한과 이 지역의 친남한 세력이 북한을 협공해 통일을 이룬다는 구상 때문이었다.

결국 동북지역 조선인들은 어느 편에 서 있었던 간에 모두 남북한과 한반도통일에 대한 관심을 지녔다. 다만 각자가 처한 정치상황에 따라 남한이나 북한을 지지하며 그 기반 위에서 한반도통일을 모색했다. 그러나 이들의 바람과는 달리 남북한은 미국과 소련의 지지 하에 단독정권을 수립했고, 그 이후 이념적 차이로 인한 동족상잔의 비극을 겪어야 했다. 그리고 국공내전에서 중국공산당이 승리하고 중화인민공화국이 수립됨으로써 동북지역 조선인들은 모두 중국공산당의 영향 하에서 친북한적 성향을 갖게 됐다.

주목되는 것은 당시 조선인들의 한반도통일에 대한 입장은 양측 간 원만한 통합을 추구하기 보다는 각자가 지지하는 측을 중심으로 상대측을 제압하는 방식을 취했다는 것이다. 이는 해방 초기 남북한 간 이념적 대립이 극단적인 상황으로 발전하고 있는 가운데 국제사회에서도 냉전이 심화되고 있던 상황을 반영한 것으로 볼 수 있다. 동북지역 조선인들도 한반도통일을 진영논리에 따른 적대적 대립의 관점에서 접근하고 있었다는 것이다.

해방 後 연변 조선인의 조국관 변화 과정

해방 직후 연변 조선인들은 이념을 떠나 조선(한반도)의 완전한 독립을 추구했다. 1946년 1월 신탁통치 소식을 접한 조선인들은 사회주의계열의 찬탁운동과는 달리 신탁통치를 배격하는 운동을 전개했다. 목단강시에서 발행된 한글신문 《인민신보》 1월 5일자는 '신탁통치는 제국주의의 발현이다' '우리는 결사적으로 이를 배격하자' 등의 제목으로 자신들의 입장을 분명히 했다. 연변에서 발행된 《연변신보》 1월 8일자는 그 전날 3천여 명의 조선인들이 모인 군중대회 소식을 상세하게 전했다. 이 신문은 신탁통치 가결 소식에 대한 실망을 전하는 가운데 "해외에 있는 우리들인들 어찌 조국의 독립을 위하여 가만히 있으며 또 어찌 가만히 있게 되랴"며 이들 역시 반탁에 나설 뜻을 가지고 있음을 분명히 했다. 주목되는 것은 당시 연변 등지의 조선인사회의 주장은 남한 내 좌익세력이 찬탁을 주장한 것과 달랐다는 점이다. 즉 이들은 이념적으로 편향되지 않고 독자적으로 조선의 완전 독립에 대한 입장을 드러낸 것이다.

그러나 조선인사회의 이러한 태도는 조선인들을 반국민당 투쟁으로 유도하려는 중국공산당측의 노력으로 변하기 시작했다. 중국공산당은 점차 조선인사회에 새로운 정세관을 주입시켰고 조선인들은 중국공산당의 입장을 수용하면서 조국관에도 변화가 뒤따랐다. 즉, 해방 초 연변 조선인사회에서는 대체로 남북한을 나누지 않고 한반도 전체를 조국으로 인식하는 조국관을 보였었다. 그러나 1946년도를 지나면서 정세관의 변화와 함께 조국관에도 뚜렷한 변화가 나타나기 시작했다. 즉 1946년 초에는 반탁운동에서 보듯 조국의 재식민지화를 걱정했지 좌익과 우익을 나누어 어느 한쪽을 지지하는 모습은 없었다. 그러나 1947년에 들어서면서 조선인사회는 남한의 좌익에 대해서는 지지를, 우익에 대해서는 반대를 표하는 계급적 태도를 취했다. 조국관에 계급적 의식이 드러나기 시작한 것이다.

(염인호, 『또하나의 한국전쟁』, 역사비평사, 63-84쪽)

제2부 해방 후 동북아시아에서의 질서재편과 조선인

제2부 해방 후 동북아시아에서의 질서 재편과 조선인

1장

동북아시아 질서재편 과정과 조선인

1. 동북아시아 질서재편 과정에 대한 이해 (1)

수년간에 걸쳐 아시아와 유럽 전역을 피로 물들였던 제2차 세계대전은 1945년 8월 15일 일제의 항복으로 최종 종결됐다. 이로써 일제의 강점 하에서 짓눌려 있던 한반도와 중국 동북지역을 포함한 동북아시아에도 미래에 대한 희망의 싹이 보이는 듯 했다. 그러나 그런 희망은 곧 물거품이 되고 말았다. 제2차 세계대전에서 연합국의 일원으로 함께 싸웠던 미국과 소련이 서로 반목하며 적대관계를 형성하고 이 같은 관계가 세계적 차원에서 냉전체제로 발전함에 따라 새로운 전운이 감돌았기 때문이다. 동북아시아 역시 전후 새로운 질서를 모색하는 과정에서 편을 나누어 첨예한 대립관계가 형성됐고, 그로 인해 냉전체제의 한축을 담당했다. 이런 점에서 동북아시아에서의 질서재편 과정은 결국 미국과 소련을 축으로 하는 자유민주주의진영과 공산주의진영 간 냉전체제가 구조화되는 과정이었다.

동북아시아에서의 전후 질서재편을 위한 열쇠는 미국에게 있었다. 제2차 세계대전 동안 일제로부터 침략을 받고 태평양과 동남아시아에서 일제를 상대로 싸웠던 세계 최강국 미국은 이 지역에서 일본군을 무장 해제하고 새로운 질서를 설계할 적임자였을지 모른다. 미국과 함께 제2차 세계대전 중 연합국의 일원으로 참여한 소련도 일제가 항복하기 직전 대일전 참전을 선언하고 일본과의 전투에 나섬으로써 운 좋게 이 지역의 질서재편 과정에 참여하게 됐다. 그러나 제2차 세계대전 초기 미국과 영국 그리고 소련과 함께 연합국의 한 축을 담당했던 장개석(蔣介石)의 중국 국민당정부는 중국공산당과 내전을 치르는 상황에서 오히려 질서재편의 대상으로 전락하고 말았다.

비록 미국과 소련이 동북아시아의 질서재편 과정에서 중추적 역할을 맡게 됐지만 이들은 일제가 이 지역을 강점하고 있는 동안에는 역내에서 별다른 역할을 하지 않았다. 미국은 연합국의 일원인 중국 국민당정부와 군사적 협력관계를 유지하며 중국 남부지역에 군대를 주둔시키고 있었지만 그 역할은 미미했다. 해방 무렵 미국의 주력군은 한반도에서 멀리 떨어진 남태평양의 오키나와에 주둔하고 있었다. 소련 역시 일제가 항복하기 불과 일주일 전 대일전 참전을 선언하고 중국 동북지역과 한반도 북부로 진군해 어부지리를 얻었을 뿐이다. 결국 미국과 소련은 연합국의 일원으로 일제를 상대로 싸웠다는 이유로 전후 동북아시아의 질서재편 과정에 깊숙이 개입하게 된 셈이다.

하지만 미국과 소련은 역사적으로 동북아시아에서 패권적 지위를 확보하는데 지대한 관심을 가져왔다. 이로 인해 제2차 세계대전이 종식된 후 양국은 이 지역의 질서재편 과정에 적극적으로 참여했다. 미국은 패전국 일본과 함께 한반도 남쪽을 점령했고 소련은 한반도 북쪽과 중국 동북지역을 접수했다. 특히 소련은 러일전쟁 이후 일본에 빼겼던 중국 동북지역에서의 이권을 다시 확보하는데 유리한 상황을 조성하기 위해 일제가 항복하기 하루 전인 8월 14일 중국공산당과의 이념적 연대를 외면하고 국민당정부와 중소우호동맹조약을 체결하기도 했다.

주목되는 것은 동북아시아에서의 질서재편 과정에서 미국이 주도적 역할을 도모했으나 그들의 오판으로 뜻을 이루지 못했다는 점이다. 미국은 제2차 세계대전 종전 무렵 소련과 함께 새로운 세계질서를 만들 수 있을 것으로 낙관했다. 연합국의 일원으로 독일 및 일본에 대항해 함께 싸웠던 소련과 전후에도 동맹국으로서 우호적인 관계를 지속할 것으로 판단한 것이다. 그러나 기대와 달리 소련은 9월 중순부터 영국 런던에서 열린 전승국 외교장관회의 이후 미국과 점점 멀어지기 시작했다. 전후 처리문제와 관련해 미국과 이견이 노출되면서 서로 제 갈 길로 가기 시작한 것이다. 일련의 과정을 거친 후 미국의 트루만 대통령은 1947년 3월 공식적으로 소련을 적으로 간주한다는 이른바 '트루만독트린'을 선포했다. 미국은 소련과 함께 전후 새

사진 2-1. 포츠담회담에서의 처칠·트루먼·스탈린

로운 질서를 구축하고자 했지만 세계질서는 오히려 이데올로기에 의한 갈등으로 냉전체제라는 극단적 상황으로 나아가고 말았다.

또한 미국은 중국 국민당정부가 전후에도 동북아시아의 맹주 역할을 할 것으로 판단하고 이 지역에서 영향력을 높이기 위해 국민당정부에 군사적 지원을 아끼지 않았다. 그러나 미국의 이러한 판단 역시 오판이었다. 당시 국민당정부는 중국공산당에 비해 전력 면에서 월등히 우세했다. 국공내전(해방전쟁) 초기에는 이러한 우세한 전력을 바탕으로 국민당정부가 승기를 잡는 듯 했다. 그러나 결과적으로 국민당정부는 중국 동북지역은 물론 본토마저 중국공산당에 내줌으로써 미국의 기대를 저버렸다.

이러한 오판은 소련의 경우에도 마찬가지였다. 19세기 말부터 20

세기 초 중국 동북지역에서 누렸던 지배력을 되찾기 위해 국민당정부와 손잡고 중소우호동맹조약을 체결한 소련은 국민당정부 세력이 중국공산당 세력에 밀리면서 꿈을 접어야 했다. 그러나 소련은 국공내전 초기부터 국민당정부와 중국공산당 사이에서 이중적 태도를 취하며 기회를 엿본 결과 곧 중국공산당과의 관계를 복원할 수 있었다.

결국 미국은 전후 세계질서의 재편을 구상하면서 소련을 동맹국, 중국 국민당정부를 동북아시아의 맹주로 오판함에 따라 동북아시아에서는 물론 세계적 차원에서도 자신들의 의도와는 다른 결과를 낳았다. 미국과 소련 간의 갈등이 심화되면서 한반도를 나누는 잠정적·임의적인 경계선이었던 38선은 남한과 북한이라는 행정적·정치적 분단선으로 구조화되었고 중국 본토에는 중국공산당이 국공내전에서 승리함에 따라 국민당정부를 대만으로 쫓아내고 중화인민공화국이 수립되었다. 그리고 남북한은 이른바 냉전의 동방초소로서 세계에서 전쟁 위험이 가장 높은 지역으로 자리잡게 됐다.

냉전체제의 구조화 과정

미국은 제2차 세계대전 동안 연합국으로서 함께 전쟁을 치렀던 소련이 종전 이후 동유럽과 아시아에서 공산주의 이념의 확산을 도모하는데 우려해 왔다. 이런 상황에서 미국의 트루먼 대통령은 1947년 3월 12일 미국 상하원 합동 특별위원회 연설을 통해 소련과의 우호관계를 파기하고 반소 및 반공 입장을 확고히 할 것임을 피력했다. 이른바 트루먼독트린으로 불리는 이 연설을 시작으로 미소관계는 동맹관계에서 적대관계로 바뀌었고 냉전체제가 시작됐다. 미국은 마샬플랜을 통해 소련의 남하를 저지하기 위해 그리스와 터키 등 남유럽국가를 지원하였으며, 소련 역시 코민포름을 창설하는 등 즈다노프 선언을 통해 미국에 맞섰다. 이로써 미소간의 냉전이 격화되고 세계적인 냉전체제가 본격화 됐다.

2. 동북아시아 질서재편 과정에 대한 이해 (2)

한민족에게 있어서 일제로부터의 해방은 단순히 잃었던 국토와 주권을 되찾는 것만을 의미하는 것은 아니었다. 거기에는 나라를 잃은 슬픔을 억누르며 살길을 찾아 뿔뿔이 흩어졌던 사람들이 다시 모여 단절된 역사를 복원하고 미래를 향한 새로운 출발을 할 수 있게 됐다는 미래지향적 뜻이 담겨 있었다. 35여년의 오랜 시간동안 일제의 모진 핍박과 설움을 견디며 해방의 날을 기다릴 수 있었던 것 역시 그 때문이었다. 중국 동북지역을 포함해 고국을 떠나 타국에서 해방을 맞은 사람들에게 그 의미는 더 특별했을 것이다. 한민족 모두는 그런 희망 속에서 해방을 맞이했다.

그러나 한민족에게 주어진 해방은 온전한 것이 아니었고 또 희망적이지도 않았다. 역설적으로 해방은 국토분단과 민족분열을 알리는 신호였다. 기실 일제에게 국토와 주권을 빼앗겼을 때도 한민족은 여전히 유구한 역사와 전통을 가진 하나의 민족으로 존재했다. 비록 국토와 주권을 빼앗기고 역사상 처음으로 한반도를 떠나 세계 곳곳에 흩어져 살아야 했지만, 한민족은 단일민족의 역사와 전통을 간직한 채 완전독립을 이루어 보다 발전된 미래를 건설하겠다는 희망을 품고 있었다. 그러나 해방과 함께 한반도는 국토와 주권은 물론 모든 것이 둘로 쪼개지고 말았다. 민족적 측면에서도 내 편 네 편으로 갈렸다. 해외로 나갔던 한민족 중 다수가 고국으로 돌아오지 못하고 현지에 정착했는데 그들 역시 그곳 사정에 따라 남한과 북한으로 편을 나누었다.

해방과 함께 시작된 동북아시아의 질서재편 과정은 그렇게 한민족을 분열과 갈등의 길로 내몰았다. 한민족은 동북아시아에서의 질서재편 과정에서 역사를 추동하는 주체가 아니었다. 그럼에도 불구하고 한민족은 그 과정에서 일어나는 모든 곡절들을 온 몸으로 겪어야 했다. 해방과 동시에 시작된 이 지역에서의 질서재편이 사실상 마무리 된 1950년대 초반까지도 한민족은 그야말로 말로 형언할 수 없을 만큼 처절하고도 극단적인 고통을 견뎌야 했다. 남한과 북한은 물론 중국 동북지역을 비롯해 해외에 거주하는 사람들을 포함한 한민족 모두가 그 같은 고통을 감내해야 했다.

해방 이후 동북아시아에서의 질서재편은 이데올로기의 대립과 그에 따른 갈등의 결과로 이루어졌다. 그 과정은 한민족에게 직접적인 영향을 미쳐 민족 간 극단적 분열로 이어졌다. 한반도에서는 38선이 분단선으로 구조화되면서 민족 구성원들 역시 남과 북으로 나뉘어졌다. 남북한은 38선을 사이에 두고 서로 총부리를 겨누다 급기야 동족상잔의 비극을 겪어야 했다. 중국 동북지역에 거주하던 조선인들 역시 중국공산당과 국민당정부 간의 국공내전에서 어느 한쪽을 지지하

사진 2-2. 해방 직후 미군과 소련군 관할지역을 나눈 38선 표시

며 편을 나누어 싸웠다. 그리고 한반도에서 벌어진 동족 간의 싸움에서도 이념적 연대를 형성했던 북한을 위해 총을 잡고 싸움에 나서야 했다.

종전 후 동북아시아에서의 새로운 질서는 세계적인 냉전체제를 반영한 것으로서 한반도의 분단과 한민족의 분열을 획책한 치명적인 것이었다. 이념을 토대로 진영이 형성되고 그에 따라 서로 대립하는 냉전체제 하에서 남한과 북한 역시 민족을 넘어 적대적 관계로 발전했다. 중국 동북지역에 정착한 조선인들은 중국공산당이 국공내전에서 승리하고 중화인민공화국을 수립함에 따라 중국의 공민이 됐다. 당연히 이념을 공유하며 같은 진영에 속한 북한주민들과는 민족적 유대를 나누었지만 남한과는 아무런 접촉도 갖지 못한 채 잊고 살아야 했다. 1992년 8월 한국과 중국이 외교관계를 수립한 후에야 한국사회와 조선족사회 간 공식적인 관계가 이루어질 수 있었다.

결국 해방이후 동북아시아에서의 질서재편 과정에서 한민족 역시 지역과 이념에 따라 분열되었다. 그리고 50여년의 세월이 경과한 후에야 그 질서를 깨고 다시 만날 수 있게 됐다. 물론 남북한 간에는 아직도 그 질서가 유지되고 있어 여전히 단절된 상태에 있다. 안타까운 것은 21세기에 즈음해 세계적으로 새로운 질서가 만들어지고 있는 지금도 한민족은 해방 직후에 만들어진 구질서로 인한 부정적 영향을 직간접적으로 받고 있다는 점이다. 오랜 단절의 시간 동안 형성된 차이들을 이유로 민족 내부에서조차 상대를 불편해 하며 계서화하거나 백안시(白眼視)하는 등 갈등이 이어지고 있다. 더욱 심각한 것은 민족 내부에서 촉발되고 있는 분열과 갈등을 치유하려는 노력이 충분히 이루어지지 않고 있다는 것이다. 그런 점에서 한민족은 여전히 해방 이후에 재편된 구질서를 극복하지 못한 채 그 질서의 틀 안에 갇혀 살아가고 있는 셈이다.

한반도 분단의 구조화 과정

한반도의 분단은 크게 3단계 과정을 거쳐 구조화됐다. 1단계는 1945년 8월 제2차 세계대전의 종전과 함께 위도 38도선을 경계로 분단된 것을 말한다. 당시의 분단은 제2차 세계대전 종전에 따라 연합국이 일본군의 무장 해제를 위해 편의에 따라 잠정적·임의적으로 나눈 것이었다. 2단계는 해방 이후 3년 동안 미소 간 갈등이 노정되고 남북한 간에도 타협점을 찾지 못한 가운데 1948년 8월과 9월 남북한이 각각 단독정권을 수립한 것이다. 잠정적·임의적 경계선이었던 38선이

행정적·정치적 분단선으로 기능하게 된 것이다. 그리고 3단계는 6·25전쟁으로 인해 남북한 간에 동족상잔의 비극을 겪게 된 결과로서 38도선 대신 새로이 휴전선을 경계로 하여 분단된 것이다. 이는 세계적 차원에서 미소간의 갈등이 심화되고 냉전체제가 본격화된 가운데 남북한 분단 역시 돌이킬 수 없는 구조적인 것으로 변했음을 의미한다. 결과적으로 미국 관리들에 의해 잠정적·임의적으로 그어졌던 38선은 세 차례의 변화과정을 거치면서 휴전선으로 바뀌었고 한반도 분단은 구조화된 상태로 현재에 이르고 있다.

3. 질서재편 과정에서 조선인의 위상과 역할

일제의 항복 이후 중국 동북지역을 포함한 동북아시아의 질서는 이 지역의 미래에 결정적 영향을 미친 세 차례의 정치적 사변을 거치면서 재편됐다. 1948년 8월과 9월 한반도의 남과 북에서 각각 단독정권이 수립된 것과 이듬해 10월 국공내전에서 승리한 중국공산당이 중국에 공산정권을 수립한 것, 그리고 한반도에서 남북한 간 동족상잔의 비극인 6·25전쟁이 발발한 것 등이 그것이다. 이와 같은 역내 질서재편 과정에서 중국 동북지역에 거주하던 조선인은 정치적 주체는 아니었다. 하지만 이들은 실질적인 행위의 당사자로서 질서재편 과정에서 일어난 일련의 정치적 사변의 중심에 서 있었다.

해방 후 중국 동북지역에 남은 조선인은 중국공산당을 지지하는 사람들과 국민당정부를 지지하는 사람들로 나뉘었지만 동북지역의 질서재편 과정에서 행위의 당사자로 참여하게 된 사람들은 주로 중국공산당을 지지하는 사람들이었다. 중국공산당 편에 섰던 조선인들이 수적으로는 물론 세력 내에서의 위상이 높았기 때문이다. 이들이 중국공산당을 도와 역내 질서재편 과정에 깊이 관여하게 된 것은 해방 이전부터 중국공산당 세력과 맺은 인연에서 비롯됐다. 동북아시아에서 중국공산당과 북한 공산주의자들이 핵심적인 정치세력으로 부상하고 동북지역 조선인들이 이들과의 관계를 확대함에 따라 자연스럽게 역내 질서재편 과정에 깊숙이 관여하게 된 것이다. 동북지역 조선인으로서는 의도하지 않은 일이었지만 현실적으로는 불가피한 상황이었다.

조선인은 상대적으로 북한에 공산정권이 수립되는 과정에서는 그다지 중요한 역할을 하지 못했다. 그 이유는 우선 해방 초기 소련군이 북한의 공산정권 수립을 적극 지원하면서도 중국에서는 국민당정부를 지지함으로써 중국내 조선인과 북한 공산세력 간의 관계가 제한적이었던 점을 지적할 수 있다. 다음은 중국공산당이 이 지역에서 토지개혁을 단행해 조선인을 포용하고 조선인이 중국공산당의 참군 참전 운동에 호응함으로써 북한정권 수립 과정보다 중국 내 국공내전에 더 깊숙이 관여했던 점을 들 수 있다. 해방 직후부터 중국공산당과 국민당정부 간 갈등에 개입하였던 조선인으로서는 비록 조국과 관련된 일이지만 관심을 기울일 여지가 없었다. 더욱이 북한에서는 해방 직후부터 소련의 지원 하에 비교적 원만하게 공산정권이 수립됨에 따라 조선인들의 직접적인 도움이 필요하지도 않았다. 그러나 국공내전에 참전해 중화인민공화국 수립에 혁혁한 공을 세운 조선인들은 이른바 동북(만주) 기지론을 주장하며 국공내전에서의 경험을 북한 중심의 한반도통일에 활용하려는 생각을 하였었다. 6·25전쟁이 발발하자 북한을 돕는데 앞장선 이유 역시 그런 생각에 따른 것으로 볼 수 있다.

조선인의 국공내전 참여는 세 갈래로 이루어졌다. 첫째는 일제에 항거하기 위해 조직된 조선의용군이 해방 이후 중국공산당을 돕고 나섬에 따라 자연스레 국공내전에 개입하게 됐다. 조선의용군은 해방과 함께 동북지역에 진출해 이 지역의 해방을 견인하고 북한으로 들어가려했으나, 친중국공산당 세력인 이들이 북한에서 정치적 영향력을 행사할 것을 염려한 소련군에 의해 저지됨으로써 일부만이 무장 해제한 후 개인 자격으로 북한으로 들어갔다. 조선의용군은 북한 입국이 저지된 후 동북의 각 지역으로 분산 배치되어 중국공산당을 돕고 나섬으로써 해방 초기부터 중국공산당의 든든한 우군이었다. 둘째는 동북항일연군 출신으로 소련군 88여단에 소속됐던 조선인 대원들의 참여이다. 이들은 그 수가 많지 않아 역할이 상대적으로 미미해 보이지만 강신태, 김광협, 임춘추 등 일부 인사들은 연변지역을 중심으로 한 조선인 밀집지역에서 특별히 중요한 활동을 하였다. 그리고 셋째는 중국공산당이 국공내전에서 지지 세력을 규합하기 위해 전개한 참군 참전 운동에 일반 조선인이 적극 참여한 것이다. 이들은 이후 중국공산당 세력 확대 개편의 주된 자원이 됐다.

한반도에서 발발한 6·25전쟁은 남북한 간의 이념적 대립에 의한 동족상잔의 전쟁이었다는 점에서 한민족의 비극이다. 중국 동북지역에 정착한 조선인들도 한민족의 일원으로서 북한을 편들어 민족적 비극에 참여하였다. 북한을 조국으로 인식하고 있던 이들은 당연히 전쟁발발과 함께 북한을 위해 전장을 누빌 수밖에 없었다.

조선인의 6·25전쟁 참여는 두 갈래로 이루어졌다. 하나는 국공내전에 참여했던 조선의용군을 중심으로 한 세력이 6·25전쟁 발발에 앞서 북한으로 들어가 북한군에 편입됨으로써 자연스럽게 전쟁에 참여하게 된 경우이다. 다른 하나는 중국에 공산정권이 수립되고 세계적으로 냉전이 구조화되어 가는 상황에서 중국이 북한을 지원해 6·25전쟁에 참여하기로 결정함에 따라 조선인들이 인민지원군에 참여하게 된 경우이다. 당시 조선인은 중국공산당의 민족정책에 따라 몸은 중국에 있지만 마음은 조선(북한)에 있는, 마음 속의 조국과 현실의 조국 이라는 두개의 조국을 가지고 있는 이중 국적자였다. 따라서 이들은 중국에서 살지만 북한을 고국으로 생각하는 터라 자연스럽게 전쟁터로 나갈 수 있었다.

해방과 동시에 시작된 동북아시아에서의 이와 같은 질서재편 과정은 중국 동북지역에 정착한 조선인에게는 피할 수 없는 숙명과도 같은 것이었다. 하지만 일제하에서 갖은 핍박을 받으며 살아온 이들로서는 해방의 기쁨 속에서 새로운 미래를 기약하며 동북지역에 정착하기로 마음먹은 대가로는 너무 가혹한 시련이었다. 그러나 조선인은 중국공산당을 지지하며 눈앞에서 펼쳐지는 고난의 길을 마다하지 않고 온몸으로 헤쳐 나갔다. 그 과정에서 조선인은 실로 엄청난 인적 물적 피해를 입어야 했다. 조선인이 겪은 이러한 시련과 고통, 희생은 이후 중국공산당에 의해 높은 평가를 받게 돼 조선인이 중국공민을 구성하는 소수민족의 일원이 되는 결정적 요인이 됐다.

동북(만주)기지론

중국 동북지역 조선인들 중에는 해방이 되었음에도 불구하고 한반도가 남북으로 나눠진데 대해 아쉬워하며 조국의 통일을 위한 방편으로 동북지역을 활용하는 문제를 검토했다. 남북한이 서로 갈등과 대립을 하고 있는 상황에서 양측 누구도 통일의 전도를 밝힐 수 없다는 인식하에 동북지역 조선인들이 이 지역에서 혁명역량을 길러 한반도 통일을 이뤄야 한다는 논리이다. 물론 이 논리는 북한 중심의 통일논의이다. 이에 대한 구체적인 계획은 조선의용군 제3지대 지대장 김택명(이상조)과 정치위원 주덕해(周德海)가 1945년 말에 작성한 계획서로 남아있다. 조선의용군 출신 전우가 중국공산당이 동북지역에서 승리한 후 중국 본토로 남하작전을 실행할 때 조선인 병사들에게 이 작전에 참여해 학습하고 남조선을 타도하는 기초를 닦자고 호소한 것도 동북기지론과 같은 맥락에서 이해할 수 있을 것이다.

이상조와 주덕해의 계획서는 38선을 단순한 군사분계선이 아니라 제국주의와 공산주의 진영이 맞붙는 경계선으로 인식하며 미국은 결코 물러나지 않을 것으로 판단했다. 이들은 이런 정세인식 하에서 미국세력을 몰아내고 한반도를 통일, 독립시키는 것을 조선혁명의 제1단계로 설정했다. 이를 위해 동북지역(만주)을 기지로 삼아 통일혁명 역량을 길러야 한다고 주장했다. 이들은 미국과 소련이 점령하고 있는 남한과 북한은 혁명을 위한 전초기지가 될 수 없지만 중국 동북지역은 △1백여만 명의 조선인이 살고 있고, △이 지역을 중국공산당 세력이 점령하고 있고, △중국공산당과 조선의용군이 우호적인 관계를 형성하고 있는 점 등을 들어 한반도 통일을 위한 기지가 되기에 유리한 조건을 지니고 있다고 설명했다.
동북기지론은 북한의 '민주기지론'을 연상시키지만 북한지역이 아닌 제3의 지역인 중국 동북지역을 그 대상지로 설정했다는 점에서 주목된다. 이와 유사한 주장이 일제시기 최창익 등에 의해 제기된 바 있다. 이상조는 최창익을 추종한 사람이고, 주덕해도 최창익과 함께 연안에서 활동한 경험이 있다. 동북기지론은 중국 동북지역에서 실제로 적용됐다는 점에 주목할 필요가 있다. 즉 조선인들은 국공내전에 참전해 군사적 역량을 길렀고 연변지역에 동북군정대학 길림분교를 세워 간부를 양성했으며 6·25전쟁에 참여해 활동했다.
(염인호, 『또 하나의 한국전쟁』, 역사비평사, 681-682쪽)

4. 질서재편 과정에서 동북지역 내 조선인 무장력

해방 직후 중국 동북지역의 조선인 무장력은 세 부류로 나눌 수 있다. 동북항일연군 출신으로 소련군 88여단에 소속되어 있다 소련군과 함께 동북지역으로 진주한 조선인, 팔로군·신사군과 함께 중국공산당 무장력에 속해있던 조선의용군 소속 조선인으로 중국공산당 세력의 동북지역 진군에 합류한 조선인, 그리고 중국공산당과 국민당정부 세력간 대립이 심화되자 중국공산당의 참군 참전 운동에 참여한 군사 경험이 없는 일반 조선인 등이다.

동북항일연군 출신으로 소련군 88여단에 소속된 조선인의 수에 대해서는 다양한 의견이 있다. 여러 가지 주장들을 종합하면 대체로

170여 명 정도였던 것으로 파악된다. 이들 중 일부의 조선인들이 동북지역으로 진출했다. 1939년 말 일본의 항일투쟁 세력에 대한 대대적인 토벌 작전을 피해 소련 영내로 들어가 소련군 88여단에 소속됐던 동북항일연군대원들은 소련이 대일전 참전을 결정함에 따라 소련군과 함께 동북지역으로 진출할 계획이었으나 소련과 국민당정부 간의 우호동맹조약이 체결되면서 지체됐다. 이 과정에서 대부분은 해방직전 조직된 조선공작단에 참여해 김일성과 함께 바다로 우회해 직접 북한으로 들어갔다. 그리고 일부의 조선인만 소련군을 지원하기 위한 명분을 가지고 뒤늦게 동북지역으로 들어갔다.

1945년 8월 8일 대일전 참전을 선포하고 그 이튿날부터 중국 동북지역으로 진군한 소련군은 17일 경 이미 동북지역의 57개 지역을 점령했다. 이런 상황에서 소련군은 진군을 보류했던 동북항일연군 출신 88여단 소속 대원들을 동북지역 57개 전투부대에 보내 소련군을 돕도록 조치했다. 이에 따라 중 도시에는 10인 이상, 큰 현에는 3-5인, 일반 현에는 2-3인으로 구성된 공작조가 파견됐다. 공작조의 조장 57명 중에는 조선인 17명이 포함됐다. 이들은 점령지로 가서 소련경비사령부 부사령의 직책으로 활동했는데 강신태(연길)와 김광협(목단강) 등이 대표적인 인물이다. 이외에 당시 동북지역으로 진출한 조선인으로는 임춘추, 김창봉, 최명석(최광) 등이 있다.

이들은 수적으로는 얼마 되지 않았지만 그 역할은 결코 과소평가할 수 없다. 동북지역으로 진출한 사람들의 역량이 특출해 해방 초기 동북지역에서 소련군을 도와 질서를 유지하고 조선인을 결집시키는데 많은 역할을 했기 때문이다. 실제로 강신태, 김광협 등은 항일투쟁 당시의 경험과 소련군과의 관계 등을 활용해 중국공산당이 연변지역에서 기반을 다지는데 크게 기여했다.

그럼에도 불구하고 소련군 88여단 소속 조선인은 그 세력이 미미한 관계로 초기 소련군 경비사령부에 편재되어 활동하다가 이후에는 대부분 중국공산당 세력의 무장력에 흡수되었다. 그리고 북한에 공산체제를 위한 기반이 형성되게 되자 서둘러 북한으로 들어갔다. 예컨대 소련군을 돕기 위해 연길에 파견된 강신태는 연길에 도착한 직후 소련군 연길경비사령부 부사령으로 활동했으나 1946년 1월 중국공산당 동북국에 의해 동북민주연군이 창설됨에 따라 부사령원으로서 사령원이 된 주보중을 도왔다. 그리고 불과 3개월 후인 그해 4월 북한으로 들어갔다.

팔로군·신사군과 함께 중국공산당 무장력 역할을 했던 조선의용군 중 해방과 함께 동북지역으로 진출한 조선인은 대략 700여 명 정도로 추산된다. 조선의용군이 동북지역으로 진출하는 과정에서 그리고 동북지역에 도착한 이후 조선인 청년들의 적극적인 참여로 조선의용군의 수는 급격히 증가하여 1만여 명에 이르렀다. 그러나 원래 중국 관내의 조선인 무장투쟁 인원과 동북지역 일원의 지하 공작인원을 모두 합해도 실제 인원은 1천여 명이 넘지 않았다는 것이 대체적인 평가이다.

조선의용군의 동북지역으로의 진군은 팔로군 총사령 주덕(朱德)의 명령에 따른 것이었다. 주덕은 소련의 대일전 참전이 시작되고 히로

시마와 나가사키에 원자폭탄이 투하됨에 따라 일제의 항복이 예견된 8월 11일 연안총부명령 제6호를 발령했다. 그는 이 명령에서 조선의용군이 동북으로 진군해 적들을 소멸하고 동북의 조선인민을 조직해 조선을 해방하는 과업을 완수할 것을 지시했다. 그 결과 조선의용군은 당초 소련군과 함께 일본군을 제압하고 조선을 해방시킨다는 사명을 갖고 동북지역으로 출발했다. 주덕의 명령도 그 같은 맥락에서 이해됐다.

그러나 소련군이 조선의용군의 북한 진군을 저지함에 따라 이들은 입장을 바꿔야 했다. 조선의용군과 조선독립동맹 지도부는 1945년 11월 10일 심양 교외의 한 소학교에서 전체 지휘원 및 전투원 대회를 열고 조선독립동맹의 귀국과 조선의용군의 동북지역 체류를 결정했다. 이 결정에 따라 대회 직후 조선독립동맹 주석 김두봉과 조선의용군 사령 무정 등 70여명의 연안파 인사들이 북한으로 들어갔다.

조선의용군의 동북지역 체류 결정은 소련군의 저지와 함께 국민당정부와 힘겹게 싸우고 있는 중국공산당의 도움 요청을 수용한 결과이다. 일부 연구서들은 조선의용군이 동북지역에 잔류하게 된 배경으로 △소련군의 북한 진군 저지 △중국에서 양 세력 간 갈등 고조 △동북지역의 조선인 보호 등을 적시하고 있다.

동북지역에서 중국공산당을 도와 국민당정부 세력과의 싸움에 참여한 조선의용군은 북한에서 체제정비가 이루어지고 중국에서 세력 간 갈등 양상이 변하면서 1946년 3월 이후 상당수가 북한으로 돌아갔다. 그러나 이들과는 달리 방호산, 이덕산(김창덕), 전우 등은 동북지역에 남아 국공내전에서 최후의 승리를 거둘 때까지 중국공산당을 도왔다. 이들은 1948년 7월부터 1950년 5월 사이에 대규모 조선인 부대를 이끌고 북한으로 돌아갔다.

한편, 1946년 6월 국민당정부가 동북지역에서 대대적인 군사작전에 돌입하면서 국공내전이 본격화되자 중국공산당은 이 지역 조선인을 상대로 참군 참전 운동을 적극 전개했다. 조선인을 상대로 공유지 분배를 시작한 가운데 전개된 참군 참전 운동에 조선인들은 너나 할 것 없이 적극적으로 참여했다. 동북지역의 중국공산당 관할지역의 조선인들은 국공내전 기간 중 중국공산당을 지지하는 확실한 무장력 역할을 했다.

조선의용군의 결성 및 확장

역사학자 서중석에 따르면 중국내 독립운동 진영은 좌파와 우파로 양분되고 우파는 다시 합작파와 김구를 중심으로 하는 민족주의 계열의 국수파로 나누어진다. 이런 상황에서 1935년 김원봉(金元鳳)이 지도하는 의열단(義烈團)을 중심으로 한 한국민족혁명당(조선민족전선연맹)이 결성됐는데 이는 우파 내 합작파가 좌파와 손잡고 국수파를 고립시킨 것이었다. 국민당과 공산당이 대립하고 있던 당시 중국 정세에서 임시정부가 국민당과 밀착해 극우노선을 취하는데 대한 반발이었다.

한국민족혁명당은 후에 조선민족혁명당으로 개칭하고 1938년 10월 그 무장력으로 조선의용대를 조직해 항일무장투쟁을 시작했다. 이후 한국민족혁명당과 조선의용대의 일부가 중국공산당의 영향 하에 있던 연안계의 한인무력과 결합해 항일투쟁을 전개했다. 그리고 1941년 1월 태항산에서 김두봉, 최창익, 한빈 등의 주도하에 '화북조선청년연합회'가 조직됐다. 이 연합회는 1942년 7월 (화북)조선독립동맹으로 개편됐고 조선의용대는 조선의용군으로 재편됐다.

해방 무렵 조선의용군의 병력은 조선의용군 화북지대 병력 150여명과 도처에 산재해 있던 병사 및 새로 선발된 사람 등을 포함해 모두 700여명 정도였다. 아무리 늘려 잡아도 1,000여명을 넘지 않았다. 그러나 조선의용군은 동북지역으로 진군하는 과정에서 조선인 청년들이 가세해 그 세력이 1만여 명 수준으로 커졌다. 그러나 조선의용군은 11월 소련군에 의해 북한 입국이 저지되자 중국에서 중국공산당을 도와 동북지역의 공산혁명을 지원하기로 하고 모두 3개 지대로 나누어 동북지역 동부 남부 북부권으로 진출했다. 나중에 한 개 지대가 더 편성되어 길림 등 중부지역을 맡았다.

사진 2-3. 조선의용군 병사들

5. 질서재편 과정에서 조선인의 참여 및 희생

해방 후 동북지역 정착을 결심한 조선인들은 역내 질서재편의 소용돌이 속에서 스스로 선택한 삶을 개척하기 위해 적극적으로 나섰다. 특히 연변 등 중국공산당 세력이 우세한 지역 조선인들은 스스로의 판단과 조선인 지도자들의 독려에 따라 참군 참전 운동에 참여하는 등 중국공산당 편에 서서 중국공산당 세력의 일원으로 활동했다. 조선의용군이 부대를 재편성해 동북 각 지역으로 진출한 1945년 말 이후에는 조선의용군에 자원하는 사람들이 크게 증가했다. 그러나 국민당정부 관할 지역에서는 국민당정부의 조선인 정책 등으로 인해 상대적으로 질서재편에 참여한 조선인이 적었다.

당시 조선인들이 중국공산당 편에 서게 된 것은 이중적 의미를 지니고 있었다. 하나는 중국공산당과의 관계를 고려하는 것은 물론 그 정책을 지지한데 따른 것이고, 다른 하나는 중국공산당의 소수민족 우대 정책에 주목하며 조선인의 민족자치 또는 민족독립에 대한 기대를 반영한 것이었다. 이에 따라 중국 동북지역 조선인은 해방 이후 동북아시아에서의 질서재편 시작부터 1950년대 중반 6·25전쟁 종전으로 질서재편이 종결될 때까지 중국공산당과 함께 거센 역사의 소용돌이 한복판에서 온갖 어려움을 겪어야 했다.

조선인들이 질서재편 과정에 참여한 첫 번째 사례는 중국공산당 세력과 국민당정부 세력 간의 국공내전이었다. 조선인들은 해방 직후 각 지역에서 소련군을 도와 질서유지 및 지역안정에 참여했는데

1945년 말 조선의용군이 조선인 밀집지역으로 진출하면서 조선의용군에 합류해 중국공산당편에 서서 싸웠다. 특히 1946년 봄 소련군이 철수를 시작하자 국민당정부 세력이 공세에 나서면서 중국공산당 세력이 일방적으로 밀렸다. 따라서 열세에 있던 중국공산당은 1946년 5월 군사력 확충을 위해 조선인을 대상으로 대대적인 참군 참전 운동을 전개했다. 중국공산당은 이후에도 잇따라 확군사업을 전개했으며 조선인들은 적극 호응했다.

국공내전 기간 동북지역에서는 조선인 청장년 6만2천942명이 참군한 것으로 집계됐다. 이는 당시 중국 동북지역에 남아있던 전체 조선인의 5%를 넘는 수이다. 연변지역 내 5개 현에서만 3만4천855명의 조선인이 참군했다. 이는 연변지역 참군 총인원의 85%에 해당하는 압도적인 것이었다. 조선인 청장년이 중국공산당의 군대에 편입돼 직접 전선으로 나가는 사람들과 함께 공안부대, 기간대, 무장민병 등 지방의 무장조직에 참가한 사람도 10여만 명에 이르렀다. 참군하지 않은 여성들은 후방에서 식량 군수용품 등의 보급사업에 참여함으로써 중국공산당 세력을 힘껏 도왔다.

적극적인 참군 참전 운동으로 조선인들의 피해 또한 엄청나게 컸다. 국공내전 기간 희생된 조선인은 모두 3천9백43명에 이른다. 연변조선족자치주정부가 확인한 바에 따르면 자치주 내에서만 3천041명의 조선인이 희생됐으며 1만6천여 명이 부상을 입었다. 전쟁터에서 희생된 사람은 전체 조선인 55명 당 1명꼴인 셈이다. 동북지역 조선인들은 항일투쟁 기간에도 엄청난 희생을 치렀다. 당시 연변지역에서 희생된 사람이 모두 1만4천740명으로 집계됐는데 이중 조선인은 무려 97%나 됐다. 연변지역에 세워진 600여개의 열사기념탑이 항일전쟁과 국공내전 시기 조선인들의 희생을 말해준다.

조선인들의 적극적인 참군 참전 운동에 힘입어 중국공산당 세력은 1948년 무렵 크게 확장됐다. 당시 중국공산당의 인민해방군 총병력은 국공내전 시작 무렵 120여만 명에서 배가 넘는 280여만 명으로 증가했고 장비 역시 크게 개선됐다. 중국공산당 세력은 이에 힘입어 국공내전에서 불리한 전세를 뒤집고 유리한 국면을 조성하게 됐다. 반면 국민당정부 세력은 전쟁초기 총병력 430여만 명에서 365여만 명으로 크게 감소했다.

이에 따라 중국공산당 세력은 1948년 7월 국민당정부군에 대한 대대적인 군사적 공세를 펼칠 모든 조건을 구비하고 있었다. 그 결과 1948년 11월 2일 심양을 해방시키고 위수사령부를 설치했다. 국공내전의 성패를 가늠한 52일 동안 지속된 료심전역에서 중국공산당 세력은 국민당정부군 47만여 명을 섬멸하고 동북지역 전역을 차지했다. 료심전역의 결과 국민당 병력은 365여만 명에서 290여만 명으로 감소됐고 인민해방군은 280여만 명에서 300여만 명으로 증가했다.

1949년 10월 중화인민공화국이 수립됨으로써 국공내전은 사실상 중국공산당 세력의 승리로 끝났다. 그러나 동북아시아에서의 질서재편은 아직도 끝나지 않았다. 당연히 조선인들의 역할도 끝나지 않았다. 남북한으로 나누어진 한반도에서 민족 간 갈등이 깊어지면서 전운이 감돌았기 때문이다. 조선인들은 이번에도 그 갈등에 휘말리고 있었다. 조선의용군에 편재된 많은 조선인들이 전쟁에 앞서 북한으로 들어가 북한군의 일원이 되었다.

조선의용군 출신으로 6·25전쟁에 참전했던 김중생에 따르면 6·25전쟁에 참여한 조선인은 대략 10여만 명에 이르는 것으로 추산된다. 이 수치는 당시 전체 동북지역 조선인의 9%에 가까운 것이다. 6·25전쟁 개전 이전 북한의 주력부대에 조선의용군의 일원으로 참여한 사람도 약 4-5만 명에 이른다. 일부 논자는 약 6만5천명에 이르는 것으로 주장하기도 한다. 그리고 전쟁이 한창이던 1950년 겨울부터 이듬해에 걸쳐 북한인민군 군사동원국 소속 장교들이 중국 동북지역 조선인 밀집지역에서 조선인들을 대상으로 '인민지원군' 이름으로 모병했다. 당시 입대한 사람이 1만여 명에 이를 것으로 추산된다. 그리고 전쟁기간 중국공산당은 총 108개 사단 규모의 병력을 북한에 보냈는데 이들은 대부분 한족이었기 때문에 통역을 위해 조선인들이 동원됐다. 이렇게 참전한 조선인 통역요원은 무려 2만5천여 명이나 된다. 이렇게 6·25전쟁에 참여했다가 희생된 조선인의 수는 무려 6천900여명에 이른다.

표 4. 동북아시아 질서재편 과정에서 조선인의 참여와 희생

대상	기간	참전(명)	사망(명)	부상(명)	비고
항일투쟁	- 1945. 8		약 14,500		열사기념탑 600개
국공내전 (연변 자치주)	1945.9-1949.10	62,942	3,943 (3,041)	(16,000)	202,000명 지원
6. 25 전쟁	1950.6-1953.7	약100,000	6,900		

2장

중화인민공화국 수립 과정과 조선인

1. 중화인민공화국 수립 과정에 대한 이해

1949년 10월 1일 오후 중화인민공화국 정부 수립이 공식 선포됐다. 이날 북경 천안문 광장에는 30여만 명의 인파가 모여 역사적인 현장을 지켜봤다. 이들은 모택동이 정부수립을 공식 선포하자 감격에 겨워 서로 부둥켜안으며 기쁨을 감추지 못했다. 이 의식은 해방 직후부터 4여년에 걸쳐 국민당정부 세력을 상대로 한 싸움에서 중국공산당이 승리했음을 알리는 축포이기도 했다. 이로써 청나라와 국민당정부에 이어 중국공산당에 의한 중화인민공화국이 거대한 중국의 법통을 잇게 됐다.

중화인민공화국의 수립은 1921년 7월 중국공산당의 창당에서부터 시작됐다. 불과 57명의 당원으로 창당된 중국공산당은 장개석의 국민당정부가 수립된 1927년 이후 지속적인 갈등을 겪는 과정에서 세력을 확장했다. 특히 1930년대 들어 장개석의 국민당정부는 중국공산당을 토벌하기 위해 다섯 차례에 걸쳐 대대적인 토벌작전을 전개했다. 이에 따라 중국공산당은 1933년 10월부터 국민당정부군에 쫓겨 중국 대륙을 남쪽으로 반바퀴 돌면서 1만km를 도주하는 이른바 대장정에 나서기도 했다.

그러나 1930년대 들어 일본이 만주사변에 이어 중국대륙을 침략함에 따라 중국공산당은 대일투쟁을 위해 국민당정부와 연합전선을 도모할 목적으로 1935년 8월 통일전선을 선언하고 전체 인민이 함께 나설 것을 호소했다. 그리고 1937년 7월 중일전쟁이 발발하자 국민당정부와 제2차 국공합작을 선언, 내전을 중지하고 항일투쟁에 함께 나섰다. 그러나 제2차 국공합작은 1941년 환남사변(또는 신사군사건)을 계기로 사실상 결렬됐다.

이 무렵 중국공산당은 중국에서 독립운동을 도모하던 공산주의계열 조선인들과의 관계를 강화하고 있었다. 당시 중국공산당 만주성위 산하 동북인민혁명군은 중국 동북지역에서 독립운동을 하는 조선인들을 수용함으로써 다수의 조선인들이 참여했다. 동북인민혁명군은 후에 동북항일연군으로 개칭됐으며, 1930년대 말 일제의 토벌작전에 쫓겨 소련으로 들어가 소련군 88여단에 편재됐다. 중국공산당 본거지인 연안에서도 조선독립동맹과 조선의용군이 중국공산당과 함께 항일투쟁에 참여했다. 그리고 이들은 해방을 앞두고 중국공산당의 팔로군과 함께 동북지역으로 진출했다.

해방을 맞은 중국공산당은 국민당정부에 비해 전력의 상대적 열세에도 불구하고 동북지역을 중심으로 공산혁명을 추진하려는 전략을 세운 후 이 지역을 선점하는데 총력을 기울였다. 특히 중국공산당은 해방과 함께 동북지역 진군을 결정하면서 이른바 동북근거지론을 제기하였다. 그러나 1946년 봄 소련군의 철수가 시작되면서 국민당정부가 대공세를 감행하자 중국공산당 세력은 동북지역 동부권으로 후퇴하게 되어 연변지역을 포함한 동부권(동만)을 동북의 근거지로 만드는데 주력했다. 특히 연변을 포함한 동북지역 동부권은 조선인이 밀집해 살고 있던 지역이어서 이 지역을 근거지화한다는 것은 곧 조선인들을 중국공산당 세력의 핵심으로 인정하는 것이었다. 중국공산당이 당시 조선인들의 참군 참전 운동에 적지 않게 의지했음을 보여주는 대목이다.

1946년 6월 국민당정부의 대대적인 공격으로 동북지역 남부권까지 밀린 중국공산당 세력은 북한지역으로까지 후퇴해야 했다. 당시의 정치역학 관계로 볼 때 소련군이 결정권을 가지고 있었지만 김일성 등 북한의 지도자들은 북한을 중국공산당 세력의 후방기지로 내주었다. 이와 함께 북한은 중국공산당 세력을 위해 중요한 전략물자를 지원하는 등 국공내전에서 중국공산당을 위해 물심양면으로 도왔다.

당시 중국공산당은 북한의 지원에 힘입어 북한주재 '동북국 조선사무소'를 설치해 중국공산당이 북한지역을 후방기지로 활용하는 문제를 전담케 했다. 이 사무소에 근무했던 중국공산당 인사들의 회고록은 이 사무소의 임무와 역할, 그리고 북한에 대한 감사의 마음 등을 잘 보여주고 있다. 즉 중국공산당은 국공내전 과정에서 동북지역의 조선인들은 물론 북한 측으로부터도 결정적인 도움을 받은 것이다. 중국공산당과 조선노동당 간 순망치한(脣亡齒寒) 및 혈맹 관계는 이런 과정을 거치면서 형성된 것이다.

국민당정부 세력에 의해 최악의 순간까지 밀렸던 중국공산당 세력은 결국 조선인들의 목숨을 마다않고 전투에 임하는 적극적인 태도와 북한이 후방기지로서 역할해 준데 힘입어 1947년 7월부터 대반격을 취할 수 있었다. 그 결과 중국공산당 세력은 1948년에 들어서면서 국민당정부 세력에 확실한 우위를 점하게 됐다. 이에 따라 중국공산당은 1948년 8월 동북지역을 전담할 행정조직인 동북인민정부를 수립하였다.

1948년 11월 동북지역을 완전히 장악한 중국공산당은 이에 만족하지 않고 중국본토로 진격해 북평(北平)까지 함락했다. 그리고 중국공산당은 1949년 9월 21일 북평에서 중국인민정치협상회의 제1차 회의를 개최해서 국가창건에 필요한 제반 사항을 논의했다. 오성 붉은기를 국기로 결정하고, 국가를 제정하기 전까지 의용군행진곡을 국가로 부르기로 했으며, 북평을 수도로 정하고 그 명칭을 북경(北京)으로 고쳤다. 그리고 1949년 10월 1일 역사적인 중화인민공화국 수립을 선포했다.

그러나 중화인민공화국이 수립됐음에도 불구하고 국민당정부 세력은 중남, 서남, 화동 지역에 3개 집단군 70여만 명을 주둔시킨 채 버티고 있었다. 국공내전은 여전히 진행 중이었다. 하지만 국민당정부는 1949년 5월 중국공산당 세력의 공세에 밀려 이미 대만으로 피신한 상태였으며 12월 7일에는 모든 정부기능을 대만으로 옮겼다. 이로써 중국공산당은 중국 대륙을 완전히 장악했다.

2. 중국공산당의 동북근거지론과 조선인

중국공산당은 일제의 항복을 눈앞에 둔 시점에서 중국혁명을 위해 동북지역을 활용하려는 전략을 수립하고 해방 직전 팔로군과 조선의용군에 동북지역으로 진격하도록 명령했다. 그러나 소련이 국민당정부와 우호동맹조약을 체결하며 중국공산당 세력의 동북진출을 제한하는 가운데 국민당정부와 연립할 것을 독려함에 따라 전략을 수정해야 했다. 하지만 전후처리 문제를 논의한 런던 외교장관회의에서 미소간 냉랭한 관계가 형성되면서 상황은 달라졌다. 9월 중순 이후 소련 당국이 제한적으로나마 중국공산당 세력의 동북진출을 허용하기 시작한 것이다.

이런 상황에서 중국공산당은 1945년 9월 심양에 중국공산당의 직할 조직으로 동북국을 세우고 동북지역에 대한 정책을 진두지휘하게 했다. 당시 동북국 책임자는 진운, 팽진 등이었다. 이와 함께 중국공산당은 이른바 '향북발전 향남방위'의 결정을 통해 20만 대군을 동북지역에 집결시켰다. 동북지역에 대한 관심을 군사적으로 구체화한 것이다. 9월 중순 이후 국민당정부 편향적인 입장에서 변화를 보이기 시작한 소련은 10월 초에는 중국공산당에 30만 명의 병력을 동북지역에 투입하도록 허용했다. 미국과의 관계에 균열이 가기 시작하면서 소련은 미국의 지원을 받고 있는 국민당정부를 견제하기 위해 동북지역에서 중국공산당 세력을 강화하고 나선 것이다.

이와 때를 같이 해 중국공산당은 동북지역의 병력을 재편해 군사력을 확충코자 했다. 팔로군과 동북항일연군 등으로 지휘체계가 나뉘어져 있던 병력을 규합해 동북인민자치군으로 개편하고 임표를 사령원으로 임명했다. 국공내전 과정에서 중국공산당 세력의 일원으로 중요한 역할을 했던 조선의용군도 이 무렵 동북지역에서 자리를 잡기 시작했다. 북한 진출을 염두에 두고 동북지역으로 진출한 조선의용군은 소련군의 저지로 이 지역에 남아 조선인을 보호하고 중국공산당을 지원하기로 결정한 것이다. 이에 따라 조선의용군은 3개 지대로 나누어 남부권(남만/제1지대), 북부권(북만/제3지대), 동부권(동만/제5지대)으로 진출했다.

동북지역에서 국민당정부 세력에 대항할 군사력을 확보하게 된 중국공산당은 기세를 올려 동북지역을 근거지화 하는 문제를 공식 제기했다. 모택동이 1945년 12월 28일 연설을 통해 동북근거지 창설을 지시한 것이다. 이 지시에서 모택동은 “동북에 있어서 우리 당의 과업은 근거지를 창설하는 것이며 동만, 북만, 서만에 공고한 군사, 정치적 근거지를 창설하는 것”이라고 분명히 말했다. 그는 또 근거지 창설에 필요한 시간은 3-4년이 걸릴 것이라고 언급하며 근거지 창설 기간을 비교적 길게 잡았다. 하지만 모택동은 "1946년 한 해 동안에 초보적이고 믿음 있게 창설사업을 완수하여야 한다. 그렇지 않으면 우리는 발을 붙이지 못하게 될 것"이라고 언급, 근거지 창설을 위한 초기 사업의 중요성을 강조했다. 그리고 근거지 창설 지역과 관련해 "국민당이 이미 점령하였거나 앞으로 점령하게 될 대도시와 교통간선이 아니라는 것을 지금 확정하여야 한다"며 근거지 창설 대상 지역으로 국민당이 점령하고 있는 지역에서 멀리 떨어져있는 도시 및 농촌지역을 꼽았다. 동북지역 중에서도 서만의 대도시에서 멀리 떨어진 동부권의 도시나 농촌지역을 후보지로 언급한 것은 연변지역을 염두에 둔 것으로도 해석할 수 있을 것이다.

모택동의 지시에 따라 1946년 1월 8-10일 중국공산당 연변지방위원회(연변지위)는 제1차 확대회의를 소집해 연변을 어떻게 혁명근거지로 창설할 것인가를 논의했다. 연변지위 서기 옹문도는 동만 근거지 창설의 중요성을 강조하는 가운데 대중운동, 무장사업, 간부문제, 일제 및 만주국 잔당 처리 문제 등을 구체적으로 적시했다. 이에 따라 동만 근거지 창설 문제는 당면한 핵심 과제로 인식됐다.

동만 지역을 근거지로 창설하는 문제는 중국공산당 세력이 1946년 6월 국민당정부군에 쫓겨 동북지역 동부권으로 후퇴하게 되면서 보다 현실적인 문제가 됐다. 국민당정부 세력이 대대적인 공세를 폄에 따라 중국공산당 세력은 연변지역으로 후퇴해야 했는데 자연스럽게 이곳을 방위선으로 구축하면서 연변지역을 근거지화 하는데 주력하게 된 것이다. 실제로 중국공산당 세력은 연변지역을 근거지로 하여 힘을 비축함으로써 1947년 7월 이후 대대적인 반격을 가할 수 있었다.

동북, 또는 동만 근거지 창설 문제는 결과적으로 이 지역에 거주하는 조선인들의 적극적인 참여로 결실을 맺을 수 있었다. 조선인들 중 젊은 층은 중국공산당의 참군 참전 운동에 적극 참여하여 군사력을 강화하는데 앞장섰고 여타 사람들은 다양한 형태로 군을 도왔다. 따라서 중국공산당의 동북 근거지나 동만 근거지 창설 문제는 조선인들을 염두에 둔 것이었으며 그 성과 또한 조선인들의 노력에 힘입은 바 크다고 할 수 있다.

3. 중국공산당의 토지개혁과 조선인의 참군 참전 운동

중국공산당이 국공내전을 승리로 이끌고 중화인민공화국을 수립하기까지 조선인들의 역할은 타의 추종을 불허하는 것이었다. 조선인은 중국공산당이 국민당정부 세력에 밀려 어려움을 겪을 때 연변지역에서 동북근거지를 튼튼히 뒷받침했을 뿐 아니라 주요 전투에서 괄목할만한 전투력을 보였다. 중국공산당도 국공내전 과정에서 조선인의 역할에 대해서는 누누이 말해왔다.

그러면 조선인은 왜 목숨을 바쳐가며 중국공산당을 지지했을까? 이에 대해서는 여러 이야기가 가능하지만 무엇보다 중국공산당과 조선인 간의 특별한 관계에서 그 이유를 찾을 수 있다. 중국공산당은 해방 전부터 중국 동북지역의 조선인을 소수민족으로 인정하는 우호정책을 폈다. 중국공산당의 이러한 정책은 일제 하에서 조선인들이 중국공산당에 가입해 이들의 지휘를 받으며 함께 항일투쟁에 참여할 수 있는 기반이 됐다. 또 항일투쟁 시기에 행했던 이러한 연대경험은 해방 후 양자 간 돈독한 관계를 형성하는 중요한 기틀이 됐다.

실제로 해방 후 중국공산당은 조선인에 대해 우호적인 정책을 추진하면서 조선인과의 관계를 중시했다. 이는 국민당정부가 해방 후 조선인들에 대한 차별정책을 취하며 조선인을 한반도로 귀환시키는 정책을 추진한 것과 비교된다. 중국공산당의 조선인에 대한 우호적인 정책은 중국공산당이 동북지역을 근거지화하는 전략에 따라 조선인을 포섭할 필요를 반영한 측면도 있지만 동북지역에 정착하려던 조선인들에게는 고맙기 그지없는 일임에 틀림없다.

더욱이 중국공산당은 전반적인 토지개혁을 실시하기에 앞선 1946년 초 정치적 안정을 꾀한 연변지역에서 일제 잔여 공유지 등에 대한 무상분배를 먼저 실시하는 등 조선인의 환심을 샀다. 이 과정에서 옹문도를 비롯한 중국공산당 간부들은 조선인관련 정책을 조선인들이 집행하는 것이 바람직하다는 입장을 제시하고 이를 관철함으로써 조선인들로부터 엉뚱한 오해를 사는 일을 사전에 차단하기도 했다. 이에 따라 곧이어 진행된 토지개혁도 순조롭게 진행될 수 있었다.

중국 동북지역에서의 토지개혁은 1946년 7월부터 1948년 4월까지 3단계에 걸쳐 실시됐는데 기존 지주로부터 무상으로 몰수하여 무상분배 하는 형태로 이루어졌다. 당시 동북지역 조선인 중 80%에 이르는 사람은 빈농이었는데 이들에게 많은 혜택이 돌아갔다. 당시 연변지역엔 15만4천243가구에 71만8천886명이 살았는데 이중 81.9%가 조선인이었다. 그리고 11만6천681가구가 각각 4.5-7.05 무(1무=약 200평)의 토지를 분배받았다.

중국공산당이 가난한 조선인 소작농에게 토지를 무상으로 분배한 것은 이들의 마음을 사기에 충분했다. 따라서 토지개혁 이후 조선인의 중국공산당에 대한 충성심은 급속히 확산됐다. 해방 후 한반도로 귀환할 것인가를 망설이던 적지 않은 조선인들은 이후 현지 정착을 결심하기도 했다. 중국공산당의 토지개혁 조치는 조선인에 대한 우호적인 정책과 함께 조선인들이 중국공산당을 더욱 신뢰하게 하는 기폭제가 됐다.

공유지 무상분배와 토지개혁은 참군 참전 운동을 가속화시켰다. 국공내전이 한창인 상황에서 조선인들은 앞 다퉈 중국공산당을 위해 자원 입대하고, 군에 대한 후방 지원사업에 참여했다. 이후 수많은 조선인들은 중국공산당의 열성일군이 되고 신참 간부가 됐다. 토지의 무상분배가 동북지역에 정착한 가난한 조선인 농민들을 위해 중국공산당이 베푼 시혜라면 조선인들이 국공내전에 적극 참군 참전하고 나선 것은 그에 대한 보답인 셈이다.

중국 동북지역에 거주하는 조선인 중 국공내전에 참가한 사람은 무려 6만2천942명에 이른다. 이는 8개 사단의 야전군 장병이 중국 인민해방군 대열에 뛰어든 것과 같다. 다른 10만여 명은 공안대 기간

사진 2-4. 토지개혁에 앞서 청산운동에 참여하고 있는 조선인들

대 무장민병대 등 지방 무장조직에 참가하였고, 수십만 명이 인민해방군의 지원사업에 참여했다. 물론 이러한 적극적인 참여로 인한 희생도 많았다.

조선인이 엄청난 희생을 감수하며 중국공산당의 참군 참전 운동에 참여한 것은 중국공산당의 조선인에 대한 정책, 특히 토지개혁에 의한 토지 무상분배가 직접적인 이유였다. 땅 한 뼘 없이 가난하게 살아온 조선인 농민들로서는 농사지을 내 땅이 생겼다는 것은 그 어떤 것과도 바꿀 수 없는 큰 기쁨이었다. 더욱이 이들은 국공내전에서 국민당정부가 승리할 경우 중국공산당으로부터 무상으로 받은 토지를 빼앗길 지도 모른다는 우려를 할 수밖에 없었다. 이들이 앞 다퉈 참군참전하게 된 또 다른 이유이다.

조선인의 적극적인 지지로 힘을 얻은 중국공산당 세력은 해방 초기의 현격한 전력 차이를 극복하고 1948년 11월 동북지역에서 승리를 쟁취했다. 그리고 그 기세를 몰아 파죽지세로 남하했다. 조선인부대 중 일부는 국공내전 기간 중 북한으로 들어가 북한군에 편재됐지만 적지 않은 조선인들은 최후의 순간까지 중국공산당 세력을 도와 전선을 지켰다. 이에 따라 중국공산당 세력은 국민당정부 세력을 대만으로 몰아내고 1949년 10월 1일 중국 대륙에 새로운 정부를 수립했다.

조선인의 국공내전 참전의 또 다른 이유

조선인이 국공내전에 참전한 것과 관련, 다음과 같은 두 가지 점에 주목할 필요가 있다. 하나는 해방 직후 냉전체제가 구조화되면서 이념적 대립이 노골화되고 있는 상황에서 중국공산당을 돕는 것을 국제공산주의운동의 일환으로 생각했다는 점이다. 미국이 국민당정부를 지원하고 있는 가운데 남한을 점령하고 있음에 따라 중국공산당을 지지하고 있는 조선인으로서는 당면한 상황을 공산주의적 관점에서 인식할 수밖에 없었다는 것이다.

다른 하나는 당시 조선인의 궁극적인 목적이 북한에 의한 한반도통일이었다는 점에서 볼 때 중국에서의 국공내전에 참여하는 것을 한반도에서의 통일을 위한 준비로 이해했다는 것이다. 실제로 국공내전에 참전했던 많은 조선인들은 한반도에서의 혁명에 참여하는 것을 기대했고, 이들은 실제로 북한으로 들어가 북한군의 토대를 구축했다. 이는 조선인들 사이에서 주창된 동북기지론과도 맥을 같이 하는 것이다.

4. 국공내전에서 조선인의 역할

일제의 항복으로 해방을 맞았지만 동북지역은 또 다른 전쟁이 기다리고 있었다. 해방이후의 정국을 유리하게 조성하기 위해 중국공산당 세력과 국민당정부 세력은 각각 동북지역에서 양보할 수 없는 일전을 준비하고 있었기 때문이다. 양측은 해방 직후 동북지역에 진주한 소련군이 국민당정부 편을 들며 중국공산당에게 자제를 요청함으로써 원만한 상황이 조성되는 듯 했다. 그러나 양측은 곧 동북지역에 세력을 결집시켰고 1946년 봄 소련군이 철수를 시작하고 곧 이어 국민당정부 세력이 중국공산당 세력에 대한 전면전을 선포함으로써 내전은 본격화됐다.

국민당정부 세력의 전면적인 공격으로 시작된 제3차 국공내전은 양 세력 간의 사활을 건 싸움이었다. 그야말로 승자만이 살아남을 수 있는 승자독식의 상황에서 양측은 동원 가능한 전력을 총동원했다. 동북지역에서 중국공산당과 특별한 관계를 맺어온 조선인은 자연스럽게 중국공산당 편에 서서 국공내전에 참여하게 됐다. 한반도로 돌아가는 대신 동북지역에 정착하기로 마음먹은 조선인은 그 순간 이미 국공내전에 참여하도록 예정되어 있었는지도 모른다. 동북지역에 남은 조선인들은 국공내전에서 누구보다도 적극적으로 중국공산당을 도와 치열하게 싸웠다. 그리고 중국공산당을 지지하는 동북근거지의 핵심 자원으로서 튼튼한 버팀목이 됐다.

국공내전에서 조선인의 역할은 크게 두 가지 관점에서 살펴 볼 수 있을 것이다. 하나는 조선인 전사들의 군사력으로서의 역할이고 다른 하나는 중국공산당에 대한 신뢰를 바탕으로 한 지지 세력으로서의 역할이다. 조선인의 이러한 역할은 국공내전 기간 내내 국민당정부 세력을 상대로 버거운 싸움을 하는 중국공산당에게 큰 힘이 됐다. 이에 힘입어 중국공산당은 국민당정부 세력을 물리치고 중화인민공화국을 수립할 수 있었다.

국공내전에서 중국공산당을 위해 참전한 6만2천942명의 조선인은 수백만 명에 이르는 전체 중국공산당 세력의 규모에 비하면 그다지 주목할 만한 것이 아닐 수도 있다. 하지만 이 수치는 당시 전체 조선인 인구의 5%를 넘는 결코 적지 않은 수이다. 조선인 청장년들이 전선에서 싸울 때 후방에서는 10만여 명에 이르는 중장년들이 공안부대, 기간대, 무장민병 등의 형식으로 후방 조직에 참가해 지원했다. 또 여성들까지도 식량 군수용품 등 보급사업에 참여했다.

또한 연변지역 등 조선인 밀집지역은 중국공산당의 든든한 후방기지 역할을 했다. 이에 따라 이 지역에 남아있던 조선인들은 농사를 지어 군량미를 지원하는가 하면 갖가지 군수물자를 조달했다. 특히 연변지역에는 일제에 의해 건설된 병기공장들이 있었는데 전선에서 쓸 무기를 생산하는 일에도 주력했다. 이 지역 조선인들은 전선에서 못지않게 중국공산당의 든든한 후방지원 세력으로서 역할을 다했다.

조선의용군을 중심으로 편재된 조선인 전사들은 국공내전의 중요한 고비마다 전선의 맨 앞에서 목숨을 마다않고 용감무쌍하게 나서 전선의 돌파구를 마련했다. 1946년 10월부터 이듬해 3월 초까지 격렬하게 진행된 '임강보위전'에 참가한 '리홍광지대'나 1948년 9월 시작된 료심전역에 참여한 조선인으로 구성된 '인민해방군 10종대'의 무공은 두고두고 회자되고 있다. 조선인들은 중국에서의 이념적 갈등으로 인한 국공내전에 불가피하게 개입하게 된 이방인임에도 불구하고 자기희생적 헌신성을 발휘하며 어느 누구보다도 강한 전투력을 보이며 전선을 헤쳐 나갔다. 조선인들의 이러한 헌신성과 전투력에 대해서는 중국공산당 지도자들의 언급을 포함해 여러 가지 증거들이 남아 있다.

5. 국공내전에서 북한의 역할

국공내전 기간 동안 북한이 중국공산당을 지원하기 위해 중국 동북지역에 병력을 파견했다는 설이 제기된 바 있다. 중국공산당과 북한권부 간 밀접한 관계를 염두에 둔 그럴 듯한 주장이었다. 당시의 미군 정보자료에서 비롯된 이 설은 아마도 국공내전에 참여한 동북지역 정착 조선인 또는 조선인부대를 오인한 결과로 보인다. 조선인들이 자발적으로 국공내전에 참전했다고 생각하기 어려운 제3국인들로서는 의당 국공내전에 참전한 동북지역 조선인병사들을 북한에 의해 파병된 병사들로 인식할 수밖에 없었을 것이다.

현재까지의 연구물들을 보면 북한이 국공내전에 직접 병력을 지원하지는 않은 것 같다. 남북분단 상황에서 아직 정권이 수립되기 전이라는 점을 감안하면 북한도 병력을 파견할 여유가 없었을 것이다. 하지만 직접 병력을 파견하지는 않았지만 북한은 국공내전 기간 동안 중국공산당 세력을 위해 물심양면으로 많은 도움을 주었다. 특히 중국공산당과 조선인지도자들이 압록강과 두만강 인근의 북한지역에서 북한주민들을 대상으로 국공내전에 참군할 것을 독려한 정황도 확인되고 있다.

북한이 국공내전에서 중국공산당을 도운 사례는 두 가지 부문으로 정리할 수 있다. 하나는 북한지역을 중국공산당 세력의 후방기지로 활용하도록 허용한 것이다. 이는 국민당정부가 후방기지 차단을 위해 공격을 가하는 등의 형태로 북한지역이 전쟁터가 될 수도 있는 위험을 무릅쓴 매우 적극적인 조치이다. 물론 당시의 상황으로 볼 때 이 같은 결정은 북한에 주둔하고 있던 소련의 의사가 중요하게 작용했을 것이다. 하지만 북한의 동의도 필요했을 것이다. 더욱이 김일성을 비롯한 북한 지도자들은 중국공산당 세력이 북한지역을 후방기지로 활용하는데 대해 전폭적으로 지지하며 편의를 제공했다. 북한이 제공한 편의에는 피난처로서 뿐 아니라 동북지역에서 중국공산당 세력의 통로가 차단된 상황에서 지역과 지역을 연결하는 교통로로서의 기능까지 포함됐다.

다른 하나는 내전 기간 중국공산당 세력에 절실히 필요한 군수물자를 적극 지원한 점이다. 당시 중국공산당 세력은 국민당정부 세력에 비해 병력면에서는 물론 군수물자에서도 열세를 면치 못하고 있었다. 더욱이 내전이 장기화되면서 군수물자의 부족은 전력에 결정적인 영향을 미쳤다. 이런 상황에서 북한은 내전에 필요한 다양한 군수물자를 지원함으로써 중국공산당 세력이 안정적으로 내전에 임할 수 있는 길을 열어줬다. 당시 북한이 지원한 군수물자들 중에는 일제가 남기고 간 화약 뇌관 등 무기류는 물론 고무신 등 다양한 품목이 포함됐다. 이들은 일부는 물물교환 형식으로 지원됐지만 일부는 대가없이 무상으로 지원됐다.

북한지역이 중국공산당 세력의 후방기지로 활용된 것은 국민당정부 세력의 대대적인 공세가 시작된 1946년 6월 경 부터로 보인다. 이 무렵부터 북한지역에서 중국공산당의 팔로군들이 목격된 기록이 있다. 당시의 미군정보에 따르면 소수의 팔로군들이 6월 초 함흥에서, 7월 초 압록강에 인접해 있는 삭주에서 목격됐다. 이는 중국공산당 동북국이 북한에 '조선사무소'를 설립한 시점과도 일치한다.

중국공산당 동북국은 전세를 만회할 비장의 카드로 북한지역 활용계획을 세우고 1946년 6월 경 평양에 북한주재 '동북국조선사무소'를 설립했다. 동북국조선사무소의 설립배경과 임무, 성과 등에 대해서는 당시 이 사무소에 근무했던 중국인들이 쓴 회고록에 잘 나와 있다. 회고록은 국공내전 기간 북한이 중국공산당 세력에게 얼마나 큰 힘이 되었는지에 대해서도 자세하게 적고 있다.

이 회고록은 동북국조선사무소의 설립 배경과 시점에 대해 "형세 발전의 필요에 따라 1946년 6월 동북국은 조선 북부를 남만주 작전의 후방기지로 쟁취할 것을 확정하고 그해 7월 주리즈(朱理治)와 샤오진광(肖勁光)을 조선 평양에 보내 북한주재 동북국조선사무소를 설립했다"고 적고 있다. 이 사무소를 활용해 북한 지역을 비밀 대피소로 삼아 남만주 작전을 지원한다는 계획을 세운 것이다.

사실 국민당정부 세력의 공세에 밀린 남부권(남만/서간도) 중국공산당 세력으로서는 북한지역으로 대피하는 것을 제외하고는 달리 방법이 없었다. 더욱이 당시엔 국민당정부 세력의 공세로 지역 간 교통로가 막혀 아군끼리 연락이 되지 않는 어려운 상황이었다. 따라서 중국공산당 동북국은 남부권의 군대를 북한지역으로 피신시키고, 막힌 교통로를 확보하기 위해서도 북한지역의 후방기지화가 시급했다. 조선사무소를 설립하고 북한을 중국공산당 세력의 후방기지로 이용하게 되면서 일련의 문제는 일시에 해결됐다.

특히 중국공산당 세력은 북한지역을 이용해 동북지역의 남부권(남만/서간도)과 동부권(동만/북간도) 및 북부권(북만/동간도)을 연결함으로써 작전 수행이 용이해졌다. 또 북한지역은 동북지역의 남부권과 동부권 및 북부권을 서로 연결하는 것은 물론 산해관 밖의 중국공산당 본거지와 동북지역을 연결하는 데도 크게 활용됐다. 즉 내전이 격화되면서 국민당정부 세력은 물론 중국공산당 세력 역시 동북지역에 모든 것을 쏟아 부었는데 중국공산당 세력은 북한지역을 후방기지로 이용함으로써 동북지역과 중국 본토 간 인적 물적 소통을 원활하게 할 수 있었다.

회고록에 따르면 당시 중국공산당 동북국조선사무소가 북한지역에서 확보한 교통로는 모두 4개였다. △단동에서 신의주-남양을 경유해 도문으로 가는 육로, △통화-집안에서 만포를 거쳐 도문으로 가는 육로, △대련과 남포를 잇는 해로, △대련과 나진을 잇는 해로 등이다. 해상 교통로는 군수물자 수송에 특히 유용했는데 대련에서 선적해 남포나 나진으로 간 다음 다시 육로를 이용해 동북지역 동부권과 북부권으로 이동하였다.

북한주재 동북국조선사무소는 이 같은 업무상 필요에 따라 평양 외에 주요 교통 요지인 신의주, 만포, 남포, 나진 등 4곳에 지사를 설립했다. 평양사무소에는 100명 미만의 근무자가 있었지만 나진지사에는 간부 100여명과 하역인부 500여명이 넘게 배치됐다. 각 지역의 지리적 성격에 맡게 임무가 부여됐기 때문이다.

북한주재 동북국조선사무소는 중국공산당 세력이 국공내전에서 승기를 잡은 1949년 2월까지 무려 2년 7개월 동안 존속했다. 이 사무소의 기반 위에서 북한주재 동북행정위원회 상업대표단이 설립됐다. 그리고 이 대표단은 북한주재 중국대사관이 세워지기 전까지 중국을 대표해 외교업무를 포함한 제반 업무를 수행했다.

회고록에 따르면 당시 조선사무소의 주요 활동은 다섯 가지로 분류된다. ① 부상병 안치와 전략물자 이송, ② 물자이송과 인원의 월경 수송, ③ 북한에서 작전물자 구매 및 지원 요청, ④ 중국공산당과 북한 및 양측 인민의 우호합작, ⑤ 화교보호 및 지원 등이다. 회고록은 국공내전의 어려운 시기에 북한의 지원에 의해 임무를 성공적으로 수행할 수 있었다며 "북조선이 우리에게 베푼 무조건적, 무대가적 전적인 지원"에 대해 깊은 고마움을 표했다. 특히 김일성을 포함한 북한 지도자들의 역할과 관련해 "언제나 최선으로 협조하였다"고 적었다.

국공내전에서 북한의 이러한 역할은 단지 중국공산당과 북한노동당 관계 또는 양측 지도자간 인연 때문으로만 이해해서는 안 된다. 북한이 국공내전에 관심을 가진 것은 양측 관계 뿐 아니라 남북관계 및 동북지역 정착 조선인과의 관계와도 결코 무관치 않다는 것이다. 특히 동북지역 정착 조선인들은 당시 북한을 조국으로 생각하며 북한을 중심으로 한 한반도통일을 염두에 두고 있었다. 따라서 북한이 국공내전에서 중국공산당 세력을 적극 지원한 것은 일차적으로 중국공산당과의 관계를 감안한 것이지만 동북지역에 정착한 조선인들과의 관계를 고려한 측면도 적지 않았을 것으로 보인다. 특히 남부권에서 국민당정부 세력에 밀린 중국공산당 세력에는 조선의용군 제1지대 출신 조선인들이 다수 포함되어 있었다.

중국공산당 동북국 조선사무소

중국 공산당은 국민당정부가 국공내전을 본격화하기 위한 전면전을 시작하자 1946년 6월 북한지역을 동북지역 남부권(남만주) 작전의 후방기지로 활용하기로 하고 그해 7월 평양에 조선사무소를 설립했다. 이 사무소는 대외적으로는 '동북국 조선주재 사무소'로 칭하였으나 대내적으로는 '평양이민공사'로 불렀다. 1949년 2월까지 2년8개월 동안 존속했으며 이후 이를 기반으로 동북행정위원회 조선주재 상업대표단이 설립됐다. 이 대표단은 1950년 8월 평양에 중국대사관이 세워지기까지 1년 5개월 동안 존속했다.

동북국 조선사무소에 대해서는 당시 이 사무소 간부로 활약했던 인사들이 비교적 상세한 회고록을 남겼다. 물론 이 회고록은 중국적 시각에서 쓰여진 것이어서 당시 북한을 사실상 통치하고 있던 소련의 역할 등에 대해서는 생략되었다. 그럼에도 불구하고 이 무렵 중국공산당과 북한 관계를 이해하는 데는 매우 유용한 자료이다. 특히 주목되는 것은 이 회고록이 김일성 등의 말을 인용하며 북한의 역할을 높이 평가한 점이다. 회고록은 북한측의 도움으로 이 사무소가 임무를 완수할 수 있었음을 분명히 적시함으로써 북한과 중국 간 혈맹관계가 어떻게 형성됐는가를 여실히 보여주고 있다. (이정식, 『21세기에 다시보는 해방후사』, 경희대학교출판문화원, 81-85쪽/ 245-257쪽)

3장

조선인민공화국 수립과 동북지역 조선인

1. 해방공간 북한-동북지역 조선인 관계에 대한 이해

일제로부터 해방된 직후부터 시작된 중국공산당 세력과 국민당정부 세력 간 싸움은 1949년 10월 중화인민공화국이 수립된 후에도 일정기간 지속됐다. 그러니까 중국에서의 내전 기간은 사실상 4년이 넘게 계속된 셈이다. 따라서 이 기간은 해방 직후부터 남북한에 정권이 수립된 1948년 8월까지를 지칭하는 3년간의 이른바 해방공간을 포괄한다. 이는 중국에서 국공내전이 한창인 가운데 남한과 북한에 정권이 수립됐음을 의미하는 것이기도 하다.

중국 동북지역에 정착한 조선인은 한민족의 일원이지만 한반도 밖에 거주함에 따라 해방공간에서 한반도와의 직접적인 관계가 별로 없었다. 대신 동북지역에서 벌어진 역사적 사변들로부터 많은 영향을 받았다. 국공내전은 중국 내에서의 이념적 갈등이었기에 동북지역을 삶의 터전으로 정한 조선인으로서는 피해갈 수 없는 일이었다. 당연히 조선인도 해당 세력과의 관계에 따라 내전에 참여했다. 특히 중국공산당의 영향 하에 있던 연변 등 동부권에 거주하던 조선인들은 국공내전 기간 내내 중국공산당을 도와 전장을 누벼야 했다.

따라서 해방공간에서 동북지역 조선인들은 북한과의 관계도 제한적일 수밖에 없었다. 그럼에도 불구하고 국공내전의 격랑 속에서 조선인들은 마음속의 조국인 북한에 대한 강한 연대의식을 품고 있었다. 비록 중국에 정착하기로 결심했지만 고향산천과 친지들에 대한 그리움을 떨쳐내지 못했기 때문이다. 그것은 단순히 조선인들의 의식 때문만은 아니었다. 당시 중국공산당 지도자들의 언행, 중국 동북지역의 지리적 특성, 중국공산당과 북한권부와의 관계, 그리고 남북분단 상황을 포함한 동북아시아 정세에 대한 조선인들의 인식 등이 복합적으로 작용한 결과였다.

중국공산당 지도자들은 해방 전부터 조선인을 소수민족으로 인정하는 가운데 민족 독립 혹은 자치에 대해 자주 언급해 왔다. 이러한 언급은 국공내전 기간에도 조선인들의 역할을 강화하려는 의도 속에서 되풀이됐다. 연변을 포함한 동북지역은 조선인들이 밀집해 살고 있을 뿐 아니라 일제를 상대로 독립운동을 하던 곳이라는 점에서 중국공산당 지도자들의 이러한 발언은 조선인들을 자극하기에 충분했다. 해방 초기부터 강신태 김광협 임춘추 등 북한권부와 각별한 관계에 있던 조선인 지도자들이 중국공산당의 지도하에서 연변지역 행정책임을 맡아 양측 간의 연대를 도모한 것도 영향을 미쳤을 것이다. 조선인들 스스로도 북한을 조국으로 의식하는 마음이 있었지만 중국공산당과 북한당국이 이들에게 북한을 조국으로 인식하며 마음에 담도록 추동한 측면도 적지 않다는 것이다.

조선인들은 중국공산당을 지지하는 입장에서 남북한 분단 상황을 포함한 동북아시아 정세에 대해 중국공산당의 시각을 그대로 따랐는데 이 역시 이들을 자극하는 요인이었다. 제2차 세계대전이 끝나면서 사실상 미소간 이념 경쟁이 시작된 상황에서 중국공산당은 국민당정부를 지원하고 있는 미국을 제국주의로 지칭하며 적으로 설정하고 있었다. 또 미국은 남한에 진주해 소련 및 북한과 대립관계를 형성하고 있었다. 따라서 동북지역에 정착한 조선인들은 국공내전에서 중국공산당을 돕는 것이 곧 북한을 돕는 것이고 결과적으로 남한을 해방시키는 일이라는 인식을 하고 있었다.

동북지역 조선인들은 이와 같이 북한을 조국으로 인식하며 한반도에서 북한 중심의 완전한 통일을 이루는데 관심을 기울이고 있었다. 이러한 관심은 동북지역에서 창간된 한글 신문들에 의해 드러났다. 해방 후 동북지역에는 연변지역은 물론 북부권의 목단강, 남부권의 통화 등지에서 한글신문이 발행됐으며 국민당정부가 영향력을 미친 장춘과 심양에도《동북한보》등의 한글신문이 발행됐다.

이들 신문에 따르면 조선인은 1947년 이후부터 북한을 적극 지지하며 북한과의 연대를 과시하고 남한 정세에 반대하며 궐기했다. 미군정이 남한 내 좌익인사들을 탄압하는 소식이 전해지면 미군정을 규탄하는 집회를 개최했다. 1948년 초 유엔 한국임시위원단이 단독정권 수립을 위한 준비 차 남한에 입국하자 동북지역 조선인들은 도처에서 이들의 남한입국을 반대하기 위해 궐기했다. 특히 1947년 이후 동북지역 조선인들의 집회에서는 김일성장군의 노래가 불리어지기도 했다.

동북지역 조선인들이 북한을 조국으로 인식하며 친북한적 마음을 견지하고 있는 것 못지않게 북한 역시 조선인들에 대해 특별한 관심을 보였다. 북한에 노동당 중심의 권력체제가 안정을 찾으면서 북한은 동북지역 조선인들에게 보다 많은 관심을 기울였다. 동북지역에서 활약하던 동북항일연군 출신 조선인들을 매개로하여 관계를 유지하는가 하면 사회문화분야에 종사하는 동북지역 조선인들을 북한으로 초청하고 물적 지원을 하기도 했다. 1948년 초 중국공산당의 요청에 따라 북한이 임춘추를 연변 전원공서 전원으로 파견한 것이나 연변대학의 설립과정 및 설립 이후에 교육자재 등을 적극 지원한 것 등이 구체적 사례이다.

그런 점에서 동북지역 조선인과 북한 관계는 특별하다. 지리적으로 인접해 있는데다 연변지역의 경우 북한지역 출신이 다수를 점하고 있는 것도 주된 이유일 것이다. 동북지역 조선인들 다수가 중국공산당의 영향을 받고 있는 가운데 북한에서 공산정권 수립이 안정적으로 진행되고 있던 것도 이념적 측면에서 양자 관계가 강화된 요인의 하나라고 할 수 있다. 이러한 관계는 양측이 현실을 초월해 서로에 대해 특별한 의미를 부여하는 형태로 발전했다. 동북지역에 정착한 조선인들이 국공내전에 참전한데 이어 6·25전쟁에 앞 다투어 나선 것도 북한과의 특별한 관계 속에서 이해할 수 있다.

2. 중국공산당의 북한-동북지역 조선인 관계에 대한 시각

동북지역에 정착한 조선인과 북한 간의 특수한 관계는 중국공산당에 의해서도 인정됐다. 중국공산당은 국공내전에 임하면서 동북근거지론을 제시했는데 동북지역의 주된 지지 세력인 조선인들을 규합하기 위해 조선인을 소수민족의 일원으로 인정하는 등 이들에 대한 우호적인 정책을 적극 제시했다. 이 과정에서 중국공산당은 조선인들이 북한을 조국으로 인식하고 있는 것을 인정하였다.

중국공산당이 조선인과 북한과의 관계를 보다 적극적으로 인정한 것은 1948년 8월 15일 해방 3주년에 즈음해 중국공산당 연변지위가 연변민족문제에 관한 결의안을 채택한데서 확인된다. 결의안은 중국공산당이 조선인에게 중국 공민으로서의 지위를 인정하는 문제와 함께 조선인과 북한과의 관계를 언급했다. 이 결의안은 조선인을 '조국이 있는 소수민족'으로 지칭하는 가운데 동북지역 조선인이 북한을 조국으로 인식하고 있음을 언급했다. 비록 동북지역에서 살아가고 있지만 이들은 마음속에서 북한을 조국으로 생각하고 있다며 조선인과 북한 간의 관계를 설정한 것이다.

이러한 인식하에서 중국공산당은 동북지역에 정착한 조선인들이 북한과의 교류를 원활하게 함으로써 생활안정을 꾀하기 위한 지원책을 제시했다. 조선인들 문제를 다룰 외교기관의 성격을 지닌 기구의 설립, 조선인들이 생활필수품을 조달할 수 있도록 국경연안 마을에 무역 관련 기구의 설치, 도문강의 지류변화로 국경분규가 발생할 시 당지의 주민들이 자의대로 원거주지에 거주하거나 본국으로 돌아갈 수 있도록 하는 재량권 부여 등이다.

불과 4개월 후인 같은 해 12월 9일 중국공산당 연변지위 서기 유준수는「민족정책 중의 몇가지 문제」에 대한 문서 초안을 작성했다. 비록 초안이지만 이것은 상급기관 및 관련 인사들과의 협의를 거쳐 작성됐을 것으로 미루어 짐작된다. 주목되는 것은 이 초안이 작성된 시점이다. 즉 1948년 12월은 시기적으로 북한에 공산정권이 수립되고 국공내전에서 중국공산당이 전반적으로 승기를 잡은 때이다. 따라서 이 초안은 연변지위 서기 명의로 작성됐지만 사실상 동북지역 전체 조선인을 대상으로 하고 있을 뿐 아니라 당시의 정세변화를 반영한 것으로 보아야 한다.

중요한 많은 내용을 담고 있는 이 초안 역시 동북지역 조선인과 북한 관계에 대해 언급하고 있다. 초안은 앞서 발표된 결의안에 비해 양자 관계를 보다 구체적으로 묘사하고 있다. 초안은 중국 경내에 있는 조선인이 "원래 자기의 조국＝조선민주주의인민공화국을 지녔음을 승인해야"한다고 언급, 앞서 채택된 결의안에서 '조국이 있는 소수민족'이라는 정황을 확인한 데서 나아가 양자 관계를 실체적 사실로 인정하고 있다.

초안은 또 "그들의 조국 조선이 제국주의의 침략 혹은 위협을 당할 시에 중국 경내의 조선인민은 곧 제국주의에 반대하고 조국을 보위" 해야 하며 "목전에 미 제국주의의 조선에 대한 침략과 이승만의 매국 반동 정부를 반대하는 책임이 있음을 인정해야 한다"고 적었다. 북한을 조선인의 조국으로 규정한데 이어 마음속의 조국인 북한이 침략 당할 경우 조선인이 참전해야 할 의무가 있음을 인정한다고 구체적으로 명기한 것이다. 이는 남북한에 각각 단독정권이 수립되고 남북한간 갈등이 고조되고 있는 상황에서 조선인들이 북한을 위해 참전할 수 있는 길을 열어놓은 것이라는 점에서 주목된다. 초안의 이같은 내용은 다분히 북한측의 의견이 반영되었을 것으로 추정된다. 당시 중국공산당 연변지위 부서기가 북한이 파견한 임춘추였기 때문이다. 결과적으로 동북지역 조선인과 북한 관계에 대한 중국공산당의 시각은 이후 국공내전에 참전했던 조선인부대가 북한으로 진출하고 6·25전쟁 시 조선인이 참전하게 되는데 활용됐다.

3. 동북지역 조선인의 북한정권 수립을 보는 시각

1945년 8월 15일 남한에 단독정권이 수립된데 이어 9월 9일 북한에도 조선민주주의인민공화국이 수립됐다. 이로써 한민족은 38선을 경계로 하는 잠정적·임의적 분단 상황에서 더 이상 돌이킬 수 없는 행정적·정치적 분단 상황으로 나아가게 됐다. 남북한 간 분단이 구조화되어 가는 이러한 상황은 결국 민족내부의 갈등을 심화시켜 불과 2년도 채 지나지 않아 동족상잔의 비극으로 이어지고 말았다.

그러나 중국 동북지역에서 북한을 조국으로 인식하는 가운데 북한 중심의 통일을 염원하며 살아온 조선인들에게 북한정권의 수립은 특별한 의미가 있었다. 그들이 믿고 따를 수 있는 실체적인 조국이 생겼기 때문이다. 북한정권이 수립되기 전까지 조선인들은 막연하게 북한지역과 그곳에서의 정치적 움직임을 조국의 한 형태로 그리고 있었을 뿐이다. 이는 앞에서 살펴본 바와 같이 중국공산당이 조선인을 바라보는 시각에서도 대동소이 했다.

북한정권의 수립은 이와 같이 조선인과 북한과의 관계를 추상적인 상태에서 객관적으로 구체화하는 계기가 됐다. 당연히 조선인들은 쌍수를 들어 반겼다. 그러나 이들의 반응은 곧바로 나타나지 않았다. 당시 동북지역에서 발행된 신문들을 보면 대체로 10여일이 지나서야 조선인사회에서 경축좌담회 혹은 경축대회 등의 형태로 축하 움직임이 진행됐다. 아마도 국공내전이 한창인 동북지역의 정세와 평양과 멀리 떨어져 있는 지리적 요인 때문일 것으로 이해된다. 교통과 통신이 발달하지 않은 당시의 사정을 감안해야 한다.

연변지역에서의 첫 경축행사는 1948년 9월 19일 열렸다. 연길시 연변문화잡지사가 연길 제2중학교 강당에서 조선인민공화국 수립 경축좌담회를 주최한 것이다. 이틀 후 연변일보가 보도한 바에 따르면, 연길시의 각 기관 군중단체 학교대표 등 150여명이 참석한 이날 좌담회에서 참석자들은 "조선민족으로서 천추의 열망이던 조국의 건국을 끓어 넘치는 열정으로 경축"했다. 기쁜 마음을 표현하면서도 해방이 됐음에도 불구하고 조국에 공식 정부가 수립되지 않았음을 안타까워했음을 드러낸 것이다.

행사 진행과정과 관련해 연변일보는 건국을 위해 희생된 애국열사에게 묵상을 올린 뒤 간단한 조선인민공화국 건국 경과보고가 있었고 연사들의 축하연설에 이어 대미를 장식하는 만세합창이 있었다고 전했다. 이날 행사에서 주목되는 것은 좌담회 말미에 행한 만세합창의 순서이다. 연변일보에 따르면 합창은 "조선인민공화국 만세! 수상 김일성장군 만세! 모주석 만세! 스탈린대원수 만세"의 순으로 진행됐다. 조선인민공화국과 김일성장군을 모택동주석이나 스탈린원수 보다 먼저 외쳤다는 것이다.

이는 조선인들이 중국 동북지역에 정착해 중국공산당의 영향 하에서 살아가고 있지만 조국인 북한에 대해 특별한 감정을 가지고 있음을 분명하게 보여준 것이다. 일견 북한정권 수립을 경축하기 위한 행사이기 때문이라고 생각할 수도 있지만 유사한 다른 사례도 있다. 당시 연변의 교육출판사에서 근무한 한 인사는 교과서를 만들 때 지도자들 사진을 실었는데 그 배열 순서가 김일성, 모택동, 스탈린 순이었다고 말했다. 이는 합창 순서가 북한정권 수립을 경축하기 위해 특별히 이루어진 일회성의 사건이 아니라는 것을 시사한다.

연길에서 시작된 소규모 경축행사는 대련과 길림 하얼빈 등 대도시 조선인사회로 확산됐다. 그러나 대규모 행사는 정권 수립 후 한 달 보름이 넘어서야 개최됐다. 연길시는 10월 26일 북한정권 수립을 축하하기 위한 모임을 갖고 11월 1일부터 일주일간을 경축주간으로 설정했다. 그리고 11월 1일 연길시에서 2만여 명의 주민들이 모인 가운데 경축대회를 거행했다. 연길시를 시작으로 용정 도문 돈화 교하 서란 등 연변지역은 물론 인근 조선인 집거지역에서도 잇따라 대규모 경축행사가 열렸다. 국공내전이 끝나지 않은 상황임에도 불구하고 조선인들의 경축열기는 대단했다. 일부 상점들은 기쁨을 표현하기 위해 5일 동안 물건 값을 할인해 판매하기도 했다고 당시의 현지 언론들이 전했다.

동북지역에서 잇따라 열린 경축행사에 이어 조선인사회는 정부수립 축하대표단을 조직해 평양을 방문했다. 당시 언론보도에 의하면 주덕해를 단장으로 하는 대표단은 11월 10일 평양에 도착해 15일 김일성을 만났다. 그리고 28일 중국으로 돌아왔다. 북한을 방문한 대표단은 평양에서 김일성을 비롯한 북한 지도자들과 잇따라 만난데 이어 김일성대학과 평양방직공장 등 주요 기관 및 공장 그리고 농촌마을을 시찰하는 등 북한으로부터 융숭한 대접을 받았다.

당시 대표단의 북한방문을 보도한 연변일보는 주덕해가 김일성을 예방해 행한 발언을 소개했다. 이에 따르면, 주덕해는 “중국 동북에서 조국의 통일독립을 갈망하는 중국 동북 조선동포 150만을 대표”해 “북조선 방방곡곡에 휘날리는 찬란한 인민공화국 국기와 국장을 바라보며 독립적 민족으로서의 역사적 임무를 수행하게 된 광영을 깊이 감사하는 동시에 국장과 국기를 우리 해외동포들도 힘껏 지지 옹호하여 우리 민족의 혁명적 전통과 영광을 영원히 빛나게 할 것을 맹세"했다.

주덕해 발언의 요지는 "중국 동북지역 조선인을 대표해 북한정권이 수립돼 독립된 민족으로 살 수 있게 된데 대해 감사하며 앞으로 동북지역의 조선인들도 북한정권을 적극 지지하고 옹호할 것을 맹세한다"는 것이다. 북한정권 수립을 보는 조선인들의 시각을 대변한 셈이다. 김일성도 북한정권 수립은 동북지역 조선인들에게 자주독립 국가를 가진 조선민족으로서의 긍지와 자부심을 안겨주었을 것 이라고 언급했다.

4. 북한의 동북지역 및 역내 조선인사회에 대한 관심

해방 초기엔 북한이 동북지역과 이곳 조선인사회에 대해 특별한 관심을 기울일 수 있는 상황이 아니었다. 북한 역시 체제정비를 하는 것이 시급했을 뿐 아니라 소련의 영향 하에 있었기 때문이다. 대신 북한 권부와 관련있던 동북항일연군 출신 인사들 중 일부가 개인 차원에서 이 지역에 남아 활동하는 형태로 북한과 조선인사회 간의 관계가 유지됐다. 동북지역의 조선인사회도 해방 직후 어수선한 정세 속에서 한반도로 귀환하려는 사람과 그곳에 정착하려는 사람으로 나뉘어져 북한과의 관계를 신경쓸 상황이 아니었다.

그러나 북한은 정치적 안정을 찾아가면서 점차 동북지역과 이곳 조선인사회에 대해 관심의 폭을 넓혔다. 북한은 우선 이곳 조선인들이 중국공산당의 영향 하에 있는 점을 고려해 중국공산당과의 관계를 돈독히 하는데 관심을 기울였다. 1946년 6월 경 중국공산당 동북국에 북한주재 조선사무소 설립을 허용하며 이들의 활동을 전폭 지원한 것이 한 예이다. '동북국 조선사무소'가 북한지역을 국공내전에서 국민당정부 세력에 밀린 중국공산당 세력의 후방기지로 활용하는 문제를 임무로 하여 설립됐지만, 북한으로서는 조선인들과의 관계를 감안한 측면이 있었을 것이다. 즉 국공내전에 조선인들이 대거 참전하고 있고 동북지역이 국민당정부 세력의 영향하에 놓이는 상황에서 중국공산당을 지원하는 것은 이 지역에 정착한 조선인을 지원하는 것과 무관치 않다는 것이다. 북한이 국공내전 기간 중국공산당 세력을 위한 군수물자를 지원한 것도 같은 맥락에서 이해할 수 있다.

북한은 또 동북지역 조선인들과의 관계를 통해 북한체제 건설을 위한 인재를 조달하려는 생각을 가졌던 것으로 보인다. 즉 동북지역을 인력양성 기지로 활용하고자 했다는 것이다. 해방 후 친일세력을 청산한 북한으로서는 체제건설을 추진하는데 필요한 인력이 턱없이 부족했다. 북한권부가 해방 초기 동북지역에서 활동하던 동북항일연군 출신으로 소련 88여단에서 함께 활동했던 강신태, 김광협 등을 정권수립 이전에 서둘러 소환해 간 것도 인력난에 따른 것이었다.

북한이 동북지역 조선인들을 대상으로 인력양성을 도모한 것은 김일성이 1947년 5월 평양을 방문한 서북만 5성의 조선인 교육자대표들을 접견하는 자리에서 이들에게 조국건설에 필요한 인재를 양성해 달라고 주문한 데서 확인된다. 북한의 이러한 입장은 당시 북한 부수상 김책이 1949년 7월 연변대학시찰단을 맞았을 때도 되풀이됐다. 김책은 북한에는 의학부와 이공학 방면의 간부가 부족하다고 말하면서 연변대학에서 의학부·이공학부를 잘 운영해 달라고 부탁했다.

북한이 동북지역 조선인들을 대상으로 인재양성을 도모한 것은 이들만의 생각이 아니었다. 동북지역 조선인들도 체제건설을 위해 북한에 인재가 많이 필요할 것임을 의식하고 진로가 불투명한 동북지역에 남기보다 학업을 마친 후 북한에 건너갈 생각을 하였다. 더욱이 해방 직후 김택명과 주덕해 등 일부 조선인 지도자들은 남북분단 상황을 직시하며 북한을 중심으로 한반도통일을 꾀하기 위해 동북지역을 활용해야 한다는 논리를 펴며 이른바 동북기지론을 전개하던 상황이었다.

이러한 인식은 조선인 지도자들에게 넓게 퍼져 있었던 것 같다. 1947년 10월 목단강시에서 열린 서북만 5성 조선인 교육자연석대회에서 참석자들은 조선인학생을 북한에 필요한 인재로 양성할 것인가 아니면 동북지역에 필요한 인재로 양성할 것인가를 두고 논쟁했다. 이 대회는 같은 해 5월 서북만 5성 조선인 교육자대표들이 김일성을 만나 조국건설에 필요한 인재양성을 요구받은 데 대한 논의를 위한 것이었다. 대회 참석자들은 논의 끝에 동북지역에 필요한 인재를 양성하는 것을 우선으로 하고, 북한에 필요한 인재 양성은 다음이라고 결론을 내렸다. 그러나 동북지역에 필요한 인재를 양성해야 한다고 주장한 사람들도 동북지역에서 필요한 인재를 양성하는 것은 결국 북한의 간부를 양성하는 것과 마찬가지라는 논리를 전개함으로써 사실 양쪽 주장이 같은 것임을 분명히 했다.

정권수립 후에도 북한은 동북지역 조선인들을 민족적 일체감 속에서 인식하며 이들과의 관계를 중시했다. 연변대학 건립에 주도적 역할을 했던 임춘추는 1949년 봄 연변 전원공서 전원직에서 물러나 북한으로 돌아가기에 앞서 연변대학 관계자들에게 연변대학 운영을 잘하기 위해서는 김일성대학을 학습해야 한다며 평양방문을 권했다. 그리고 평양으로 돌아간 후에도 이곳을 찾은 연변대학 간부들을 최상으로 대우하며 민족정신에 바탕을 둔 간부교육을 해 줄 것을 부탁하기도 했다. 또 연변대학에서 필요한 교재를 아낌없이 지원하였다.

동북지역 및 이곳 조선인들에 대한 북한의 이런 생각은 단순히 여기에 머물지 않았다. 국공내전에서 중국공산당 세력이 승리를 눈앞에 둔 시점인 1949년 1월 길림시에서 열린 민족문제 관련 한 좌담회에서 북한측을 대변하는 임춘추 등은 민족문제를 근본적으로 해결하기 위해 연변지역을 북한에 귀속시켜야 한다고 주장했다. 또 앞서 북한을 방문해 북한지도자들을 만났던 임민호 등은 소련을 본받아 가맹공화국을 세우자는 의견을 제시했다. 임춘추나 임민호의 주장은 여러 가지 정황으로 볼 때 북한의 의사를 대변하는 것으로 볼 수 있다. 북한은 결국 연변지역의 지리적·역사적 특성과 이 지역에 조선인이 대거 밀집해 살고 있는 점 등을 들어 궁극적으로 북한에 귀속하거나 가맹공화국을 건설하려는 의지를 가지고 있었던 것으로 볼 수 있다.

5. 북한과 동북지역 조선인사회 간 인적 네트워크

중국 동북지역, 특히 연변지역은 김일성이 항일투쟁을 한 중심지역으로 북한권부와 인연이 깊은 곳이다. 1930년대에 이곳에서 항일투쟁을 하며 오랜 세월을 보냈기 때문이다. 연변지역은 물론 백두산 인근의 북중 접경지역에서는 김일성과 관련된 항일유적지들을 어렵지 않게 접할 수 있다. 더욱이 김일성과 그 측근들은 1930년대 후반 동북항일연군 소속으로 중국공산당과 함께 이 지역에서 항일투쟁을 함으로써 당시 동북지역 조선인사회에 널리 알려졌었다.

이러한 인연으로 하여 김일성을 중심으로 하는 빨치산계열 공산주의자들이 북한의 권력을 차지했을 때 동북지역 조선인들은 북한에 대해 더 친근함을 갖게 됐다. 북한권부가 중국공산당과 깊은 인연을 맺고 있는 데다 조선인들이 밀집해 살고 있는 연변지역을 무대로 항일투쟁을 했다는 것은 어떤 형태로든 조선인들에게 영향을 미쳤을 것이다. 물론 연변지역 조선인들 중 다수가 북한지역 출신이라는 점도 이런 분위기와 무관치 않을 것이다.

따라서 해방 후 북한과 중국공산당의 영향 하에 있는 동북지역 조선인들 사이에는 보이지 않는 끈끈한 유대감이 형성되어 있었다. 해방 후 동북지역에 거주하던 조선인들 중 절반 가까운 사람들이 한반도로 귀환했지만 북한지역 출신 조선인들의 귀환은 현저히 적었는데 이 역시 양측 간의 유대감이 작용한 것으로 볼 수 있다. 한 연구결과에 따르면 해방 초기 한반도로 귀환한 조선인은 대략 80여만 명에 이르는 것으로 추산되는데, 이중 두만강을 건너 귀환한 사람이 20여만 명 정도인데 반해 압록강을 건너 귀환한 사람은 무려 60여만 명에 이른다. 압록강을 통해 귀환한 사람들의 다수가 북한을 경유해 남한으로 간 것으로 추정할 경우 북한으로 귀환한 사람은 전체의 1/4에 불과한 셈이다.

중국 동북지역 조선인사회와 인적 네트워크를 형성한 북한권부 인사는 크게 두 부류로 나누어 볼 수 있다. 하나는 동북항일연군 출신 소련 88여단 소속 인사들이다. 이들은 김일성과 함께 연변지역에서 항일투쟁을 한 빨치산계열 인사들로서 북한권부의 핵심인물로 부상했다. 다른 하나는 조선독립동맹과 조선의용군 소속으로 연안에서 중국공산당과 함께 항일투쟁을 했던 사람들이다. 이들은 조선의용군을 토대로 한 조선인병사로 된 부대를 결성해 국공내전에서 중국공산당이 승리하는데 크게 기여했으며 국공내전이 종결될 무렵 북한으로 들어가 북한군의 중심 세력이 됐다.

전자에 속한 이들로는 해방 초기 소련군이 점령하고 있는 연변지역에서 조선인들의 권익을 대변하며 조선인들의 정착을 지원한 강신태(강건)와 김광협, 그리고 김광협이 북한으로 돌아간 후 중국공산당의 요청으로 연변전원공서를 맡아 일했던 임춘추 등을 들 수 있다. 강신태는 1946년 4월에, 김광협은 1947년 5월에 각각 북한의 요청으로 귀환했다. 김광협이 북한으로 귀환한 후 조선인 밀집지역인 연변지역에서 그의 공백을 메우기 위해 중국공산당은 새로운 인물을 요청했고 그에 따라 임춘추가 1948년 봄 연변전원공서 전원을 맡아 일했다. 그러나 그 역시 북한에 정권이 수립되고 국공내전에서 중국공산당이 사실상 승리한 상황에서 1949년 5월 귀환했다. 이들은 모두 북한으로 돌아간 후 북한권부의 최고 간부로서 활동하며 동북지역 조선인사회와의 가교역할을 충실히 했다.

동북항일연군 출신 88여단 소속 조선인들 중 해방 후 동북지역으로 진출한 사람들의 정확한 수는 확인되지 않는다. 그러나 앞서 언급한 사람들을 비롯해 상당수는 시간이 지난 후 북한으로 돌아갔다. 일본의 저명한 북한연구자 와다 하루끼는 여러 자료를 종합해 88여단 소속 빨치산계열 조선인들 중 북한으로 돌아가 북한권부에서 중요한 역할을 맡은 사람들을 모두 133명으로 정리한 바 있다. 동북항일연군 출신 88여단 소속 조선인들 중 일부는 북한으로 귀환하지 않고 동북지역에 남았다. 중국인 남편과 동행한 김백문, 이민, 이재덕 등과 김명주, 여영준, 박춘일 등이다.

후자에 속한 사람들은 대부분 이른바 연안파에 해당하는데, 중국공산당과의 인연으로 초기에는 북한권부의 중심세력으로 부상하지만 1950년대 중반 종파사건을 계기로 정치적 숙청의 대상이 됐다. 조선의용군 출신 조선인으로 국공내전에 참여한 후 북한에 돌아가 활동한 인물로는 박일우, 김택명(이상조), 방호산, 전우, 정경호 등이 있다.

4장

6·25전쟁과 동북지역 조선인

1. 동북아시아 질서재편 과정에서 본 6·25전쟁

6·25전쟁을 한민족 내부에서의 이념 갈등과 대립으로 인한 내전으로 보는 것은 나무만 보고 숲을 보지 못하는 것과 같다. 2차 세계대전 이후의 미소 간 대립 상황을 포함한 국제사회의 갈등 구조와 냉전사적 관점에서 1950년 6월이라는 시점 그리고 당시 동북아시아에서의 질서재편 과정에서 남북한의 위치 등을 종합적으로 고려하면 6·25전쟁은 냉전이 구조화되어 가는 과정에서 촉발된 국제적 갈등의 대리전이었다. 즉 남북분단 상황에서 남북한이 공히 상대를 흡수통일하려 했다는 점에서 민족문제의 성격을 지니고 있지만, 2차 세계대

전 이후 세계적인 냉전체제가 형성되면서 양 진영 간 갈등이 한반도에서 분출된 국제적 갈등의 성격을 지닌 것으로 보아야 한다는 것이다. 더욱이 6·25전쟁을 계기로 국제사회가 동서 진영으로 확연히 나누어지고 동북아시아에서도 남북한을 놓고 남방 3각 관계와 북방 3각 관계 간의 대립구도가 형성되는 등 새로운 질서가 시작됐다.

그런 점에서 보면 6·25전쟁은 단순히 한민족, 또는 한반도라는 좁은 틀 안에서 볼 것이 아니라 20세기 후반기의 동북아시아 및 세계 질서에 결정적 영향을 미친 중요한 역사적 사건 중의 하나로 이해해야 한다. 실제로 전문가들 중 6·25전쟁을 국제적 갈등의 성격을 지닌 전쟁으로 이해하는 사람들이 적지 않다. 이는 단순히 6·25전쟁에 미국을 포함한 16개국의 유엔군과 중국이 참전했다는 이유 때문이 아니다. 전통주의적 관점에서 보든 아니면 수정주의적 관점에서 보든 6·25전쟁은 종전 후 20세기 후반기의 국제질서에 결정적 영향을 미친 특별한 사건이라는 점에 인식을 같이하고 있다는 것이다.

6·25전쟁을 제2차 세계대전 이후 동북아시아에서 벌어진 질서재편 과정 속에서 인식할 경우 당연히 중국공산당과 국민당정부 간의 국공내전과도 밀접히 연관될 수밖에 없다. 사실상 제2차 세계대전 종전 직후부터 시작된 국공내전은 동북아시아에서의 질서재편을 위한 첫 번째 과정이었다면 6·25전쟁은 마지막 수순이었다고 할 수 있다. 그런 점에서 국공내전은 그 과정은 물론 결과 역시 주변정세 및 역내 질서에 많은 영향을 미쳤음은 불문가지이다.

미국 펜실베니아대학의 이정식 교수는 한반도분단이 구조화되는 과정에서 국공내전이 결정적인 영향을 미친 것으로 파악한다. 즉 해방 직후 남북한이 분단되어 갈등을 빚고 있는 상황에서 중국 동북지역에서 국공내전이 전개됨으로써 양자 간에 불가분의 연관성이 존재한다는 것이다. 미국과 소련은 남한과 북한을 분할 점령하고 중국 동북지역에서도 국민당정부와 중국공산당을 각각 지원함에 따라 동북지역 내에서의 갈등구조에 직접적으로 연루되어 있었다. 이교수는 이런 상황에서 중국공산당 세력이 국민당정부 세력에 밀리고 있던 1946년 6월 소련이 중국공산당 세력에 북한지역을 후방기지로 제공한 것에 주목하며 이를 한반도 분단의 구조화에 결정적인 영향을 미친 사건으로 규정한다. 즉, 소련이 중국공산당 세력에 북한지역을 후방기지로 제공하지 않았다면 동북지역은 물론 한반도 정세도 달라졌을 수 있다는 것이다. 결국 한반도 분단의 구조화는 중국 동북지역을 포함한 동북아시아에서의 국제정치 상황 속에서 인식해야 한다. 6·25전쟁 역시 같은 맥락에서 이해하여야 한다.

중국 베이징대학의 김경일 교수는 한국전쟁을 중국과 한반도 관계사라는 거시적 관점에서 살펴볼 필요성을 제기한다. 그는 근현대 한중관계사는 중국과 한반도의 역사적·지정학적 구조와 밀접히 관련되어 있기 때문이라고 그 이유를 말한다. 실제로 해방 후 동북아시아 정세는 한반도의 분단과 중국 동북지역에서의 내전이라는 소용돌이 속에 휩싸이는데 두 정치적 사건이 결코 분리되어 있지 않다. 미국과 소련은 물론 미국-남한-국민당정부와 소련-북한-중국공산당 관계가 서로 얽혀 있었다. 더욱이 국공내전과 6·25전쟁에 북한과 중국공산당이 각각 직접 개입함으로써 양측 관계는 훨씬 더 강한 연대를 형성하고 있었다. 따라서 이런 관계를 이해하지 않고는 당시의 상황을 올바로 이해할 수 없다는 것이다. 특히 국공내전에 참전했던 조선인들이 6·25전쟁을 앞두고 북한으로 귀환한 것이나 전쟁 발발 이후 중국공산당의 참전 결정에 따라 동북지역 조선인들이 앞 다퉈 6·25전쟁에 참전한 것 역시 일면만으로는 이해할 수 없는 특별한 사안이다.

결과적으로 6·25전쟁이 종전되면서 해방 후 동북아시아지역에서 전개된 질서재편 과정은 최종 정리됐다. 이전까지 복잡하게 얽혀 있던 역내 질서가 냉전체제의 구조화와 함께 분명하게 양분되는 결과를 낳았다. 그러한 상황은 이후 20세기 후반을 지배했으며 1990년 세계적인 탈냉전이 선언될 때까지 이어졌다.

사진 2-5. 6·25전쟁 기간 남대문에 걸린 김일성과 스탈린 사진

2. 동북지역 조선인의 6·25전쟁에 대한 인식

남한과 북한은 3년간의 해방공간을 지나면서 이념적 차이가 더욱 분명해졌다. 그에 따라 1948년 8월과 9월 한반도 남쪽과 북쪽에는 각각 자유민주주의와 공산주의를 이념으로 하는 두 개의 정권이 수립됐다. 그리고 1년 남짓 후 중국공산당은 국민당정부를 대만으로 몰아내고 중국 본토에 중화인민공화국을 수립했다. 이로써 2차 세계대전의 종전과 함께 시작된 동북아시아에서의 질서재편 과정은 사실상 마무리되는 듯했다.

그러나 중국에 공산정권이 수립되고 불과 9개월도 지나지 않은 1950년 6월 북한의 남침으로 민족 간 동족상잔의 비극을 맞게 됐다. 해방 직후부터 미소 간에 갈등이 심화되는 가운데 진영을 나누어 대립하는 냉전의 암운이 드리워진 상황에서 양 진영의 최전선을 형성하고 있던 한반도에서 전쟁의 발발은 예견된 것이었는지도 모른다. 그러나 중국에 정착해 중국공민이 되기 위한 수순을 밟아 가던 조선인으로서는 이 민족적 비극이 결코 남의 일이 아니었다. 비록 중국에 정착했지만 조선인들은 이 무렵 이미 북한만을 조국으로 생각하고 있었기 때문이다.

조선인들은 전쟁과 관련해 모든 것을 북한의 편에서 인식하였으며 당연히 북한과 운명을 같이 할 수밖에 없었다. 이미 상당수의 조선인이 조선의용군에 참여했다가 북한군에 편재되어있는 상황에서 10월경 중국공산당도 전쟁 참여를 공식 결정함에 따라 동북지역에 거주하던 조선인들은 필연적으로 전쟁에 연루될 수밖에 없었기 때문이다. 조선인들의 6·25전쟁 참전은 북한군이 유엔군에 밀리게 되고 중국공산당이 참전을 결정하면서 현실화됐다. 그에 따라 10월 중순부터 조선인사회에서는 참전문제가 구체적으로 제기되기 시작했다.

당시 조선인들은 중국공산당의 입장을 쫓아 6·25전쟁을 '미제국주의의 침략'에 의해 촉발된 것으로서 북한이 미제의 침략에 맞서 저항하고 있는 '정의의 전쟁'으로 인식했다. 연변대학 부교장 임민호는 10월 14일 북경 중앙라디오방송에 출연해 미제의 침략에 맞서 싸우는 북한의 '저항'을 찬양하는 가운데 동북지역에 거주하는 조선인들은 북한이 전개하는 "정의의 전쟁을 지지한다"고 입장을 밝혔다. 아울러 그는 앞서 중국 외교부가 성명에서 밝힌 바를 지지하는 방식으로 조선인들의 참전을 촉구했다.

중국 외교부는 9월 22일 성명에서 "중국 경내에 거류하는 조선인민이 (북한으로) 돌아가 자기의 조국을 보위하고 조국의 건설사업에 참가하는 일은 그들의(조선인민들의) 정당한 권리이자 신성한 책임"이라는 입장을 표명했었다. 북한을 동북지역 조선인들의 조국으로 표현하며 조선인들이 6·25전쟁에 참여하는 것을 당연한 책임으로 규정한 것이다. 6·25전쟁과 관련한 중국의 이같은 주장은 동북지역 조선인들의 참전을 부추기는 동인으로 작용했다.

전쟁 발발 초기 조선인들은 북한의 승전보에 기뻐하며 비교적 담담하게 전쟁 진행과정을 지켜봤다. 연변일보는 6월 28일 북한군이 서울을 점령한 소식을 접한 조선인사회의 반응을 전하며 "연길시 각계

인민들은 모두 흥분과 감격에 넘쳐 기뻐 날뛰었다"고 적었다. 특히 이날 저녁에는 중국공산당 연변지위를 비롯해 각급 기관과 단체 대표들이 모여 '서울 해방을 경축하는 준비위원회'를 결성했다.

그러나 미국의 참전 소식을 접하면서 조선인사회는 동요했다. 미국이 세계 제일의 강국일뿐 아니라 원자폭탄을 보유하고 있음을 익히 알고 있는 조선인들로서는 전쟁이 불리하게 전개될 경우에 대해 염려하기 시작한 것이다. 이들의 염려는 무엇보다도 국공내전이 끝난 지 얼마 되지 않은 상황에서 다시 전쟁에 참여해야 될지도 모른다는 데 대한 두려움 때문이었다. 특히 국공내전에 참전했다가 이미 북한군에 편재된 군인가족들의 동요는 더 두드러졌다. 그러나 참전운동이 전개되자 조선인들은 앞 다퉈 참전 대열에 나섰다.

사진 2-6. 정전회담 중 회담장 밖에서 담소하는 국군과 북한군

3. 동북지역 조선인의 6·25전쟁 참여 및 역할

조선족동포 2세로서 조선의용군에 참여했다 6·25전쟁에 직접 참전한 김중생은 동북지역 조선인의 6·25전쟁 참전 문제에 대한 조사 연구서에서 6·25전쟁에 참전한 조선인의 수가 대략 10만여 명에 이를 것으로 추산했다. 이 수치는 당시 전체 조선인 111만여 명의 9%에 가까운 것이다. 비록 이 조사 연구가 다른 연구자들로부터 전적으로 지지받고 있지는 않지만 나름 설득력을 지니고 있다.

조선인의 6·25전쟁 참전은 크게 6·25전쟁 발발 이전에 이미 북한군에 편재된 조선인과 전쟁 발발 후 중국공산당의 전쟁 참전 선언을 계기로 참전한 조선인들로 나눌 수 있다. 김중생에 따르면 6·25전쟁 발발 이전 북한의 주력부대에 배치된 조선인은 무려 6만5천여 명에 이른다. 이 수치는 전쟁 발발 당시 약 20만명의 북한군 병력 중 30%에 가까운 것이다. 전쟁 발발 이후에 참전한 조선인은 참군 모집에 자발적으로 응한 사람들과 중국공산당에 의해 통역병으로 선발된 경우 등이다.

중국공산당은 1950년 10월 8일 공식으로 출병을 결의했으며 당시 소련에 머물고 있던 주은래가 10월 14일 스탈린에게 통보했다. 그리고 조선인을 포함한 중국군은 10월 19일부터 '인민지원군'의 이름으로 압록강을 건너 전선에 투입됐다. 동북지역 조선인들도 중국공산당의 인민지원군에 합류해 '항미원조 보가위국'의 기치아래 6·25전쟁에 나서게 됐다.

중국공산당이 6·25전쟁 참여를 공식 결정함에 따라 동북지역 조선인사회에서는 전쟁 참여를 위한 참전운동이 대대적으로 전개됐다. 각 직장이나 학교 등에서는 군중 궐기대회를 개최해 참전을 호소했다. 연변대학 부교장 임민호를 비롯한 조선인사회 지도층 인사들은 젊은 층을 대상으로 참전을 독려했다.

그 결과 1950년 11월 이후 각급 대학 등에서 입대 신청이 쇄도했다. 2009년에 발행된『연변사범학교 약사』에 따르면 교원과 학생 717명이 연명으로 입대를 탄원했으며 연변대학에서도 500여명이 집회를 열어 입대 의사를 전달했다.『조선족간사』는 1950년 겨울부터 1951년 봄까지 연변의 거의 모든 조선인 청년들이 입대를 신청했다고 밝혔다. 연변지역의 경우 전쟁기간 동안 연변 5개 현에서 5천여명의 조선족 청년들이 입대했고 5천740여명이 공작대, 통역원, 운수대, 담가대 등의 일원으로 전선에 투입됐다.

전쟁에 참전한 조선인은 다수가 보병으로 직접 전투에 참여했지만 통역요원도 적지 않았다. 전쟁기간 중국은 총 108개 사단 규모의 병력을 북한에 보냈다. 그런데 이들은 국공내전 시 국민당정부군으로 참전했던 한족들이 다수를 차지했다. 당연히 통역이 필요했는데 동북지역의 조선인이 그 역할을 담당했다. 이때 동원된 통역요원은 무려 2만5천여 명에 이르는 것으로 알려졌다.

동북지역 조선인의 6·25전쟁 참전은 시기별로 세 단계로 나눌 수 있다. 첫째는 동북항일연군과 조선의용군 출신으로 해방 직후 북한으로 들어가 북한군에 편입된 사람들이다. 이들의 북한군 편입은

1946년 봄부터 북한정권이 수립될 때까지 순차적으로 이루어졌다. 이들은 대체로 북한군부의 수뇌부를 형성했는데 동북항일연군의 강신태(강건)와 김광협, 조선의용군의 무정 등이 이에 해당한다.

둘째는 국공내전에 참전했다가 중국공산당 세력의 승리를 눈앞에 둔 시점에서 북한으로 들어간 조선인부대들이다. 조선인부대 이동은 1949년 7월부터 시작됐다. 첫 번째로 조선의용군 제1지대 후신인 중국인민해방군 166사 병력 1만2천여 명이 단동을 거쳐 압록강을 건너 북한으로 들어갔다. 정치위원 방호산이 인솔한 이 부대는 조선인민군 제6사단으로 재편됐다. 이 부대의 대원들은 대부분 동북지역 남부권(남만/서간도) 출신들이었다. 같은 해 8월 조선의용군 제3지대 출신으로 구성된 중국인민해방군 제164사 병력 7천5백여명이 함북 회령을 거쳐 나남에 도착했다. 이덕산이 인솔한 이 부대는 조선인민군 제5사단으로 개편됐다. 이 부대 대원들은 대부분 동북지역 북부권(북만/동간도) 출신들이다. 조선의용군 제5지대 출신으로서 국공내전에서 동북지역 승리 후 남방지역까지 남하해 남방지역 전투에 참전한 조선인 병사들로 구성된 부대가 1950년 4월 북한으로 들어갔다. 전우와 지병학 등이 인솔한 이 부대는 북한에 들어가 인민군 제4사단 제18연대와 제6사단으로 재편됐다. 이 부대 대원들은 주로 연변지역 출신이다. 인민군 18연대는 서울을 3일만에 점령하는데 선봉부대 역할을 했다. 제6사단은 개성과 남한 서남부를 점령하는데 참여했다.

그리고 셋째는 국공내전이 끝난 후 동북지역 자신의 집에서 오랜만에 평화를 즐기던 조선인들로서 전쟁발발 후 중국 및 북한의 지원군

모집에 응함으로써 전쟁에 참여하게 된 사람들이다. 중국은 전쟁 발발 후 파죽지세로 남하하던 북한군이 유엔군의 참전으로 38선 이북으로 밀리자 '항미원조 보가위국'의 기치아래 참전을 결정했다. 북한은 1950년 겨울부터 이듬해에 걸쳐 북한인민군 군사동원국 소속 장교들을 조선인 밀집지역인 하얼빈, 연길, 목단강 등지로 보내 직접 모병을 하기도 했다. 북한군 장교들의 모병 활동으로 입대한 사람도 1만여 명에 달했을 것으로 추산된다.

북한군내 조선인 부대들

중국의 국공내전에 참전했던 조선인부대들은 1949년 여름과 1950년 봄에 북한으로 들어가 각각 북한인민군 5사단, 6사단, 12사단, 그리고 18연대(제4사단 휘하)로 편재됐다. 6·25전쟁 당시 남하한 북한군 보병 21개 연대 가운데 47%에 해당하는 10개 연대가 조선인부대로 편성됐다.

조선인부대는 당시 북한군 중 전투력이 대단히 뛰어난 것으로 정평이 났다. 한 군사전문가는 1949-1950년 사이에 중국에서 북한으로 전입한 부대는 그 용감성으로 인해 중국 내전 기간 중 상당한 명성을 얻었다고 말했다. 또 다른 군사전문가는 북한군부대의 전투력을 1로 평가할 때 조선인 사단은 1.5로, 인민군 예비사단은 0.5로 평가하기도 했다. 그는 또 조선인부대가 없었다면 김일성이 남침을 연기했거나 포기했을지도 모른다고 말했다.

4. 조선인의 6·25전쟁 참여 성격

중국 동북지역에 정착한 조선인들 중 10여만 명이 6·25전쟁에 참여했다는 사실은 한민족의 갈등 구조가 한반도에 국한하지 않고 해외에 거주하는 재외동포들에까지 확장되었음을 여실히 보여준다. 남북한 간의 이념적 갈등이 한반도 밖에서 살아가는 한민족에게도 영향을 미친 것이다. 물론 이는 남북한이 제2차 세계대전 이후 형성된 냉전구조의 최전선을 형성하고 있던 지정학적 특성을 반영한 것이기도 하다.

그러면 동북지역 조선인들은 왜 6·25전쟁에 참여했을까? 그리고 이들의 참전은 중국공산당이 파견한 것인가 아니면 자발적으로 이루어진 것인가? 즉, 타의에 의한 것인가, 자발적으로 이루어진 귀환인가? 결론적으로 보면, 동북지역 조선인들의 6·25전쟁 참전은 형식적으로는 파견이지만 내용적으로는 자발적으로 이루어진 귀환의 성격이 짙어 보인다.

조선인들은 중국공산당을 지지하면서 동북지역에서 전개된 국공내전에 참전했지만 다른 측면에서는 동북기지론에서 보듯 국공내전 참여를 통해 한반도통일을 위한 힘을 기르려는 의도를 가지고 있었다. 중국공산당도 북한이 조선인들의 조국이며, 따라서 북한이 침략을 받을 때 북한을 위해 참전해야 한다는 입장을 견지하고 있었다. 조선인들로서는 북한이 위기에 처했을 때 결코 방관할 수 없다고 생각했으며 중국공산당도 이를 인정한 상태였다.

따라서 조선인들이 6·25전쟁에 참전한 것은 그 연장선에서 이해해야 한다. 즉 조선인들은 중국에 정착해 국공내전에 참전하면서도 마음속에는 북한을 조국으로 품고 있었는데, 6·25전쟁이 발발하자 조국인 북한을 도우려고 참전하게 됐다는 것이다. 또 조선인은 중국의 우호적인 소수민족정책에 따라 중국과 북한의 국적을 동시에 갖는 이중국적이 허용되었기 때문에 당시 대부분의 조선인들은 북한공민의 신분을 유지하고 있었다. 실제로 국공내전에 참전한 후 북한에 들어간 조선인들에게는 북한국적이 부여됐다. 따라서 조선인의 6·25전쟁 참전 동기는 민족적 측면에서 이루어진 것으로서 중국공산당의 파견이 아니라 자발적 귀환으로 보는 것이 타당해 보인다.

그러면 동북지역의 조선인은 왜 자발적으로 6·25전쟁에 참전하게 되었을까? 그 이유를 보다 자세하게 살펴보면 다음과 같다. 첫째, 조선인으로서 조국인 북한이 '미제국주의자들'의 침략으로 누란의 위기에 처한 상황을 외면할 수 없었다는 점이다. 당시 동북지역 조선인들은 북한을 조국으로 생각하는 가운데 미제국주의자들이 남한을 식민지화함으로써 한반도통일을 이루지 못한 것으로 인식하고 있었다. 둘째, 중국공산당의 6·25전쟁 참전 결정을 적극적으로 지지했기 때문이다. 중국공산당은 '항미원조 보가위국'의 기치아래 6·25전쟁 참전을 결정했는데 조선인들 역시 이에 수긍하며 6·25전쟁에 참여했다. 셋째, 현실적으로 조선인은 자신들이 밀집해 살고 있는 동북지역과 인접해 있는 북한에서 일어난 전쟁을 자신들의 일로 인식하고 있었다. 즉 강 건너 불이 아니라 바로 내 앞마당에서 불이 난 형국으로 생각했다는 것이다.

여기서 주목해야 할 것은 당시 조선인의 정세관이다. 중국에 정착한 조선인은 중국공산당을 도와 국공내전에 참여하면서 이념적으로 공산주의에 편향적으로 되었다. 실제로 중국공산당의 지배하에 있던 조선인들은 1947년부터 점차 친공산주의적 정세관으로 무장하기 시작했다. 따라서 국민당정부 세력을 지원하는 미국을 제국주의로 지칭하며 극히 부정적으로 인식했다. 중국공산당이 공산주의의 우월성을 주장하며 미국과 자본주의에 대한 부정적인 교육(선전)을 강화하고 있는데 영향받은 때문이다. 따라서 조선인은 미국을 제국주의자로, 남한을 미국이 점령하고 있는 식민지로 인식하며 적대시했다. 대신 북한은 조국으로서 공산주의 이념을 공유한 연대의 대상으로 생각했다.

조선인의 6·25전쟁 참전은 당시의 동북아시아 질서와 조선인의 정세관을 종합적으로 고려하여 이해해야 한다. 결코 북한을 지지해 남한을 향해 총을 겨눴다는 식으로 단선적인 판단을 해서는 이해할 수 없는 특별한 문제이다. 중국은 6·25전쟁 참전을 '항미원조 보가위국'으로 말하고 있지만 조선인은 여기에 한 가지를 더해 '외세'의 침략을 받고 있는 조국을 지킨다는 또 다른 명분을 가지고 있었던 것이다.

6·25전쟁 발발 전에 북한으로 들어간 동북지역 조선인 병사들은 중국 국적 및 공산당 당적을 보유한 채 북한에 들어간 사람들도 있었다. 그러나 이들은 곧 조선인으로서 북한 국적을 회복하고 조선노동당 당적을 받았다. 전쟁이 끝난 후 이들 중 일부는 북한에 남고 일부

는 중국 동북지역으로 돌아갔다. 그러나 그 통계는 확실치 않다. 그러나 이들은 중국에서 북한으로 들어갈 때는 부대 단위로 갔으나 북한에서 중국으로 돌아갈 때는 대부분 개인별로 돌아갔다. 당시 인민지원군이 항미원조 보가위국의 기치아래 부대 단위로 북한에 들어갔다 부대단위로 중국으로 돌아간 경우와 다르다.

중국정부도 인민지원군으로 전쟁에 참여했다 중국으로 돌아온 사람들에게는 보상했지만 전쟁 발발 이전에 북한으로 들어갔다가 조선인민군으로 참전한 사람들에게는 보상해주지 않았다. 중국 당국도 이들을 참전이 아니라 조국으로의 귀환으로 인식했음을 보여주는 대목이다. 실제로 전쟁 당시 국제사회가 전투경험이 있는 동북지역 조선인을 북한에 들여보낸 것에 대해 중국공산당을 비난하자 조선인이 자발적으로 조국으로 돌아간 것이라고 공개적으로 반박하기도 했다. 결국 조선인 병사들은 중국에 의해 북한에 파병된 것이 아니라 조국이 위기에 처한 상황에서 스스로 조국으로 귀환한 것이다.

조선인 병사들이 귀환하고자 한 이유

조선인으로 구성된 중국인민해방군 156사단 467연대가 1950년 4월 북한으로 들어갔다. 이 부대는 북한으로 가기 전 중국공산당을 따라 국민당정부군을 추격해 남방지역까지 내려갔는데 그 와중에 병영잡지 《전선》을 발행했다. 《전선》 1949년 2월 25일자에는 조선인 병사들이 북한으로 귀환하려는 이유를 다음과 같이 적었다.

1. 조선(북한)에 가면 호의호식할 수 있고 소대 이상의 간부는 숙사가 있다.
2. 조선에 집이 있는 동무는 남조선의 반동파를 쳐야 한다. 경상도 동무들은 남

조선까지 쳐들어가서 집에도 한번 가보자고 한다.

3. 중국혁명에 참가한 역사가 있으니 조선에 가면 반장(분대장) 쯤이야 시켜줄 것이다.
4. 중국혁명이 멀지 않았으니 이제 승진하면 얼마나 하겠나. 조선에는 간부가 부족하니 그곳에 가자.
5. 조선사람은 중국의 일군살이 한 코 꿴 송아지처럼 끌려 다닌다.
6. 중국 땅에서 피를 흘리면 알아 줄 사람이 없다.

제3부 중화인민공화국 수립과 조선족으로서의 삶

제3부
중화 인민 공화국 수립과 조선족으로서의 삶

1장

중화인민공화국 수립과 조선족의 위상 변화

1. 중화인민공화국 수립에 대한 조선족의 입장

국공내전에서 승리한 중국공산당은 1949년 10월 1일 중화인민공화국을 수립했다. 이 역사적 사변은 중국 동북지역에 정착한 조선인들에게는 또 다른 선택을 해야 하는 순간이 다가왔음을 알리는 신호였다. 이곳에 정착하기로 작정한 후 이 지역에서 전개된 국공내전에 참전해 중국공산당을 위해 목숨을 마다않고 싸웠지만 조선인들은 마음 한편에 북한을 조국으로 생각하며 조국 통일의 날을 손꼽아 기다리고 있었다. 그러나 북한에 조선인민공화국이 수립된데 이어 중국에도 중화인민공화국이 수립됨에 따라 이들은 북한과 중국 중 어느 한쪽만을 조국으로 받아들여야 하는 상황을 맞게 된 것이다.

불과 1여년 전인 1948년 9월 북한에 조선인민공화국이 수립됐을 때 중국에 정착한 조선인들은 누구보다도 기뻐했다. 과거 '조국이 있었던 민족'에서 현재 '조국이 있는 민족'으로 된 사실에 자긍심을 가지고 조국인 북한과의 연대 가능성에 강한 기대를 가졌기 때문이다. 조선인들의 심경을 반영하듯 북한에 정권이 수립된 후 동북지역 곳곳에서는 이를 경축하는 집회가 잇따랐다. 중화인민공화국이 수립되기 전인 1949년 7월 국공내전에 참전했던 다수의 조선인 병사들이 북한으로 '귀환'했는데, 이 역시 조선인들의 이러한 마음을 반영한 결과로 볼 수 있을 것이다.

실제로 이미 살펴본 바와 같이 북한에 공산정권이 수립된 직후인 1949년 1월 중국공산당 내에서는 연변 등 일부 동북지역과 조선인들의 장래에 관한 열띤 논의가 있었다. 이 토론에서 북한측을 대표한 임춘추와 연변지역 조선인들을 대표한 임민호 등은 이 지역과 조선인들을 북한에 편입하거나 가맹공화국으로 독립시킬 것을 주장했다. 그러나 중국공산당 측의 의중이 반영돼 중국공산당의 통치 하에 두고 자치권을 부여하는 방식으로 정리됐다.

이런 점에서 보면 중국공산당은 연변 등 조선인 밀집지역을 포함한 동북지역에 정착한 조선인의 장래 문제에 대해 이 무렵에 정책적으로 최종 정리했던 것으로 보인다. 그럼에도 불구하고 조선인들, 특히 일반 대중들은 이러한 사실을 잘 몰랐던 것 같다. 설령 알았다고 해도 그렇게 쉽게 마음을 정리할 수 있는 문제도 아니었다. 따라서 조선인

사진 3-1. 중화인민공화국 수립을 선포하는 모택동

들은 여전히 북한을 조국으로 생각하고 있었을 것이다. 실제로 1950년대 말 민족 정풍운동 때는 물론 문화대혁명이 일어난 1960년대 중반까지도 조선족동포들은 북한을 조국으로 생각하는 조국관을 유지하고 있었다. 그리고 이것이 빌미가 되어 이들은 많은 고초를 겪어야 했다.

그런 사정과는 별개로 동북지역에 정착한 조선족동포들은 중국공산당이 국민당정부와의 내전에서 승리하고 정권을 수립한 것에 대해 크게 환영했다. 중국공산당을 도와 여러 해 동안 많은 희생을 치르며 국공내전에 적극 참여했기에 승리의 기쁨은 더했을 터이다. 이는 당시 조선족동포들이 마음속의 조국인 북한과 깊은 유대를 맺고 있었지만 다른 한편으로는 중국에 정착해 뿌리를 내리고 살려는 마음을 가지고 있었기 때문이기도 하다. 조선족동포들로서는 중국공산당의 조선족에 대한 우호적인 정책에 따라 무상으로 토지를 분배받고 생활근거지를 확보하고 있는 상황에서 중화인민공화국이 수립됨으로써 향후 전반적인 생활안정이 이루어질 것으로 기대할만 했다.

결국 조선족동포들은 그동안 북한을 조국으로 인식하며 몸과 마음이 별개인 상태로 살았다면 중화인민공화국 수립으로 자신들의 생각을 정리해야 하는 새로운 상황을 맞게 된 것이다. 이 같은 정세 변화가 비록 조선족동포들의 생각을 혼란스럽게 할지라도 이제는 변화된 상황을 받아들이지 않을 수 없게 됐다. 이를 반영하듯 국공내전이 중국공산당 세력의 승리로 종결되어 가면서 1948년 말 이후 국민당정부 영향 하에 있던 수복구 조선인들 중 상당수가 한반도로 귀환했다. 따라서 중화인민공화국이 수립된 1949년 10월 무렵 중국 동북지역에는 사실상 중국공산당을 지지하거나 정책에 동조하는 조선인들만 남게 됐다. 설령 중국공산당을 지지하지 않았던 사람들도 동북지역에 남아있는 한 순응하지 않을 수 없게 된 것이다.

2. 조선인에서 조선족으로

중화인민공화국 수립 이후에도 중국에서는 한동안 조선인이나 조선민족이라는 호칭이 일반적으로 사용되었다. 심지어 1952년 9월 3

일 조선족 밀집지역에 최초로 민족구역자치제가 도입됐을 때도 '연변조선민족자치구'로 칭했었다. 이 명칭은 3년 후 자치구를 자치주로 축소하면서 조선민족에서 '민'자를 빼고 '연변조선족자치주'로 변경됐다. 조선족 명칭이 공식적으로 사용된 것이다.

중화인민공화국 수립 직후 중국의 공식 매체나 문헌에서도 조선족이란 명칭을 찾아보기 어렵다. 중국공산당 기관지 《인민일보》는 1950년 12월 6일 「중국 동북 경내의 조선민족」 제하의 논설에서 "조선인민은 중국 경내의 소수민족의 자격이 있다"고 언급, 조선인이 중국에 거주하는 소수민족임을 강조했지만 조선민족 또는 조선인민이라는 용어를 사용했다. 이렇듯 중국에서 조선족이란 명칭이 보편적으로 사용되는 과정 역시 간단치 않았다.

중국공산당은 조선민족을 조선족으로 바꾸는 과정에서 적지 않은 고민을 했던 것으로 보인다. 당시의 한 문서는 그 과정을 다음과 같이 적고 있다. "그 명칭은 중앙민족사무위원회와 내무부의 연구를 거쳐 전국의 기타 민족자치지역과의 일치함을 기하여 연변조선민족의 '민'자를 생략하고 그 명칭을 '길림성 연변조선족자치주'라 할 것을 제의한다." 그러니까 '조선민족'을 그대로 쓸 경우 다른 민족을 '족'으로 칭하는 것과 일치하지 않아 또 다른 문제가 발생할 소지가 있으므로 이를 감안해 조선민족에서 '민'자를 생략하고 조선족으로 사용하기로 했다는 것이다.

그러나 조선족 동포사회에서 조선족이라는 명칭이 보편적으로 사용된 것은 이보다 훨씬 늦은 1950년대 말 동북지역에서 진행된, 조선족 대상의 민족 정풍운동을 겪고 난 이후부터인 것 같다. 이러한 사실은 연변대학교 부총장을 역임한 정판용(鄭判龍)의 글에서도 유추된다. 연변대학을 졸업하고 1955년 소련 유학길에 올라 5년 후인 1960년에 귀국한 그는 연변에 돌아온 직후 이곳의 변화 실상을 다음과 같이 회고한 바 있다.

"내가 학교를 떠날 때까지만 해도 중국에 사는 조선족들은 조국이 도대체 중국인지 아니면 조선인지 잘 분간하지 못했었다. 도리상으로 우리가 중국에서 살고 중국의 정치, 경제, 문화 생활 속에서 사니까 중국을 조국으로 보아야 할 것만은 사실이나 조선도 조국처럼 느껴졌다…. 그리고 중국이 우리의 조국인 이상 우리도 크게 말하면 중국인이라는 것이었다. 그러니 이전에는 중국사람이라고 하면 한족을 가리켰으나 이제부터는 중국인이라는 호칭이 우리에게도 해당되니 한족을 중국사람이라고 부르지 말아야 한다는 것이였다. 그래서 말끝마다 한족, 한어, 조선족이라고 하는 것이었다." (정판용, 『고향떠나 50년』, 187-188쪽)

그러니까 1955년부터 1960년까지의 5년여 사이에 조선인 대신 조선족이라는 명칭으로 불리는 변화가 일어난 것이다. 결국 조선족이란 명칭은 중국공산당이 동북지역에 정착한 조선인들의 지위를 정상화하는 과정에서 중국 공민을 구성하는 소수민족의 일원으로 인정함에 따라 사용된 것이다. 따라서 이 명칭은 민족적 관점이 아니라 중국공산당이 조선인을 다민족사회인 중국사회의 정상적인 일원으로 수용하기 위한 정책을 반영하고 있다. 그러니까 오늘날 보편적으로 사용하고 있는 조선족 명칭은 기실 중국공산당이 중국에 정착한 조선인을 중국 공민을 구성하는 55개 소수민족의 일원으로 공식화하면서 사용한 정치적 용어라고 할 수 있다.

조선족동포들은 중국공산당이 조선족으로 호칭하며 중국 공민의 지위를 부여함으로써 해방과 함께 시작된 동북지역 정착을 위한 투쟁에 종지부를 찍게 됐다. 이로써 조국인 북한을 선택할 것인가에 대한 갈등이나 중국에서의 차별에 대한 두려움을 떨쳐버리고 명실상부하게 동북지역에 뿌리를 내릴 수 있게 된 것이다. 중국공산당이 조선인을 조선족으로 호칭한 것은 이들이 중국 공민의 일원이 됐음을 공개적으로 알리는 것일 뿐 아니라 해방 이후 국공내전과 6·25전쟁 등 동북아시아에서의 질서재편을 위한 모진 격랑을 견디어 낸데 대한 보상인 셈이다.

3. 이중국적에서 중국 단일국적으로

중국에 공산정권이 수립되기 전 대부분의 조선인은 조선 국적을 보유하고 있었다. 일부만이 중국 국적을 보유하거나 무국적자였다. 또 일제의 이주정책에 따라 만주국 시기에 동북지역으로 이주한 조선인들 중에는 만주국 국적을 가지고 있는 사람도 있었다. 이런 상황에서 1948년 남북한에 각각 정권이 수립됨에 따라 중국공산당은 중국 내 조선인의 국적문제에 비상한 관심을 기울였다. 중국공산당이 토지개혁 과정에서 조선인에게 이중국적을 부여하고 조선인도 국공내전에 참전하여 중국공산당을 위해 혁혁한 공을 세웠지만 국적문제는 여전히 예민하고 중요한 문제였다.

따라서 중화인민공화국 수립 이전 조선인에 대한 핵심 통치기구로 기능해온 중국공산당 동북국 '연변지위'는 1948년 8월 15일 작성한 「연변 민족문제 결의문」에서 연변 조선인의 신분문제에 대한 방침을 제시했다. 결의문은 "조선인민은 연변을 개발하고 건설하는 주력군이며… 각 시기 혁명운동에 적극 참가하였고, 해방전쟁 시기 전선을 지원하고 후방을 건설함에 있어서도 주된 역할을 하였다…. 조선민족 인민들과 끝까지 단합하며 전체 조선 인민들로 하여금 중국 인민과 함께 신민주주의 새 연변을 건설하기 위해 분투하도록 하여야 한다"고 언급했다.

또 같은 시기 '연변지위' 서기 류준수는 '민족정책 중의 몇 가지 문제에 대하여' 제하의 연설에서 "연변 경내에 거주하는 조선 민중들은 중국 경내의 조선 소수민족이라는 것을 확정하며 중화인민공화국의 일부분이라는 것을 확정한다…. 가령 이전부터 연변에 거주하고 있는 조선인민으로서 호적이 있는 사람은 공민이며 잠시 내왕하는 처지로서 호적이 없는 사람은 교민이다. 정부의 비준을 거쳐 이주해 갔다가 다시 돌아온 사람, 우리 측 고급 정부의 비준을 거치지 않고 (최근에) 이주해 온 자는 교민이다. 가족이 조선에 있지만 가장과 재산이 연변에 있는 자는 정부의 비준을 거쳐 공민으로 승인 받을 수 있다. 공민과 교민은 권리 및 의무상에서 구별되어야 한다"고 언급했다.

그럼에도 불구하고 중국공산당이 완전한 정치적 주권을 갖지 못한 상황에서 이러한 언급은 선언적 의미만 지닐 뿐이었다. 더욱이 1948년 9월 북한에 공산정권이 수립된 이후 김일성을 비롯한 수뇌부는 동북지역 조선인들을 민족주의적 동포애로 포용하며 연변지역을 북한 관할 지역으로 만들려고 시도하고 있었다. 따라서 조선인들의 입장에서는 선뜻 어느 한쪽을 선택하기 어려운 상황에 있었다.

조선인들은 중국공산당으로부터 우호적인 평가를 받고 있었음에도 불구하고 현실적으로 중국에 거주하고 있는 거류민의 위치에 있었기 때문에 심리적으로 불안할 수밖에 없었다. 더욱이 국공내전이 진행되고 있는 가운데 북한에 먼저 정권이 수립됨에 따라 조선인들은 조국인 북한으로 갈 것인지, 아니면 그대로 동북지역에 남을 것인지로 심적인 동요가 컸다. 국공내전에 참전한 조선인 병사들의 귀환의식에서 이를 엿볼 수 있다. 또 신분문제는 정치적인 것 뿐 아니라 경제적인 문제와도 직결됐다.

따라서 중국공산당은 조선인들이 북한 국적자임을 인정하는 동시에 중국 공민이라는 이중국적자의 지위를 부여해 상황을 타개하고자 했다. 중국공산당으로서는 조선인들이 국공내전에 참전하고 있는 현실에서 그 소속감을 분명히 하기 위해 중국공민의 지위를 부여하지 않을 수 없었을 것이다. 또한 조선인들이 북한을 조국으로 생각하고 있는 현실을 부인함으로써 이들의 감정을 자극할 필요도 없었기 때문이다.

그러나 중화인민공화국이 수립되자 조선인은 중국 공민을 구성하는 소수민족의 일원인 조선족이 됐으며 명실상부하게 중국 국적자가 됐다. 하지만 정부 수립 후 조선족 명칭이 공식화되는데 수년이 걸린 것처럼 조선족동포들이 중화인민공화국의 완전한 국적자가 되는 데도 역시 적지 않은 시간이 걸렸다. 특히 중화인민공화국 수립 후 1년도 채 되지 않아 한반도에서 전쟁이 발발하고 동북지역 조선족동포들이 전쟁에 참전하는 과정에서 다시 이중국적 문제가 부각되기도 했다.

그러나 '연변조선민족자치구'가 설립되면서 상황은 달라졌는데 조선족(인)을 위한 제도적 조치가 이루어지고 이를 구체화하는 행정조치가 뒤따랐기 때문이다. 자치구 설립 후 이곳에 거주하는 조선족동포들은 거류민증을 반납하고 일률적으로 중국 국적을 취득할 수 있었다. 그러나 자치구 밖의 조선족동포들은 좀 더 시간이 걸렸다. 예건대 심양 등 동북지역 서부권의 국민당정부가 관할하던 수복구의 경우 중국공산당이 뒤늦게 점령함에 따라 여러 절차적인 문제로 인해 이곳 조선인들은 1953년 말 경에 이르러 국적이 부여됐다. 결국 조선인들은 중국에 공산정권이 수립된 후 '민족구역자치제' 등 소수민족 정책이 구체화되기 시작한 후에야 중국 국적을 부여받을 수 있었다.

4. 소작농에서 토지를 소유한 노동계급으로

중국공산당의 영향 하에 있던 조선인들에게 있어서 해방은 두 가지

의미를 지닌 것이었다. 이들에게 해방은 민족적 측면에서 일제의 핍박으로부터 벗어난다는 일반적 의미와 함께 반제반봉건적 생산관계로부터의 해방, 즉 소작농이라는 피착취계급에서 벗어나 토지를 소유한 생산주체로서 당당한 노동계급이 된다는 의미가 더해졌다. 소작농으로서 농사를 지으며 일제나 지주계급으로부터 착취를 당해온 대부분의 조선인들에게는 토지를 무상으로 분배받아 자신의 땅에 농사지을 수 있다는 것이 민족적 측면에서 갖는 해방의 의미보다 더 값진 것이었을지도 모른다.

실제로 연변지역 등 중국공산당의 영향 하에 있던 조선인들은 해방 직후 중국공산당이 공유지에 이어 토지까지 분배한데 대해 크게 환영하고 나섰다. 조선인들이 국공내전에서 중국공산당을 위해 목숨을 바쳐 싸운 것은 이에 대한 고마움 때문이기도 하다. 중국공산당의 무상 토지분배 정책은 특히 국민당정부의 정책과 비교되어 조선인들에게 많은 영향을 미쳤다. 연변지역 등 해방 초기부터 중국공산당이 관할한 지역의 조선인들이 한반도로 귀환한 비율이 다른 지역에 비해 크게 낮았던 것도 이와 무관치 않다.

중국공산당은 평등을 추구하는 당의 이념을 쫓아 동북지역에서 조선인들과 관계를 맺기 시작하면서부터 이들의 토지 소유권에 대해 관심을 기울여 왔었다. 예컨대 1927년 10월 중국공산당 만주성 임시위원회는 제1차 대표자대회서 채택한 정강에 동북지역의 조선인들을 "기타 형제민족을 대하는 것과 마찬가지로 동등하게 대우"해야 하며 "일률적으로 토지 소유권을 향유한다"고 규정했다. 이후에도 유사한 규정들이 뒤를 이었다. 그러나 당시엔 중국공산당이 동북지역에 대한 통치력을 가지고 있지 않았기 때문에 이러한 규정들은 단지 선언적 의미밖에 없었다.

하지만 해방 후 중국공산당은 자신들의 영향력이 미치는 지역에서 앞서 주장했던 내용들을 토지정책에 반영하고 이를 실천했다. 1946년 공유지 분배에 이어 토지개혁을 시작한 것이 구체적 사례이다. 그러나 토지개혁 초기 중국공산당은 조선인들의 국적문제가 불분명하다는 이유로 토지분배권과 소유권을 부여하지 않는 등 혼선을 빚었다. 당연히 조선인들의 불만을 샀다. 상황이 심각해지자 중국공산당은 조선인들에게 이중국적을 부여하여 문제를 해결했다.

조선인들의 토지 소유권 문제는 1947년 말에 가서야 보다 분명해졌다. 중국공산당이 1947년 10월 '토지법대강'을 반포하고 동북행정위원회가 12월 '토지법대강' 실시를 위한 세부 규정을 통해 소수민족의 토지 소유권 문제를 정리한 것이다. "동북해방구 경내의 소수민족은 응당히 한족과 동등하게 토지를 분배받아야 하며 또 소유권을 향유한다"고 규정한 것이다. 이로써 동북지역 중국공산당 관할 하에 있는 조선인들은 소작농에서 토지를 소유한 어엿한 노동계급으로 거듭나게 됐다. 반면에 동북지역 서부권과 남부권 등 국민당정부의 영향하에 있던 수복구 조선인들은 이보다 늦은 1950-51년 무렵에 토지분배를 마쳤다. 중국공산당이 이 지역을 점령하고 지역안정을 꾀하는 과정에서 시간이 걸렸기 때문이다.

대부분의 조선인들은 고국에서는 물론 일제 치하에서, 그리고 땅을 찾아 이주한 중국 동북지역에서도 자기 소유의 토지를 갖지 못한 채 평생을 살아왔다. 그러나 해방 후 중국공산당의 토지정책으로 동북지역에서 어엿한 토지의 주인이 됐다. 소작농으로서 갖은 핍박과 설움을 견디어 온 이들로서는 이보다 더 기쁜 일이 있을 수 없을 것이다.

그러나 안타깝게도 이 기쁨은 그렇게 오래가지 못했다. 중국공산당은 중화인민공화국 수립 후 중국 전역에서 사회주의제도를 정착시키는데 박차를 가하면서 토지에 대한 개별소유를 집단소유 형태로 바꾸었기 때문이다. 조선족(인)이 토지 소유권을 부여받은 지 10년도 채 되지 않은 1950년대 중반 중국공산당이 농업합작사 제도를 도입함에 따라 조선족동포들은 개개인이 소유한 토지를 합작사에 넘겨야 했다. 토지를 포함한 모든 생산수단에 대한 소유형태를 바꾸기 위한 '사회주의적 개조'를 추구함에 따라 농민들이 무상으로 분배받은 개인 소유의 토지를 수용해 공동 소유 형태로 전환한 것이다.

5. 다중 조국관에서 중국 지향의 단일 조국관으로

동북지역에 정착한 조선족동포들은 중화인민공화국이 수립되고 소수민족의 지위를 확보함으로써 명실상부하게 중국 공민의 일원이 됐다. 속지주의적 관점에서 보면 조선족동포들은 동북지역에 정착을 결심한 때부터 사실상 자신이 의탁할 소속 국가를 바꾼 것이었다. 하지만 동북지역의 통치세력이 정해지지 않은 상태에서 북한과 밀접한 유대관계를 맺고 있던 조선족동포들은 당연히 북한을 조국으로 인식하려는 경향이 컸다. 특히 중국공산당이 국공내전 과정에서 조선족동포들을 포용하기 위해 중국과 함께 북한도 조선인들의 조국임을 인정함에 따라 이들은 자신을 이중국적자로 인식하고 있었다.

더욱이 북한과 중국에 각각 정권이 수립됨으로써 조선족동포들의 조국관은 더 복잡한 양상을 띠게 됐다. 해방 된 후 한반도와 중국에 실체적이고 합법적인 정권이 없는 상황에서는 조국문제가 단지 마음속에 있는 그리움 같은 막연한 것이었지만 정권이 수립됨으로써 상황이 달라진 것이다. 또 국가적 차원에서도 간단한 문제가 아니었다. 과도기에는 당면한 문제를 해결하기 위해 이중국적을 허용했지만 정치적 안정을 이루고 국가주의에 따라 국가의 이익을 우선해야 하는 상황에서는 이중국적은 문제가 있을 수밖에 없다. 따라서 중화인민공화국이 수립되고 체제안정이 이루어진 1950년대 중반이 지나면서 조선족의 조국관 문제는 핵심 쟁점의 하나로 부각됐다.

조선족동포들은 국공내전 기간 동안 이중국적을 부여한 중국공산당의 정책에 영향을 받아 중화인민공화국이 수립된 이후에도 상당기간 동안 다중 조국관을 유지하고 있었다. 중국공산당도 1950년대 중반 이후 조선족의 조국관을 거론할 때까지는 이에 대해 그다지 문제시하지 않았다. 따라서 당시 동북지역에 거주하는 조선족동포들은 과거의 사회주의 모국인 소련, 민족의 조국인 북한, 현실의 조국인 중국 등 이중 또는 다중 조국관을 견지하며 살아가고 있었다.

하지만 중국공산당은 중화인민공화국 수립 후 체제를 정비하는 과정에서 소수민족들을 대상으로 국가정체성을 함양하기 위해 다양한 방안을 강구하기 시작했다. 1950년대 후반 시작된 반우파투쟁과 민족 정풍운동은 이의 구체적 조치였다. 사회주의제도를 정착시키기 위해 시작된 반우파투쟁은 소수민족들 사이에서는 민족문제로 확산됐다. 특히 소수민족이 집거하고 있는 지역에서의 정풍운동은 지방민족주의를 반대하는 운동 형태로 표출됐다. 지방민족주의란 통일된 국가인 중화인민공화국에서 하나의 민족 대가정에 반하는 소수민족의 민족주의를 부정적으로 일컫는 것이었다. 사회주의 노선을 따르지 않는 사람들을 우파로 규정한 것처럼 소수민족이 독자적인 민족주의 노선을 지향하는 것 또한 우파로 규정된 것이다.

이에 따라 조선족사회, 특히 연변지역의 조선족사회는 반우파투쟁에 이어 민족 정풍운동의 거센 파도가 밀어닥쳤다. 수많은 조선족동포들이 격랑 속에서 고초를 겪어야 했다. 이후 조선족동포들은 당시까지 견지하고 있던 다중 조국관을 버리고 중국을 유일한 조국으로 받아들이도록 강요받았다. 1950년대 말에 전개된 반우파투쟁과 민족 정풍운동은 조선족동포들의 머리 속에 남아있던 '북한'을 조국으로 인식하는 생각을 뿌리 뽑기 위한 극단적 조치였다.

그러나 조선족동포들이 조국관 문제로 고난을 겪은 것은 이것이 전부가 아니었다. 형식상 중국 공민을 구성하는 소수민족의 일원이 되고 중국 국적을 부여받았음에도 불구하고 이들은 여전히 소수민족의 한계 속에서 중국 공민으로서의 자격을 시험받아야 했다. 민족 정풍운동이 끝난 지 수년이 흐른 뒤 민족문제로 더 큰 고초를 겪은 것이다. 1966년부터 10년 동안 중국사회를 암흑기로 몰아넣었던 문화대혁명 기간 동안 조선족동포들은 북한을 조국으로 두었던 인연 때문에 어느 민족보다 큰 수난을 겪었다. 중화인민공화국 수립 후 십 수년이 지났고 민족 정풍운동을 겪으며 중국 단일 조국관을 선택하도록 강요받은 지 수년이 지났음에도 불구하고 이들은 또 다시 조국관을 의심받았다. 조선족동포들에게 있어서 당시의 기억은 여전히 현재를 구속하는 동인이 될 것이다.

2장

중화인민공화국의 소수민족정책과 조선족

1. 중국공산당의 소수민족에 대한 입장과 조선족

중국공산당은 당 창건 초기부터 소수민족의 독자성과 함께 한족과 동등한 지위를 인정하는 민족 간 평등 정책을 펼쳤다. 공산주의 이론에 입각해 개개인은 물론 민족 간 관계에서도 평등을 중시한 것이다. 중국공산당이 조선족(인)과의 관계를 처음으로 규정한 만주성위원회 설립 당시의 문건에도 동북지역으로 이주한 조선인들에 대한 이러한 입장이 분명하게 적시되어 있다. 중국공산당의 소수민족에 대한 이 같은 인식은 이후 소수민족의 특성을 인정하고 일정 지역 내에서 이들이 독자적으로 자치를 실행할 수 있도록 허용하는 정책으로 발전했다. 이는 해방 후 민족구역자치제로 구체화됐다.

중국공산당이 해방 후 소수민족 정책을 적극 추진한 데는 다음과 같은 두 가지 인식에서 비롯됐다. 하나는 소수민족들이 한족의 착취계급으로부터 억압받아 왔다는 것이고 다른 하나는 중국이 제국주의자들로부터 억압받을 때 각 소수민족들이 힘을 합해 공동 투쟁함으로써 해방을 쟁취할 수 있었다는 것이다. 하지만 중국공산당의 소수민족에 대한 이러한 인식과 정책이 모든 소수민족에게 똑같이 적용될 수는 없었다.

중화인민공화국 수립 무렵 중국에는 약 400여개의 민족(종족)이 있었다. 그러나 중국공산당은 1950년대 초 제1차 민족식별 조사에서 단지 37개 민족만을 소수민족으로 공식화했다. 이후 두 차례의 민족식별 조사를 더해 소수민족의 수를 55개 민족으로 늘렸다. 그러니까 중국내 400여개의 소수민족들 중 55개의 민족만 중국공산당으로부터 소수민족으로 공식 인정받은 것이다.

중국공산당은 기본적으로 민족에 대한 객관설에 입각한 스탈린의 정의를 수용하고 있다. 즉 혈통, 역사, 경제 및 문화생활, 언어의 공통성을 민족을 구성하는 기본 요소로 인식하고 있다. 이에 따라 중국공산당은 이와 같은 민족 구성요소를 중시하여 소수민족으로 선정했다. 물론 이와 함께 각 민족의 특수성도 소수민족 식별에 중요한 고려대상이 된다. 실제로 소수민족으로 인정받은 55개 민족 중에는 민족적 특수성이 특별히 고려된 경우가 적지 않다.

보다 중요한 것은 외형적인 조건과 함께 중국공산당이 인정할만한 공적이 있어야 한다는 것이다. 외형적 조건으로는 소수민족으로서의 지위를 확보할 수 있을 정도의 구성원의 수와 이들이 거주하고 있는 지역 등이 고려 대상이었다. 구성원의 수가 미미하거나 특정한 거주지역을 확보하지 못한 경우는 소수민족으로 평가받기 어렵다. 중국공산당은 창당 이래 항일투쟁과 국공내전을 거치면서 힘겹게 중화인민공화국을 수립했다. 따라서 해당 소수민족이 이 과정에서 충분한 기여를 했는지 여부가 소수민족으로 인정받는 필요조건 중의 하나였다.

이 같은 조건을 갖추었더라도 소수민족이 되기 위해서는 중국 국무원의 동의가 있어야 한다. 국무원에 의해 소수민족으로 인정되면 이 민족은 국가가 부여하는 일체의 권리를 누릴 수 있다. 소수민족으로 인정될 경우 인구의 많고 적음에 상관없이 전국인민대표대회에 자신의 대표를 내보낼 수 있고 민족구역자치제에 따라 자치지역을 건립할 수 있는 정치적 권리가 부여된다. 아울러 중국 당국이 시행하고 있는 소수민족 우대정책의 혜택을 모두 향유할 수 있다.

조선족은 중국의 전체 소수민족 중 역사가 가장 짧다. 최근 일부 조선족 학자들 사이에서 조선족(인)의 이주역사를 1600년대 초의 '명말청초' 시대로 확장하고 있지만 오랜 동안 1860년대 중후반 무렵부터로 인식해 왔다. 그리고 한반도와 인접해 있는 동북지역, 특히 연변지역에 밀집해 살고 있다는 지역적 특성을 지니고 있다. 조선족은 객관적 조건만으로도 소수민족으로서의 조건을 충분히 갖추고 있다고 볼 수 있다. 중국의 2020년 인구조사상 조선족의 인구는 170만여 명으로 줄었다.

하지만 조선족이 제1차 민족식별 조사에서 소수민족으로 공식화된 데는 무엇보다 일제 강점기의 항일투쟁과 해방 후 국민당정부와의 국공내전에서 중국공산당을 도와 혁혁한 공을 세운 것이 높게 평가받은 때문이다. 앞에서 언급한 바처럼 조선인은 항일투쟁 과정에서 동북항일연군 및 조선의용군의 이름으로 중국공산당과 함께 일제에 맞서 싸웠다. 또한 해방 후 국민당정부 세력과의 국공내전 과정에서 중국공산당의 참군 참전 운동에 적극 가담해 엄청난 희생을 감수하며 중국공산당이 중화인민공화국을 수립하는데 기여했다. 중국공산당은 조선족동포들의 이러한 역할에 대해 이후 기회 있을 때 마다 높이 평가하며 고마움을 표해왔다.

소수민족에 대한 정의 및 의미

중국의 소수민족(minority nationalities)은 민족으로서의 제반 요소를 갖추고 있음에도 불구하고 수적으로 적다는 이유로 다수를 점하고 있는 한족과 구별되는 용어이다. 즉, 소수민족이란 한족과 비교하여 부르는 상대적 개념이다. 따라서 일부 학자들은 이런 점에서 중국에서 사용되는 소수민족이라는 표현이 적절치 않다고 말한다.

2. 중화인민공화국의 소수민족정책과 조선족

중국공산당은 창당 후 1937년 중일전쟁이 발발할 때까지 다민족사회인 중국에서 민족문제 해결을 위한 방안으로 '민족자결'과 '연방제'를 고려했다. 1923년 7월 제3차 전체대표자대회에서 제기한 '중국공산당 당장 초안'에서 중국공산당은 처음으로 민족자결원칙이 당의 기본적인 민족정책이라고 언급했다. 당장 초안은 "티벳 몽골 신강 청해의 민족지역과 중국본부의 관계에서 각 민족은 자결권을 갖는다"고 규정했다. 민족자결권이란 "민족 스스로 자신의 독립된 국가를 설립할 권리"를 말한다. 연방제에 대해서는 이 보다 먼저 언급했다.

그리고 1931년 11월 중화소비에트공화국 제1차 전국인민대표대회에서 통과된 '중화소비에트공화국헌법 대강'에서 소수민족이 중국에서 독립해 스스로 독립적 국가권리를 성립할 수 있다고 인정했다. 이어 1935년 8월에 열린 중국공산당 정치국회의에서도 소수민족에게 무조건적인 자결권이 있음을 인정했다. 이에 따라 1936년 10월 녕하 남부지역의 '예해현회민자치정부(豫海縣回民自治政府)'라는 최초의 현급 민족자치정부가 수립되기도 했다.

그러나 1937년 중일전쟁 이후 중국공산당은 민족자결권과 연방제에 관해 언급을 회피하는 가운데 '민족구역자치제'를 민족문제를 위한 기본정책으로 제시했다. 그에 따라 중화인민공화국 수립 전인 1947년에 내몽골자치구가 수립됐다. 이렇게 하여 중국공산당은 민족구역자치제를 소수민족을 위한 정책으로 최종 확정했다.

중국학자들은 민족자결권을 폐기한 것에 대해 중국공산당이 당시 민족문제에 대해 깊이 있는 연구와 경험이 부족한 상황에서 막연히 소련을 추종했었기 때문에 수정할 수밖에 없었다고 설명한다. 연방제 폐기 역시 같은 맥락에서 이해된다. 이에 대해서는 주은래가 1957년에 행한 한 담화에서 연방제 폐기 이유에 대해 소련과 역사발전 상황이 다를 뿐 아니라 경제발전 및 혁명운동 발전의 상황이 다르기 때문이라고 이유를 밝힌 바 있다.

중국공산당이 조선족(인) 문제에 관심을 갖게 된 것은 중국공산당 만주성 임시위원회를 세운 1927년 이후부터이다. 신해혁명 이후 동북지역은 중앙권력이 미치지 못하는 무주공산의 변방지역으로서 이 지역 군벌인 장작림-장학량 세력이 장악하고 있었다. 이런 상황에서 러시아에 이어 일본이 세력을 확장하고 있었는데, 중국공산당도 이 지역에 대한 영향력 확대를 위해 만주성위원회 수립을 추진하고 있었다. 따라서 중국공산당은 자연스럽게 이 지역에 집단으로 거주하고 있던 조선인들과의 관계를 중시하지 않을 수 없었다. 이후 중국공산당은 조선인들과의 관계가 강화되면서 민족구역자치제를 포함해 조선인들에 대한 정책들을 쏟아냈다.

중화인민공화국 수립을 전후해 중국공산당은 먼저 항일투쟁 시기에 언급한 조선족관련 정책들을 구체화했다. 조선족에게 이중국적을 부여했고, 소수민족 식별사업을 통해 중국 공민을 구성하는 소수민족으로 규정했다. 그리고 조선족 밀집지역을 대상으로 민족구역자치제를 실행함으로써 말과 글은 물론 조선족의 문화와 관습을 유지할 수 있도록 허용했다.

조선족을 중국의 공민으로 우대하며 포섭하는 정책과 병행해 중국공산당은 조선족이 사회주의 중국에 순응하도록 정치적 압력을 가하기도 했다. 이는 모든 중국 공민을 대상으로 하는 것이지만 조선족으로서는 항일투쟁과 국공내전 과정에서 겪은 상처가 채 아물기도 전에 예상치 않은 아픔을 겪어야 했다는 점에서 특별한 일이었다. 1950년대 중반 이후 중국에서 전개된 일련의 정치투쟁에서 조선족동포들은 극단적인 희생과 고통을 감당해야 했다. 이러한 과정은 1970년대 말 등소평에 의한 개혁개방 정책이 구체화될 때까지 이어졌다.

중국의 소수민족정책 추진 단계

중화인민공화국 수립 이후 소수민족정책이 추진된 과정은 대체로 5단계로 나누어 볼 수 있다. 제1단계는 중화인민공화국 수립이후 헌법을 반포하고 이를 위한 공동 강령이 선포된 1954년까지이다. 제2단계는 소수민족 정책의 구체적인 실천을 위하여 민족지구에 대한 대대적인 조사를 실시하고 소수민족에 대한 식별조사를 한 시기로 1958년까지이다. 제3단계는 1950년대 말 반우파투쟁에 이어 소수민족 지역에서 지방 민족주의 반대운동인 민족 정풍운동이 실시되고 소위 사회주의적 개조가 완성되는 1966년까지이다. 제4단계는 문화대혁명이 시작되고 소수민족 정책이 사실상 정지됨에 따라 소수민족에 대한 극단적인 동화정책이 실시된 1974년까지이다. 그리고 제5단계는 문화대혁명의 영향에서 벗어나지 못한 채 일부 지역에서 서서히 변화를 보이는 시기로 1978년까지이다.
(백승애, 『중국의 대조선족정책』, 고려대학 석사학위 논문, 36쪽)

3. 중화인민공화국의 소수민족 식별 과정과 조선족

중화인민공화국 수립 직전인 1949년 9월 개최된 인민정치협상회의는 제1차 전체회의에서 '공동강령'을 채택했다. 1954년 헌법이 채택될 때까지 헌법으로서의 역할을 한 이 강령 제50조는 중화인민공화국 내의 각 민족은 "똑같이 평등하고 단결과 협조를 실행하고 제국주의와 각 민족 내부의 인민의 공동한 적을 반대하며 중화인민공화국을 각 민족의 우애와 합작의 대가정으로 건설한다"고 규정하고 있다. 또 제53조에는 "각 소수민족은 모두 자기의 언어문자를 발전시키고 풍속과 습관을 보존 또는 개혁하며 종교 신앙의 자유가 있다"고 규정했다. 국가 수립과 함께 소수민족 문제를 중요한 정책적 과제로 취급하고 있음을 보여준다.

다민족사회인 중국을 통합하여 하나의 국가를 수립한 중국공산당으로서는 전역에 산재해 있는 400여 민족들을 어떻게 통합할 것인가 하는 문제에 고민하지 않을 수 없었을 것이다. 그에 따라 중국공산당은 국가 수립 직후부터 소수민족에 대한 정책 마련에 주력했는데 소수민족을 대상으로 한 민족구역자치제가 대표적인 것이다. 그런데 당면하게 어떤 민족을 소수민족으로 할 것인가가 관건이었다. 따라서 1950년대 초부터 소수민족의 지위를 부여할 대상을 선정하기 위한 민족식별 사업을 전개했다.

민족식별 사업은 소수민족에 대한 사회역사에 관한 조사와 언어에 대한 조사로 이루어졌으며 1953년 제1차 조사에서 37개 민족이 소수민족으로 확정됐다. 그리고 1965년에 발표된 제2차 조사에서 17개 민족이 추가된데 이어 1979년 제3차 조사에서 '지눠족'을 추가했다. 이로써 현재의 55개 소수민족이 확정됐다. 중국은 1990년 제

4차 인구조사 통계를 발표하면서 아직 식별되지 않은 소수민족이 749,341명에 이른다고 밝힌 바 있다.

민족식별 사업에서 주목되는 것은 당시까지 전통적으로 변방민족을 업신여기던 호칭을 정상화시킨 점이다. 예컨대 묘족(苗族)의 경우 원래는 앞에 '개(犬)'를 의미하는 부수를 넣어 묘(猫)로 불렀는데 이 무렵부터 이를 정상화했다. 소수민족을 중화인민공화국의 공민으로 대등하게 인정하려는 시도로 볼 수 있을 것이다. 이와 함께 민족식별 조사가 이루어진 후에는 간지(簡紙), 간사(簡史), 개황(概況) 등의 다양한 출판물을 발행해 해당 소수민족에 대해 적극적으로 소개했다. 조선족과 관련해서도 이 무렵 중국어와 조선어로 된 『조선족간지』, 『조선족간사』, 『조선족개황』 등이 출판됐다.

조선족은 1953년에 완료된 1차 사업에서 37개 소수민족 중 하나로 선정되어 중국 공민의 지위를 확보했다. 그리고 중국정부는 1957년경 산해관을 기준으로 하여 조선인의 거주지가 산해관 이북이면 조선족으로, 이남이면 북한 공민으로서 중국에 거주하는 사람을 뜻하는 조교(朝僑)로 불렀다. 이후에 중국으로 들어간 조선인도 조교로 분류됐다. 그러나 당시 대부분의 조선인들은 산해관 이북에 거주했고 불과 수천명 정도만 산해관 이남에 거주했다. 오늘날 중국에 거주하는 조교는 대략 5,000여명 정도인 것으로 추산된다.

중국 당국은 소수민족 식별 조사 이후 소수민족을 지원하기 위해 다양한 방법을 모색해 왔는데 소수민족 간부 배양도 그중 하나이다. 조선족의 경우 소수민족 식별 조사가 이루어지기 이전인 1949년에 민족대학인 연변대학을 설립함으로써 민족간부 양성을 시작했다. 연변대학 설립에 앞서 국공내전 기간에도 동북군정대학 길림분교를 설립해 민족간부를 양성했었다. 중국의 대표적인 소수민족 간부양성 학교인 북경의 중앙민족학원은 1995년에 '조선어과'를 독립 학과로 설립했다.

4. 중화인민공화국의 조선족 민족구역자치제 실시

중국이 민족구역자치제를 소수민족에 대한 핵심 정책으로 공식화한 것은 정권 수립 직전인 1949년 9월이다. 1947년에 이미 몽골민족자치구를 수립해 민족구역자치제를 실시하고 있었지만 정권 수립에 앞서 열린 '인민정치협상회의 제1차 전체회의'에서 채택한 「공동강령」에 민족구역자치제를 기본 정책으로 규정한 것이다. 이 강령은 "각 소수민족이 집거하는 지역에서는 해당 민족의 지역자치를 실시해야 하며 민족의 집거 인구 규모에 따라 각종 민족 자치기관을 건립한다"고 규정하여 민족구역자치제 실시를 위한 규범을 마련했다.

중국이 소수민족을 대상으로 한 민족구역자치제를 공식화했지만 이것은 엄연히 민족자치권과는 구별된다. 즉 중국의 모든 민족자치지역은 중화인민공화국의 분리될 수 없는 일부분으로서 '독립자치'는 물론 연방제국가의 연방정부와 같은 '반독립' 상태도 아니다. 민족구역자치를 위한 기관은 중앙정부의 지도 하에 헌법이 규정하는 자치를 누리지만 동시에 국가의 정책과 법령을 준수해야 하는 의무가 부여된다. 또 민족구역자치는 소수민족 집거지를 기초로 실행하는 지역자치의 형태를 취하지만 지역성을 떠난 민족자치가 아니기 때문에 독자적으로 민족경제를 수립할 수도 없다.

소수민족을 위한 핵심 정책인 민족구역자치는 중국을 분열시키지 않고, 공산당의 일당독재를 수용하는 전제 위에서 소수민족이 밀집해 거주하는 지역에 해당 민족이 행정, 경제 및 문화 분야에서 일정 부분의 자치를 허용하는 제도이다. 이 제도는 오늘날까지 중국 소수민족 정책의 근간이 되고 있다. 중국당국은 민족구역자치제를 효과적으로 수행하기 위하여 공산당에 협력하는 소수민족 간부의 육성에 힘을 기울였으며, 각지에 이러한 소수민족 간부 배양을 위한 교육기관인 '민족학원'을 설립·운영해 왔다.

중국은 민족구역자치제를 소수민족을 위한 핵심 정책으로 내세운 이유로 세가지를 언급하고 있다. 1999년 9월에 발표된 중국정부의 소수민족정책에 관한 「백서」는 첫째, 중국이 역사상 장기간 통일된 국가였다는 역사적 상황을 이유로 제시했다. 둘째, 중국의 민족분포가 장기간 '대잡거 소집(취)거(大雜居 小聚居)'의 형태를 취하며 이루어졌다는 소수민족들의 생활행태를 이유로 들었다. 셋째, 1840년 아편전쟁 이래 중국의 각 민족은 모두 반제반봉건 민족해방을 위해 투쟁해온 운명공동체였다는 점을 강조했다.

공동강령은 또한 각 소수민족이 밀집해 거주하는 지역에서는 해당 민족의 지역자치를 실행해야 한다고 언급하고 있는데, 이를 뒷받침

지도 3. 연변조선족자치주 현황(2020년 중국인구조사)

하기 위해 1952년에 「중화인민공화국 민족구역자치 실시 강요」를, 1984년에 「중화인민공화국 민족구역자치법」을 제정했다. 그리고 1954년에 제정된 헌법에도 민족구역자치 제도를 국가의 근본법으로 규정하였다. 중국은 민족자치구역을 자치구(區), 자치주(州), 자치현(縣)의 3단계로 구분하고 같은 급의 일반 국가기관의 직권을 부여하는 동시에 자치권을 행사하도록 하였다.

이와 같이 일련의 법적 제도적 정비가 이루어지면서 조선족을 대상으로 한 첫 민족구역자치제인 연변조선민족자치구가 1952년 9월 3일 수립됐다. 그리고 3년 후인 1955년 현재와 같이 연변조선족자치주로 축소 조정됐다. 당시 행정구역은 1시 5현으로 구성됐는데 1958년에 돈화, 1965년에 도문이 각각 연변조선족자치주에 편입됐다. 그리고 1985년, 1987년, 1993년에 돈화, 용정, 훈춘, 화룡이 각각 현에서 시로 승격했다. 행정구역상 길림성에 속해 있는 연변조선족자치주는 현재 연길, 도문, 돈화, 화룡, 용정, 훈춘 등 6개 시와 왕청 안도 등 2개 현으로 구성되어 있다. 2012년 9월 현재 민족구역자치제 적용 60주년을 맞은 연변조선족자치주는 총면적 4만2천700평방킬로미터이고 주도는 연길이다.

자치주에 이어 조선족을 대상으로 한 구역자치제 중 유일한 자치현인 장백조선족자치현이 1958년에 수립됐다. 압록강을 사이에 두고 북한의 혜산과 마주하고 있는 장백조선족자치현은 연변지역과 마찬가지로 북한과 인접해 있어 북한출신 조선족동포들이 많이 거주하고 있다. 1990년에 발행된 한 인구자료에 따르면 조선족 향은 모두 44개에 이르며, 흑룡강성 19개(2개 연합향 포함), 길림성 11개(2개 연합향 포함), 요녕성 13개(3개 연합향 포함), 내몽골자치구 1개가 있다. 당시 동북지역 내 조선족마을은 흑룡강성 491개, 길림성 273개, 요녕성 144

개 등 900여개에 이르렀다.

대잡거 소집(취)거 (大雜居 小聚居)

다민족국가인 중국에서 소수민족들의 집단적 생활 행태를 일컫는 말. 즉 도시 등 규모가 큰 지역에서는 여러 민족이 함께 섞여 살아가는 반면, 농촌마을과 같이 작은 지역에서는 해당 소수민족끼리 한데 모여 살아가는 형태를 뜻한다. 예컨대 연길시가 대잡거에 해당한다면, 향 혹은 진의 조선족마을은 소집(취)거 형태라고 할 수 있다.

3장

중국내 정치투쟁과 조선족의 수난

1. 중국에서의 정치투쟁에 대한 이해

중국공산당이 국공내전서 승리하고 중화인민공화국을 수립함으로써 마침내 중국대륙에서 중국공산당 시대의 막이 올랐다. 중국공산당이 중국에서 사회주의건설을 위한 이상을 펼칠 수 있는 기회를 잡은 것이다. 모택동은 중국에서의 혁명과정을 설명하면서 1954년 9월 헌법을 채택함으로써 새로운 프롤레타리아트에 의해 지도되는 '신민주주의혁명' 단계가 끝났다고 언급한 바 있다. 즉 중국공산당이 장기간에 걸쳐 투쟁해온 혁명이 1954년에 이르러 하나의 획을 긋고 새로운 단계에 들어섰음을 천명한 것이다. 이는 곧 사회주의 개조를 위한 새로운 정치투쟁을 예고한 것이기도 하다.

중국공산당이 자생적 사회주의운동을 통해 중국대륙의 공산화에 성공했음에도 불구하고 인민들 사이에서는 여전히 사회주의 의식이 부족할 뿐 아니라 제도 또한 기대에 미치지 못했다. 핵심적인 문제는 세 가지였다. 첫째, 인민들이 사상적으로 사회주의를 온전히 받아들이지 못함에 따라 중국공산당에 대한 불만을 노골적으로 토로했다. 특히 다민족사회인 중국을 하나의 통일된 국가로 통합하였지만 각 민족별 특성이 중국공산당에 의한 획일적 통치를 방해했다. 둘째, 사회주의혁명 단계에 들어섰음을 천명했지만 생산관계의 발전이 미치지 못해 여전히 봉건적 또는 자본주의적 요소들이 중국사회를 지탱하고 있었다. 사회주의제도의 정착이 시급한 상황이었다. 셋째, 권부 내에서 모택동의 권위에 도전하는 세력들이 포진하고 있었다. 인민들 사이에서는 모택동의 권위가 확고부동했지만 권부 내에서는 노선을 달리하는 사람들을 중심으로 모택동에 대한 도전이 날로 거세졌다.

이러한 상황에서 체제정비가 어느 정도 이루어진 1950년대 중반부터 중국공산당은 당면한 문제를 해결하기 위해 주민들을 상대로 한 대대적인 정치투쟁에 나섰다. 정치투쟁은 1956년 이른바 '쌍백방침'에 대한 인민들의 적극적인 반향으로 촉발된 쌍백운동으로 시작됐다. 모택동이 1956년 4월 중국공산당 정치국 확대회의에서 내놓은 이 방침은 '백화제방'(百花齊放)과 '백가쟁명'(百家爭鳴)을 지칭하는 것으로서 애초에는 사회주의 발전을 위해 국민들의 다양한 주장과 의견을 듣고 수용하겠다는 선의에서 출발했다. 그러나 이듬해부터 국민들 사이에서 중국공산당과 지도부에 대한 다양한 비판이 쏟아져 나오면서 쌍백운동으로 확산됐다.

쌍백운동을 통한 비판이 도를 넘어서게 되자 중국공산당과 모택동은 이를 반대파(우파)를 숙청하기 위한 계기로 삼기 시작했다. 공산당에 대한 비판이 날로 거세지자 애초의 생각과 달리 이를 반대파 척결의 기회로 이용코자 한 것이다. 이것이 이른바 '반우파투쟁'이다. 그러나 반우파투쟁은 중국 권부에서의 정치투쟁의 시작에 불과했다. 반우파투쟁은 곧 정풍운동으로 확산됐고 1960년대 중반에 이르러 10년 동안 지속된 문화대혁명으로 이어졌다. 특히 정풍운동은 소수민족지역에서 지방 민족주의를 겨냥한 민족 정풍운동으로 전개돼 소수민족들의 민족적 특성을 크게 위축시켰다.

중국공산당과 모택동은 반우파투쟁을 통해 주민들의 사회주의사상을 고취하는데 주력하는 가운데 사회주의제도를 중국에 정착시키기 위해 생산수단에 대한 사회주의적 소유를 추진했다. 그리고 이를 계기로 생산력 증대를 위한 대대적인 증산운동을 전개했다. 기초 행정단위인 향(鄕)을 중심으로 인민공사를 설립해 개인 소유 토지는 물론 모든 생산수단을 여기에 귀속시키고 인민들로 하여금 인민공사에서 생산 활동을 하고 분배받도록 하는 집단적 생산 및 분배 방식을 실행한 것이다.

농촌에서 인민공사를 통한 집단적 소유제가 정착되자 중국공산당과 모택동은 농업과 공업 부문에서의 생산력을 비약적으로 증대시키기 위해 중국 전역에서 대약진운동을 전개했다. 모든 경제부문에서 공동생산 공동분배 방식을 핵심 내용으로 하는 이 운동은 초기에는 많은 효과를 거두어 세인의 관심을 끌었다. 따라서 모택동은 사회주의건설의 총노선을 제시하고 이를 인민공사 대약진운동 등과 함께 중국공산당의 핵심 노선으로 삼았다.

그러나 이러한 노선은 모택동의 의도대로 되지 않았다. 농민들의 생산의욕이 떨어져 생산성이 크게 저하됐고 설상가상으로 1950년대 말에는 잇따라 대기근이 찾아왔다. 급기야 식량 부족으로 수 천만 명이 아사하는 상황으로까지 발전했다. 급진적인 사회주의적 소유제와 생산방식을 도입하려던 계획은 많은 부작용으로 암초를 만난 것이다. 결국 모택동은 1959년 제2차 인민대표대회서 책임을 지고 유소기에게 국가주석직을 넘겨주어야 했다.

유소기와 등소평 등 주자파에 의해 주도된 새로운 정책은 모택동노선에 반하는 것으로서 또 다른 정치투쟁을 예고하는 것이었다. 결국 1966년 들어 모택동과 그 지지 세력은 주자파에 의해 추진되고 있던 일련의 정책들을 못마땅해 하며 홍위병을 내세워 사회주의 건설을 명분으로 계급투쟁을 선동했다. 10여년 동안 중국을 암흑세계로 몰아넣은 문화대혁명이 시작된 것이다. 문화대혁명은 1976년 9월 9일 모택동의 사망으로 끝났다. 공식적으로는 1977년 8월 제11기 전국인민대표대회에서 종결이 선포됐다.

중국에서 일반 대중을 대상으로 한 정치투쟁은 문화대혁명이 끝나고 1978년 등소평이 개혁개방 정책을 추진하면서 사실상 막을 내렸다. 중국공산당은 일련의 사건에 대한 결의를 통해 모택동의 오류였다며 당시 탄압받은 사람들을 복권시키는 조치를 단행했다. 중국공산당의 공식적인 결정은 1981년 6월 제11기 당중앙위원회 제6차 전체회의(11기6중 전회)에서 나왔다. 중국공산당은「건국 이래 당의 몇 가지 역사적 문제에 관한 결의」에서 인민공사의 추진 및 문화대혁명 등의 정치투쟁과 관련된 문제를 "모택동의 오류이며 결과는 중국공산당의 위대한 승리"로 평가했다.

중국에서의 일련의 정치투쟁은 사회주의 건설과정에서 중앙의 권력상층부의 결정과 갈등에서 비롯됐다. 그러나 문화대혁명 등에서 보듯 성격상 이념갈등에 따른 권력투쟁임에도 불구하고 농촌을 포함한 중국 전역에 엄청난 영향을 미쳤다. 특히 소수민족지역에서는 민족문제와 결부하여 더 큰 파장을 일으켰다. 연변 등 조선족동포들이 밀집해 거주하는 지역에서는 그 파장이 더 컸다. 민족 정풍운동과 문화대혁명을 거치면서 조선족동포 지식인들은 특무(간첩)로 내몰려 처형되는 등 극단적인 아픔을 겪어야 했다. 이는 또한 조선족사회에 민족간부의 고갈현상을 낳기도 했다.

1950년대 말에서 70년대 중반까지는 중국이 가장 비참했고 황폐한 시기였으며 중국사회가 가장 잊고 싶어 하는 시기다. 그 상황은 조선족동포들에게도 마찬가지였다. 중국의 저명한 소설가 옌롄커(閻連科)는 소설『사서』(자음과 모음, 2012)에서 1950년대 우파로 몰린 지식인 수천 명이 농촌 마을에 수용된 후 겪는 비참한 실상을 적나라하게 묘사하고 있다. 강철 생산량을 채우기 위해 극심한 노동에 시달리는 이들의 비참한 모습만으로도 당시의 상황을 짐작할 수 있다. 이 무렵 3년간의 기근이 왔을 때 지식인을 포함해 3-4천만 명의 가난한 백성들이 굶주림으로 운명을 달리했던 것으로 역사는 기록하고 있다.

2. 반우파투쟁과 민족 정풍운동, 그리고 조선족

중화인민공화국이 수립되고 체제 안정이 이루어지면서 중국공산당은 중국사회 전반에서 사회주의적 개조를 위한 일련의 조치를 단행했다. 정치부문에서는 사회주의 제도의 정착과 함께 주민들에게 사회주의 의식을 고취시키는데 중점을 두었다. 특히 조선족을 포함한 소수민족들을 대상으로는 중국 중심의 단일 조국관을 고양시키는데 초점이 맞추어졌다. 이것은 1950년대 후반 반우파투쟁과 민족 정풍운동 형태로 표출됐다.

조선족동포들도 중국사회의 일반적 분위기에 편승해 반우파투쟁의 빌미가 된 쌍백운동에 적극 참여했다. 1957년 6월부터 이듬해 4월까지 약 10개월 사이에 무려 20만6천800여건에 달하는 대자보를 붙여 중국공산당과 사회주의에 대한 의견을 제시했다. 그런데 이 대자보가 향후 반우파투쟁의 중요한 증빙 자료가 됐다. 그리고 반우파투쟁에 이어 조선족사회의 민족주의적 색채를 뿌리 뽑기 위한 민족 정풍운동의 광풍이 몰아쳤다.

중국공산당은 사회주의혁명이 성공했음에도 불구하고 여전히 자본주의적 요소가 지배하고 있는 당시의 상황을 사회주의와 자본주의 간의 싸움으로 판단하고 사회주의 노선을 따르지 않는 사람들을 우파로 규정했다. 그리고 이들을 반사회주의적인 대상으로 지목해 산간오지로 내몰아 노동교화를 시키는 등 혹독한 비판을 가했다. 소수민족에 의한 지방 민족주의적 경향도 우파적인 것으로 평가함에 따라 민족 정풍운동으로 발전했다.

연변을 비롯한 조선족사회에서는 반우파투쟁과 민족 정풍운동이 기본적으로 소수민족의 민족관 및 조국관과 밀접히 연관되어 전개됐다. 중화인민공화국이 수립되고 사회주의 건설이 추동되고 있는 상황에서 지방에서의 민족주의적 성향이 중국공산당의 노선과 정책에 부정적 영향을 미치고 있다는 인식에 따른 것이었다. 특히 민족 정풍운동은 민족관 및 조국관 문제와 더불어 조선족동포들의 조선어 사용에 대한 문제도 함께 제기했다. 조선어 사용이 한족과의 분리를 획책한다는 것이 이유였다.

조선족사회에서의 반우파투쟁은 1958년 4월 연변조선족자치주 간부대회에서 자치주 부서기 김명한이 "지방 민족주의를 반대하고 민족단결을 강화하자!"는 발언을 하면서 시작됐다. 이것은 또 조선족동포들을 대상으로 한 민족 정풍운동의 시작을 알리는 신호탄이었다. 그러니까 연변지역 등 조선족동포사회에서는 반우파투쟁과 민족 정풍운동이 거의 동시에 진행됐다. 반우파투쟁이 조선족사회의 민족주의적 색채를 제거하는데 목적을 두고 민족문제에 초점을 맞추게 됨으로써 자연스럽게 민족 정풍운동으로 이어지게 된 것이다.

김명한은 연변지역 조선족사회의 지방 민족주의가 "조선족 지식분자와 국가 사업일군 가운데 부동한 정도로 상당히 보편적으로 존재한다"고 언급, 조선족사회의 민족주의 경향을 부정적으로 진단했다. 그는 우선 지방 민족주의는 연변지역에서 한족과의 민족동화를 반대하고 연변지역의 특수화와 순수화를 주장하는 것으로 나타났다며 문제시했다. 또 조선족 고유의 민족 언어의 사용을 강조하는 것에 대해 한어와 한문을 배우는 것을 반대하고 조선족을 기타민족, 특히 한족과 분리시키려는 것으로 매도했다. 결국 지방 민족주의에 의해 주장되는 민족동화, 특수화, 순수화 등을 반동적 언론으로 규정하고 이를 유포하는 것은 중국공산당의 민족구역자치 정책의 실행을 반대하고 민족을 분리시키고 각 민족의 단결을 파괴시키기 위한 것이라고 평가했다.

조선족사회에서의 반우파투쟁과 민족 정풍운동은 주로 대학교수, 과학자, 기관간부, 교원, 작가 등 지식인들을 겨냥했다. 실제 우파분자로 몰린 사람들 역시 연변의학원 정규창 교수, 중국작가협회 연변분회 최정연 작가, 연변대학 로승균 교수, 연변인민출판사의 김동구 등 조선족사회를 대표하는 지식인들이었다. 이들은 모든 정치적 권리를 박탈당한 것은 말할 것도 없고 강제노동을 하며 인간 이하의 취급을 당했다. 우파분자로 낙인이 찍혔던 사람들은 1962년에 이르러 대부분 사면됐지만 사회적으로는 '감투벗은 우파분자'란 꼬리표 때문에 계속해서 멸시와 불신을 받았다. 더욱이 이들은 이어 불어 닥친 문화대혁명 때에도 우파분자로 낙인찍혔던 전력을 이유로 박해의 일차적 대상이 됐다.

사실상 반우파투쟁과 민족 정풍운동은 이와 같이 주로 민족간부와 지식인을 대상으로 지역 민족주의를 반대하는데 초점이 맞추어진 것이었다. 민족지역의 특수성을 강조하거나 민족문화와 전통을 보존, 발전시키는 모든 행동이 민족주의적인 것으로 비판받았다. 북한에 대한 우호적인 언사도 민족분리주의적인 것으로 비판의 대상이 됐다. 주목되는 것은 조선어 사용을 강조하는 것 역시 한족과의 관계를 파괴하는 행위로 비판받았던 점이다. 즉 민족구역자치제를 실시하며 민족고유의 언어와 문자는 물론 전통 문화와 관습을 향유할 수 있도록 허용했음에도 불구하고 정치투쟁이 전개되면서 이를 민족분리의 핵심적 사안 중 하나로 제기하고 나선 것이다.

민족 정풍운동으로 조선족사회의 우수한 민족간부와 지식인들이 억울한 누명을 쓰고 엄청난 핍박을 당했다. 조선족 동포사이에서 한어 교육이 확산되기도 했다. 당시 조선족동포들은 중국과 함께 북한을 조국으로 생각하는 다중 조국관이 팽배해 있었는데 민족 정풍운동 이후 적어도 표면적으로는 중국 단일 조국관으로 무장하게 됐다.

문학작품을 통해 본 조선족 지식인의 우파 낙인 사례

중국에서의 정치투쟁 과정에서 조선족 지식인들이 겪은 시련은 실로 혹독하고도 장구한 것이었다. 대표적인 조선족 시인 조룡남의 경우에서 이를 실감할 수 있다. 그는 1950년대 말 반우파투쟁에서 우파로 몰려 시련을 겪은데 이어 1960년대 중엽 문화대혁명 때도 앞서 우파로 내몰렸던 이력 때문에 다시 고초를 겪어야 했다. 근 20여년 동안 '우파 모자'를 쓰고 갖은 고생을 다한 뒤에야 그 굴레서 벗어날 수 있었다. 그는 자신의 이 슬픈 역사를 산문「꾀꼬리가 울기까지」에서 적나라하게 밝혔다. 조룡남 시인이 스스로 실화문학으로 표현한 이 글에서 그가 겪은 시련의 일단을 짐작할 수 있다.

“1968년 7월 초순의 어느날, 대황구 종업원료양소에서 료양하고 있던 나는 갑자기 까닭도 모르게 학교 ‘독재소조’에서 파견한 두 사람에게 붙잡혀 학교로 돌아가게 되었다 … 대황구! 이 산골은 나의 기억 속에 결코 그리 아름다운 고장은 아니였다. 1959-60년도 그 고난의 년대에 나는 우파분자로 이 류배지에 끌려와서 ‘약진 땜’을 쌓고 료양소를 짓는 고역을 하였고 북골과 동골치기 벌목판에 가서 통나무도 찍었다.

… 그 무거운 우파 모자를 벗고 인간 세상에 다시 돌아와 교육사업 행렬에 들어선 몇 해 동안 나는 정말 충성스럽게 일하여 왔었다. 문화대혁명이 일어나던 1966년도만 하여도 나는 학교에서 가장 어려운 농업중학반을 담임했었다 … 허나 난데 없는 한줄기 광풍은 모든 것을 산산이 짓부셔 버렸다. 5년 로동개조의 고역과 헤아릴 수 없는 간난신고로 바꾸어온 이 평화로운 생활은 너무도 빨리 막을 내렸다 … 순간 나의 눈앞에는 재난의 년대-1957년 겨울 우파를 잡아내던 교원집중훈련반의 그 무시무시한 정경이 새삼스럽게 떠올랐다.

… 1964년 나는 먼 국경선에 있는 한 학교로부터 훈춘에서 10여리 떨어진 신풍마을 쌍신학교에 전근되였다 … 나는 늘 고급반을 담임했는데 봄철과 여름철이면 짬짬이 학생들을 데리고 대대 과수원에 가서 과수재배기술을 전수받았다 … 학교에서도 과수원을 꾸릴 계획을 세우고 있었다 … 나는 이런 현실생활의 감수로부터 자기의 미적 추구와 리상을 담아 작품 「과원의 꾀꼬리」를 창작했던 것이다. 물론 어느 잡지, 어느 신문도 나의 작품을 발표해 주지 않는 때였으니 글을 쓴 동기로부터 보더라도 문예창작이라기보다 문예형식으로 쓴 일기라고 하는 편이 더 적절할 것이다. 그러나 바로 이 보잘 것 없는 ‘꾀꼬리’가 ‘죄’로 되어 후일 그렇게도 비싼 값을 치르게 될 줄이야 누가 알았으랴!”

(조룡남, 「꾀꼬리가 울기까지」, 1979)

3. 인민공사와 대약진운동, 그리고 조선족사회

중국사회 전반에서 사회주의적 개조를 위한 중국공산당의 조치는, 경제부문에서는 생산수단에 대한 공동 소유를 강화하는 형태로 추진됐다. 이는 토지개혁을 통해 개인에게 분배한 토지를 집단적, 또는 국가적 소유의 형태로 전환하는 핵심 작업이었다. 조선족동포들의 거주 지역에서도 사회주의적 개조를 위해 생산수단에 대한 소유 제도를 전환하는 것은 더없이 중요한 과제였다.

중화인민공화국 수립 이전부터 농업생산을 증대하기 위해 조선족 농촌마을에서 10여 가구를 묶어 하나의 '호조조'를 형성해 공동생산 방식을 추구해온 중국공산당은 1950년대 후반 들어 이를 강화하여 '인민공사'라는 대규모 집단생산방식을 도입했다. 그리고 이 제도의 전환이 순조롭게 진행되자 농업은 물론 공업 등 모든 부문에서 생산 증대를 위한 '대약진운동'을 전개했다. 이러한 일련의 과정은 조선족 사회를 포함한 중국사회 전반에 엄청난 영향을 미쳤다.

중국은 인민공사를 세우기에 앞서 농업합작사운동을 통해 소유형태의 전환을 위한 기초작업을 시행했다. 농업합작사 운동은 초급과 고급의 2단계로 나누어 추진됐다. 1952년부터 시작된 초급농업합작사 운동은 1955년에 이르러 연변지역에서도 확산됐는데 전체 농가의 57%인 67,677가구가 가입해 2,803개의 초급농업합작사가 설립됐다. 이 과정에서 중국공산당은 이미 다음 단계인 고급농업합작사 설립을 시도하며 각 현·시에 1-2개의 고급농업합작사를 운영할 것을 지시했다. 그리고 불과 몇 달 후인 1956년 2월에는 연변에 617개 고급농업합작사가 설립됐다.

초급농업합작사는 호조조에 비해 더 집단적 소유의 형태로 운영됐다. 즉 '호조조'가 개인이 토지를 소유한 상태에서 상호 협력하여 생산하는 형태라면, '농업합작사'는 합작사가 개인의 토지를 수용해 생산을 주도하고 개인은 노동력을 제공하는 형태로 운영됐다. 중국은 당시 초급농업합작사운동이 마무리된 것을 집단적 소유제가 대체로 정립된 것으로 주장하였다.

그러나 농업합작사 운영이 보편화되면서 농민들의 불만도 커졌다. 소작농 신분에서 무상으로 토지를 분배받아 노동계급으로 신분이 격상된 후 정성들여 땅을 가꾸어온 이들로서는 불과 몇 년 되지 않아 다시 토지를 내놓아야 하는 상황을 받아들이기 어려웠을 것이다. 그러나 이러한 불만을 해소하지 않은 채 고급농업합작사 운동으로 나아감으로써 상황은 더욱 심각해 졌다. 고급농업합작사는 토지 가축 대형농기구 등을 모두 공적 소유로 한 것이어서 사회주의적 소유 형태가 더 강화된 것이다.

그런데 중국공산당은 1958년부터 제2차 경제계획을 추진하면서 모택동의 지시에 따라 농업합작사에서 한 단계 더 진전된 인민공사 설립을 서둘렀다. 그해 8월 연변에는 처음으로 동성인민공사가 설립됐고, 이어서 연변자치주 내의 921개 고급농업합작사를 기반으로 78개 인민공사가 설립됐다. 17만2천588호의 농민 전부가 인민공사에 입사하면서 연변조선족자치주에서는 속전속결로 인민공사화가 완성됐다.

사진 3-2. 대약진운동 시기 건설에 참여하고 있는 사람들

한 개 향에 한 개의 인민공사를 둠으로써 인민공사가 사실상 향 정부를 대신했다. 즉 생산조직에 정부기능을 합한 것이 인민공사인 셈이다. 평균 규모가 2천213호에 달할 정도로 규모가 너무 비대했다. 연변의 연길현 조양인민공사는 4개 향 54개 고급농업합작사를 합병해 설립한 것으로 모두 1만855호에 달했다. 사회주의적 생산양식을 추구함에 따라 공사 내의 모든 생산수단은 인민공사의 소유였다. 개인이 소유하고 있던 가축 농기구는 물론 얼마 안 되는 과수나무까지 인민공사의 소유가 됐다. 당연히 인민공사가 모든 것을 분배하고 지휘할 수 있는 권한을 가지고 있었다.

농업합작사 운동은 농업부문에 한정한 소유형태의 전환 과정이었다면 인민공사는 농업부문에서의 성과를 토대로 하여 농업은 물론 공업 상업 등 모든 부문에서 소유형태를 전환하는 과정이었다. 따라서 인민공사에서는 모든 생산수단을 공사 소유로 하면서 사회주의적 소유 제도를 사실상 마무리한 것이었다. 따라서 가축과 농기구는 물론 과수나무까지도 인민공사의 소유가 되었으며 이전까지 각 농가가 소유했던 텃밭 등의 자류지도 인민공사 소유가 되었다. 당시 중국은 인민공사의 설립을 사회주의 건설을 위한 사회주의적 소유제도가 완성된 것으로 평가했다.

이 무렵 중국에서는 이미 대약진운동이 전개되고 있었다. 1958년 5월 5일부터 23일까지 북경에서 개최된 중국공산당 제8기 2차 회의에서 "있는 힘을 다하여 앞으로 나가며 많이, 빨리, 좋게, 절약하면서 사회주의를 건설하자"는 총노선이 결정됐고 이를 계기로 중국 전역에서 대약진운동이 시작됐다. 대약진운동은 농촌에서의 인민공사 설립 운동과 병행해 전개됐다. 중국공산당이 주도한 이 운동은 모든 생산부문에서 생산을 증대한다는 원대한 목표를 가지고 시작했지만 결과는 최악이었다.

인민공사와 대약진운동은 경제건설을 위한 사회운동의 성격을 띠고 있다는 점에서 주민들의 삶과 직결되는 것이었다. 그러나 이 두 가지 운동이 모두 실패함에 따라 조선족사회는 물론 중국사회 전체가 크게 영향받았다. 앞서 반우파투쟁과 민족 정풍운동으로 마음이 상했던 조선족동포들은 무상으로 분배받은 토지를 사실상 몰수 당한데다 사회경제적 여건마저 어렵게 되자 중국에서의 정착을 포기하고 북한으로 귀환하는 사람들이 늘어났다.

호조조, 농업합작사, 인민공사

중국공산당은 토지개혁 이후 생산력을 강화하기 위해 노동력이 취약한 농민들을 다른 농민들과 묶어 집단적 농사방법을 추진했다. '호조조'는 10여 가구를 한데 묶어 이들이 공동으로 농사를 짓게 한 것이다. 이 방식은 1950년대 중반 농업합작사 운동으로 발전했다. 농업합작사 운동은 합작사의 규모와 성격에 따라 초급과 고급으로 구분되는데 개인이 농사를 짓던 방식에서 집단으로 농사를 짓는 방식으로 나아가는 과정이었다. 호조조가 공동 생산방식을 취하지만 기본적으로 토지의 개인 소유를 인정했다면, '초급농업합작사'는 값은 쳐 주었지만 토지를 포함해 모든 것을 합작사에 맡기고 공동으로 생산을 하는 것이었다. 토지의 소유가 개인에서 합작사로 넘어감으로써 집단적 소유제로 전환한 것이다. 그리고 '고급농업합작사'는 여기서 더 나아가 모든 생산수단을 농업합작사가 맡아 경영은 물론 분배까지 하는 것이다. '인민공사'는 일련의 소유제 전환 과정의 최종 단계라고 할 수 있다. 한 개의 향을 하나의 공사로 하여 농업뿐 아니라 공업 상업 등 모든 생산부문을 공사가 관할했다. 노동자 농민의 노동력과 모든 생산수단은 다 인민공사 소유였다. 당시 중국에서는 인민공사를 세운 것을 사회주의 단계에서 공산주의 단계로 이행하기 위한 과정으로 성급하게 평가하기도 했다.

4. 문화대혁명과 조선족사회 (1)

문화대혁명은 중국공산당이 '10년 대동란'으로 표현할 만큼 중국사회를 혼돈의 도가니로 몰아넣은 일대 사건이었다. 중국공산당이 사회주의제도를 정착시키는 과정에서 계급투쟁을 위한 이념적 편향과 오류로 인해 빚어진 이 사건으로 수많은 사람들이 처형되고 박해를 받았다. 문화대혁명이 종결된 지 수년이 지난 후인 1981년 6월 중국공산당은 이 문제에 대한 결의를 통해 문화대혁명의 성격, 발발 원인, 전개 과정, 책임 소재 등을 최종 정리했다. 그 결의는 문화대혁명이 모택동의 오류로 빚어진 사건으로 종국적으로 공산당의 승리라고 평가했다. 그럼에도 불구하고 문화대혁명의 상흔은 아직도 중국사회 곳곳에 깊은 상처로 남아있다. 조선족사회도 마찬가지다.

문화대혁명은 중앙의 권력 상층부에서 전개된 권력투쟁의 성격을 지니고 있다. 하지만 권력투쟁을 위한 정치적 사건으로 단순화하기에는 파급의 정도와 사건의 내용이 훨씬 크고 복잡하다. 문화대혁명 기간 중국대륙 어느 곳도 이로부터 자유로운 곳이 없었다. 또한 중국공민 누구도 예외 없이 문화대혁명으로부터 크고 작은 영향을 받았다. 비록 가해자와 피해자가 있고, 피해의 정도 차이는 있지만 중국공민들 모두는 이 엄청난 정치적 소용돌이를 아픈 역사로서 기억하고 있다. 중국 변방에서 소박한 삶을 살아온 조선족동포들에게도 문화대혁명은 악몽과도 같은 것이었다.

악몽과 같은 아픈 기억 때문일까? 문화대혁명이 종결된 지 한 세대

사진 3-3. 문화대혁명의 핵심 조직인 혁명위원회를 찬양하며 시위하는 사람들

가 넘는 37여년의 시간이 지난 2013년 현재까지도 조선족동포들은 문화대혁명 시기를 반추하는 것조차 주저한다. 일부 공식 기록을 제외하고는 객관적이고 비판적인 자료를 찾기가 쉽지 않다. 여전히 술자리에서 혹은 깊은 회한 속에서 독백처럼 그때를 되새김질 하고 있을 뿐이다. 일부 지식인들이 이제는 당시의 기억을 더듬어 올바른 기록을 남겨야 할 때가 됐다고 조심스럽게 말하고 있을 뿐이다.

문화대혁명은 중앙에서는 권력투쟁의 성격을 지닌 것이었지만, 소수민족이 거주하는 지역에서는 민족문제가 핵심 화두였다. 문화대혁명이 계급투쟁을 위해 자본주의는 물론 사회주의 내에서의 수정주의에 반대하는 이른바 반수반자(反修反資)를 핵심 구호로 내세웠으나 소수민족 거주지역에서는 소수민족들의 민족주의적 경향과 한족과의 민족적 갈등을 해결하는 과정으로 작동했다. 그러니까 소수민족 거주지역에서의 문화대혁명은 정치적 문제가 아니라 민족문제로 인한 현실적 과제에 초점이 맞춰졌다.

중국의 한 지식인은 "문혁을 이해하지 못하면 중국은 물론 중국인을 절대로 이해할 수 없다"고 이야기한 바 있다. 이는 연변지역과 조선족동포들에게도 똑같이 적용될 것이다. 특히 문화대혁명은 조선족동포들의 정체성 형성에 지대한 영향을 미쳤다. 이미 1950년대 말 민족 정풍운동을 통해 다중 조국관을 버리고 중국 단일 조국관을 함양하도록 강요받았지만 여전히 북한을 조국으로 인식해온 조선족동포들은 10여년 동안의 문화대혁명을 겪으면서 적어도 표면적으로는 중국 공민으로서의 국가정체성을 보다 확고히 갖게 됐다.

문화대혁명 기간 중에는 모든 민족의 한족화가 추진되면서 이미 수립된 민족자치구역 및 민족향 등이 모두 취소됐다. 사실상 중국공산당의 핵심적 소수민족정책인 민족구역자치제가 폐기처분된 것이다. 그러나 문화대혁명이 끝난 후 중국공산당은 다행스럽게도 이를 다시 부활시켜 원상 회복시켰다.

5. 문화대혁명과 조선족사회 (2)

조선족동포가 밀집해 살고 있는 연변지역은 문화대혁명으로 인한 피해가 특히 컸던 '재해지구'로 불린다. 문화대혁명 기간 연변조선족자치주에서 억울한 누명을 쓰고 사망한 사람이 무려 2천653명에 이른다는 사실이 이를 입증한다. 그 중에는 맞아 죽은 사람이 433명, 구타를 당한 후 그 후유증으로 인해 숨진 사람이 737명, 핍박에 못 이겨 자살한 사람이 1천483명이 포함되어 있다. 국공내전 기간 동안 참전한 조선인 중 사망자 수가 3천9백43명이었던 것과 비교된다. 사망자 수가 시사하는 것처럼 조선족동포들에게 있어서 문화대혁명은 사실상 또 하나의 전쟁이었다.

연변지역이 이와 같이 피해가 컸던 것은 후방에 조국을 두고 있는 소수민족 밀집지역이라는 점이 작용했다. 즉 연변지역에서의 문화대혁명은 조선족동포들 사이에서 북한을 조국으로 인식하고 있는 민족주의적 경향을 종식시키기 위한 민족갈등 양상으로 전개됨으로써 극단적 결과를 낳았다. 연변지역에서와 마찬가지로 하얼빈 등 여타 조선족 거주지역에서도 비슷한 양상을 보였다. 다만 피해의 규모는 연변지역이 월등히 컸다.

연변지역에서의 문화대혁명은 1966년 말에 이르기까지 비교적 안정된 정세를 유지했다. 당시 연변조선족자치주 주장이었던 주덕해의 권력기반이 안정적이었던 데서 이유를 찾는 학자들도 있다. 비록 중앙의 혁명논리를 쫓는 파벌이 형성되는 등 상황이 악화되고 있었지만 문화대혁명 초기 조선족동포 사회에서는 주덕해에 대한 신뢰를 바탕으로 문제가 비교적 원만하게 수습되는 듯했다. 그러나 상황은 1966년 말 경 모택동의 조카인 모원신(毛遠新)이 연변에서 활동을 시작하면서부터 달라졌다. 모원신의 출현으로 연변에서의 문화대혁명은 계급투쟁에서 조선족동포들의 민족주의적 경향을 제거하기 위한 민족투쟁으로 그 성격이 전환되었기 때문이다.

모원신은 연변에 도착한 직후 이 지역에서의 문화대혁명이 대단히 미흡하다며 혁명 분위기를 고양시키는 가운데 "주덕해를 타도하고 전 연변을 해방하자"는 구호를 제시했다. 조선족동포 최고 민족지도자인 주덕해를 일차적 타도 대상으로 지목함으로써 민족주의세력을 공격대상으로 삼으려는 의도를 분명히 한 것이다. 그는 주덕해를 비난하는 가운데 연변대학 학생들을 대상으로 "진정한 좌파를 식별하는 표준은 주덕해를 비판 투쟁하며 감히 주덕해를 말에서 끌어내리려는 기백이 있는가 없는가에 달렸다"고 추동했다.

상황은 1967년 1월 군대의 문화대혁명 개입에 대한 지시가 내려지면서 더욱 악화됐다. 군대의 개입으로 파벌 간 역학관계에 큰 변화가 생겼는데 군대는 여러 과정을 거쳐 결국 연변대 학생 조직으로서 조반파인 '8. 27'을 지지했다. 따라서 중국공산당 연변주위원회를 기반으로 하는 '홍련'은 수세에 몰렸다. 군대는 3월 초 연변일보사, 연변공안처, 연길시공안국 등을 접수했다. 군대는 또한 인민정부와 당위원회 등을 통제하는 가운데 통제지역을 연길에서 도문, 훈춘, 왕청 등 인근지역까지 확장했다. 그리고 3월 11일 연변조선족자치주 군사관제위원회가 정식 수립되어 모원신의 최측근인 고봉(皐峰)이 주임을 맡았다.

그러나 이 무렵 연변지역 내 군중 조직들 간에는 권력투쟁에서 이기기 위해 세력을 키우기 위한 이합집산이 이루어졌다. 그리고 '주덕해를 어떻게 볼 것인가'라는 문제를 두고 '홍색'과 '노혁회'로 대표되는 양대 계파로 양분됐다. 이들 조직은 학생과 당료 중심으로 조직됐던 앞선 조직들과 달리 노동자와 시민들을 망라한 대규모 조직이었다. 따라서 이들 조직들 간에는 1967년 봄 이후 세력 다툼에 따른 대립과 충돌이 격화됐다. 심지어 무력충돌마저 빈번히 일어났다.

이런 상황에서 주덕해에 비판적인 '홍색'은 비판의 논리적 정당성을 확보하기 위해 학습반을 조직하고 「주덕해죄상자료」를 제작하는 등 대중을 대상으로 한 선전전을 전개했다. 이 자료는 주덕해를 반역자, 특무(간첩), 매국역적, 연변에서 으뜸가는 집권 주자파 등으로 규정했다. 그러나 주덕해와 함께 항일운동을 했던 중국공산당의 원로 주은래(周恩來)가 4월 그를 북경으로 송환해 감으로써 주덕해 문제는 일단락 됐다. 주덕해는 이후 연변으로 돌아가지 못하고 1972년 7월 호북성에서 61세를 일기로 파란만장한 생을 마쳤다. 중국공산당 연변자치주위원회는 1978년 6월 '홍색'이 제작한 주덕해 죄상자료가 사실이 아닌 것으로 확인하고 공식적으로 그의 명예를 회복시켰다.

주덕해가 소환된 이후에도 파벌 간 대립은 격화돼 1967년 7월 하순부터는 무장투쟁 형태로 전개됐다. 이 무렵 홍색은 군대와 밀접하게 연대해 노혁회를 진압함으로써 연변에서의 민족 내 갈등을 증폭시켰다. 당시 홍색과 군대는 노혁회에 대해 북한에서 온 사람들이 지휘하고 있고 노혁회를 지지하는 사람들이 '김일성만세', '연길시를 피로 물들이고 도문관을 넘어 내 고향으로 가자'는 구호를 공공연히 외친다고 왜곡 선전했다. 그리고 이를 구실로 무력을 동원해 진압했다. 이후 연변에서의 파벌투쟁은 소강국면을 맞았다.

이와 같은 일련의 과정을 거쳐 1968년 8월 18일 연변조선족자치주 혁명위원회가 수립됐다. 당시 주혁명위원회 주임과 혁명위원회 당 핵심소조의 소장은 모두 한족이 맡아 연변지역의 핵심권력은 한족에 의해 장악됐다. 주혁명위원회 주임은 고봉(皐峰), 당 핵심소조 소장은 류련이었다. 이로써 조선족동포들이 밀집해 거주하고 있는 연변지역이 한족의 영향 하에 들어간 것이다. 따라서 민족구역자치제에 의해 1952년 이후 지속되어 온 연변조선족자치주는 사실상 소멸됐다

사진 3-4. 주덕해를 규탄하는 혁명파들

4장

북한-중국 관계의 부침과 조선족

1. 북한-중국 관계의 부침에 대한 이해

사회주의 이념을 공유하고 있는 북한과 중국은 정권 수립 이후부터 줄곧 혈맹관계를 강조하며 특별한 관계를 유지해 왔다. 여타 사회주의국가들처럼 제2차 세계대전 종전 이후 등장한 신생국가인 북한과 중국이 이와 같이 혈맹관계를 강조해온 것은 사회주의 건설 과정에서 양측이 연대해온 경험에서 비롯됐다. 이념적 유대와 함께 국경을 맞대고 있는 지리적 인접성, 그리고 지도자들 간의 끈끈한 인연 등이 복합적으로 작용한 결과이다. 특히 항일투쟁 시기부터 맺어진 양측 지도자들 간의 관계는 전통적인 친선관계의 핵심고리이다. 이들은 항일투쟁 시기 공동의 적인 일제에 항거해 함께 투쟁했으며 중국에서의 국공내전과 한반도에서의 6·25전쟁에 상대를 지지하며 힘을 합했다. 북한과 중국관계를 순망치한 또는 혈맹관계로 칭하는 것은 이 같은 역사에서 비롯됐다.

북한과 중국 관계는 초기 사회주의혁명 과정에서는 완벽한 협력관계를 유지함에 따라 아무런 문제가 없는 듯했다. 양측은 함께 항일투쟁을 하고 또 체제건설 과정에서 물심양면으로 서로 도움을 주고받았기 때문에 문제가 될 만한 소지가 없었다. 피를 나눈 혈맹으로서 그저 고맙고 감사할 뿐이었다. 그러나 각각 독자적인 정권을 수립하고 체제안정을 이루게 되면서 상황은 달라졌다. 국가의 건설목표에 따라 대내외적으로 새로운 도전에 직면하게 되면서 독립운동, 혹은 혁명 과정에서 취했던 국제주의적 연대 보다는 체제건설을 위한 국가주의적 실리를 추구하는 것이 더 필요했기 때문이다.

이에 따라 양측 관계에도 예상치 못한 균열이 나타나기 시작했다. 아이러니컬하게도 첫번째 균열은 중국이 북한을 도와 6·25전쟁에 참전한 것이 계기가 됐다. 전쟁 발발과 함께 파죽지세로 한반도 끝까지 밀고 내려갔던 북한군은 유엔군이 참전하게 되면서 후퇴에 후퇴를 거듭해 급기야 38도선 이북으로 달아나야 했다. 이렇게 되자 중국은 1950년 10월 '인민지원군'이라는 이름으로 북한을 돕기 위한 대규모 군사지원을 단행했다. 문제는 인민지원군이 전쟁에 투입된 후 불거졌다. 인민지원군과 북한군이 함께 전쟁에 임하는 상황에서 이들을 통합 지휘해야 하는데 지휘권을 누가 갖느냐 하는 문제가 제기된 것이다. 그런데 지휘체계를 수립하는 과정에서 북한과 중국 간에는 상당한 입장 차이가 드러났고 이로 인한 갈등이 수면 위로 표면화됐다.

인민지원군의 참전 초기에는 이들과 북한군은 각각 독자적인 지휘체계 하에서 운영됐다. 당연히 여러 가지 문제가 제기됨으로써 통합 지휘권 문제가 부각됐다. 그러나 양측은 지휘권을 통합해야 할 필요성에는 공감하면서도 서로 양보하지 않으려 함에 따라 지휘권을 놓고 갈등이 빚어졌다. 결국 양측 군대를 통합 지휘할 연합사령부를 설립하는 것으로 문제를 해결했지만 이 역시 미봉책에 불과했다. 연합사령부가 북한의 내정에 간섭하는 일이 잦아지면서 또 다른 갈등을 낳은 것이다.

군에 대한 지휘권문제는 철도관리권 문제로 이어졌다. 인민지원군 참전으로 중국은 병력 유지를 위한 갖가지 물자를 철도로 수송했는데 이에 따라 철도관리 문제가 중요한 현안으로 제기됐다. 중국으로서는 인민지원군과 관련된 수송문제일 뿐 아니라 철도 차량을 포함한 대부분의 장비를 중국에서 가져왔기 때문에 마땅히 자신들이 관리해야 한다는 입장이었다. 반면 북한은 이를 주권에 관한 문제로 인식하며 양보하지 않았다.

이러한 일련의 문제는 비록 북한-중국 관계가 혈맹관계로서 깊은 유대를 가지고 있지만 시간이 지나면서 서로 이해관계가 얽히게 되고 이로 인해 적지 않은 갈등이 있을 것임을 예고하는 것이었다. 실제로 곧이어 양측 관계에 영향을 미치는 보다 본질적인 문제들이 잇따라 나타났다. 문제는 두 가지 방향에서 제기됐다. 하나는 국제사회주의운동에서의 변화 움직임과 관련된 서로 다른 반응 속에서 제기됐으며, 다른 하나는 각 국가가 체제정비 과정에서 반대파를 제거하는 정치투쟁의 반작용 형태로 나타났다.

국제사회주의운동을 이끌어온 스탈린이 1953년 3월 사망하고 흐루시초프가 등장하면서 사회주의 종주국 소련은 스탈린 격하운동과 함께 사회주의건설을 위한 새로운 노선을 제기했다. 1956년 3월 제20차 소련공산당 대회가 정점이었다. 여기서는 자유민주주의 진영과의 평화공존 문제가 제기됐고 사회주의 건설 과정에서의 다양성(many ways to socialism)이 주창됐다. 이른바 수정주의노선이 제기된 것이다. 이후 사회주의진영 내에서는 변화의 물결이 소용돌이 쳤다. 그러나 북한과 중국에서는 상대적으로 큰 영향을 받지 않았다. 하지만 이를 계기로 사회주의진영의 두 강국인 소련과 중국이 노선상의 갈등을 일으켰다. 소련과 중국이 상대를 교조주의와 수정주의로 부르며 비난함으로써 긴장을 조성한 것이다. 북한은 이 과정에서 소련과 중국 사이에서 등거리외교를 펼치는 가운데 1960년대 초반에 이르러서는 소련을 지지하고 나섬에 따라 중국과의 관계가 소원해 졌다. 북중관계도 노선 갈등으로 위기를 맞게 된 것이다.

북한과 중국은 공히 1950년대 중반 이후 체제 안정을 도모하기 위해 체제내부에서 반대파를 척결하기 위한 정치투쟁을 단행했다. 이 움직임은 상대국에게까지 그 파장이 미쳤다. 특히 1950년대 중후반 북한에서 일어난 종파사건에서 김일성일파가 친중국공산당 계열의 연안파를 숙청하면서 중국의 불만을 샀다. 또 1966년에 시작된 중국의 문화대혁명 시 홍위병들이 북한과 김일성을 싸잡아 비난하자 북한도 중국에 대한 불만을 노골적으로 드러냈다. 당시 북한과 중국 간의 갈등은 사회주의진영에서 벌어진 노선갈등과 맞물려 더 복잡한 양상을 보였다. 문화대혁명 초기에 촉발된 양측관계의 갈등은 1970년대 초 주은래가 북한을 방문한 후에야 복원될 수 있었다.

북한과 중국 관계는 큰 흐름에서 보면 사회주의혁명 초기에 맺은 혈맹관계를 토대로 관계가 지속적으로 유지 발전되어 왔다. 하지만 보다 엄밀하게 살펴보면 크고 작은 많은 갈등으로 적지 않은 부침이 있었다. 그러한 갈등은 필연적으로 북한과 중국 관계에 영향을 미쳤다. 당연히 중국 동북지역에 거주하는 조선족동포들은 양측의 갈등을 지켜보며 좌불안석의 불편함을 견뎌야 했다. 민족 정풍운동과 문화대혁명 시기 조선족사회의 민족 지식인들 다수가 북한의 특무나 앞잡이 등의 명목으로 고초를 겪은 것에서 양국간 부침이 조선족사회에 얼마나 많은 영향을 미치는가를 헤아릴 수 있을 것이다.

2. 북한-조선족 관계에 대한 이해

중국 동북지역에 정착한 조선족동포들은 중화인민공화국 수립 후 중국공산당이 조선족을 적극 포용하는 정책을 추진함에 따라 명실상부한 중국 공민의 지위를 부여받았다. 따라서 조선족동포들은 새로운 상황에 적응하며 북한과의 관계를 재정립해야 했다. 하지만 이들은 북한을 조국으로 인식하는 마음을 쉽게 떨쳐버릴 수 없었다. 따라서 조선족동포들은 민족 정풍운동이 휩쓸고 지나간 1950년대 말에 이르러서야 표면적으로라도 북한을 조국으로 인식하는 데서 벗어났다.

그러니까 북한과 조선족 관계는 형식 논리에 따라 간단하게 정리할 수 있는 관계가 아니었다. 특히 전체 조선족동포의 절반 가까운 사람들이 밀집해 살고 있는 연변지역은 해방 이전부터 북한지역과 밀접한 관계를 유지하고 있었기 때문에 중국 당국의 행정적·정치적 조치만으로 관계를 끊을 수는 없었다. 북한과 조선족동포의 관계는 그만큼 오랜 역사와 깊은 인연을 맺고 있기 때문이다.

이를 증명할만한 다양한 기록들이 남아 있다. 1950년 3월에 기록된 한 자료에 따르면 두만강 북쪽의 약 15km 범위 안의 중국측 지역에 거주하는 사라들이 무려 30여만 명에 이르렀는데 그 중 80-90%가 조선족이었다. 이들은 대부분 두만강 남쪽 맞은 편 지역에서 건너온 사람들이었다. 서로 인척관계를 형성하고 있는 사람들이 두만강을 사이에 두고 마주보며 살아가는 형국이었다. 그런데 북한과 중국에 정권이 수립됨으로써 엄연히 국가를 달리하는 데도 강 건너에서 배우자를 선택해 결혼하는 일이 잦았다. 주민들이 이웃 마을에 마실을 가 듯 강을 건너 왕래하는 것이 흔한 일이었다.

1950년 6·25전쟁이 발발하고 유엔군이 참전해 전세가 북한에 불리해지자 중국은 인민지원군을 파견하기로 결정하고 조선족사회에서 대대적인 참전운동을 전개했다. 조선족동포들은 당연히 이 운동에 적극 참여했다. 한 자료는 1950년 10월부터 전개된 이 운동에 연변지역 5개 현에서 5천여 명의 조선족 청년들이 입대하였고 5,740명이 공작대 통역원 운수대 담가대 등의 자격을 가지고 한반도로 들어갔다. 이들의 참전은 강요에 의한 것이 아니라 자발적인 지원이었다는 점에서 조선족동포들의 북한에 대한 인식의 일단을 헤아릴 수 있을 것이다. 또 전쟁이 한창이던 1950년 겨울부터 이듬해에 걸쳐 북한 인민군 군사동원국 소속 장교들이 직접 연길 하얼빈 목단강 등 조선족동포들이 밀집해 있는 지역에서 지원군을 모병하기도 했다. 이런 점에서 중국의 역사서들이 조선족의 6·25전쟁 참전을 '항미원조 보가위국'의 관점에서 정리하고 있지만 조선족동포들의 입장에서는 '조국 보위' 또는 '조국 해방'에 방점을 찍어야 할 것이다.

1990년대 중반 사회주의권의 붕괴로 극심한 경제난을 겪던 북한은 잇따른 자연재해가 겹쳐 식량난까지 엄습했다. 이때 북한주민들은 식량을 구하러 두만강과 압록강을 건너 연변 등 조선족동포들을 찾아 나섰다. 친인척이 있는 사람들은 물론 그렇지 않은 사람들도 충분한 식량을 얻어 북한으로 돌아가곤 했다. 물론 이러한 현상이 장기화되고 또 도움을 청하는 사람들의 수가 많아지면서 이제는 조선족사회도 다소 냉랭해졌지만 조선족동포들은 고난의 행군 초기에 진심으로 북한주민들을 도왔다.

그런데 50년대 말 민족 정풍운동 및 대약진운동, 60년대 중반 문화대혁명 등으로 생활이 팍팍할 때 적지 않은 조선족동포들은 북한으로 건너가 도움을 청했다. 당시 두만강과 압록강에 인접한 지역의 조선족동포들 중에는 집단으로 북한으로 건너가는 경우도 허다했다. 이런 사례가 흔하게 일어났음에도 불구하고 당시 북한은 중국에서 돌아온 사람들을 대부분 받아들였다.

당시 북한으로 간 조선족동포들은 두 부류였다. 하나는 인민공사와 대약진운동으로 경제적 어려움을 겪게 되면서 먹고 살길을 찾아 다시 북한으로 들어간 사람들이다. 다른 하나는 민족 정풍운동과 문화대혁명 등 정치투쟁 과정에서 북한 특무 등의 죄목으로 박해를 받는 사람들이 피신처로 북한을 택한 경우이다.

3. 북한의 조선족동포들에 대한 포용

북한은 정권 수립 이전부터 중국 동북지역에 거주하는 조선인들에 대해 특별한 관심을 기울여왔다. 북한의 조선족동포들에 대한 관심은 기본적으로 같은 민족이라는 혈연적 유대에 바탕을 둔 것이라는 점에서 관계의 형식이나 강도 또한 비교적 견고했다. 양자 관계의 이러한 성격은 이후 중국과 북한 간 갈등이 노정됐을 때 중국측이 조선족동포들을 북한의 특무 등으로 의심하며 갖은 박해를 가한 이유가 되기도 했다. 그러나 북한은 조선족동포들이 어려움을 겪을 때마다 혈연적 유대관계의 연장선에서 이들의 아픔을 적극 포용하며 관계를 발전시켜 왔다.

북한의 조선족동포들에 대한 관심이 같은 민족이라는 혈연적 유대를 바탕으로 이루어졌음을 뒷받침하는 사례는 무수히 많다. 해방 초기 정권 수립에 필요한 인재를 동북지역 조선인들 사이에서 충원한 것, 중국에 기근이 들어 조선족동포들이 기아에 허덕일 때 식량을 지원한 것, 중국에서의 정치투쟁으로 박해를 받던 조선족동포들이 북한으로 피신했을 때 이들을 포용해 피신처가 되어 준 것 등등… 특히 북한은 어떤 이유로든 북한을 찾은 조선족동포들을 받아들이며 식량을 주고 일자리를 제공하는 등 성심껏 도움을 줬다. 따라서 조선족동포들 중 적지 않은 사람들은 북한에 대한 고마움을 표하기 위해 문화대혁명 시기 이전 까지도 집안에 모택동 사진과 함께 김일성 사진을 걸어두고 있었다.

1950년대 말 중국에 대기근이 들었을 때 동북지역의 많은 조선족동포들이 먹을 것을 찾아 압록강과 두만강을 건넜는데 북한은 이들을 모두 받아들여 식량을 나눠주고 일자리를 제공했다. 조선족동포들에게는 결코 잊혀 지지 않는 기억일 것이다. 조선족동포들의 이때의 기억은 1990년대 중반 북한이 극심한 식량난을 겪을 때 압록강과 두만강을 건너온 북한동포들에게 식량과 옷가지를 바리바리 싸 보내는 것으로 되갚았다.

중국에서의 정치투쟁으로 박해를 받던 조선족동포들이 북한으로 도피하는 경우도 비일비재했다. 1950년대 말 민족 정풍운동이나 1960년대 중반 문화대혁명 당시 적지 않은 조선족동포들이 중국에서의 박해를 피해 북한으로 피신했다. 1959년 봄 길림성 구태시 홍광촌의 24가구 조선족 농민이 북한으로 이주한 기록이 남아있는데 당시의 사정을 보여주는 구체적 사례이다.

2012년 9월 27일 '미국 우드로윌슨센터 북한국제문서연구사업'(NKIDP : North Korea International Documentation Project) 프로젝트팀이 발굴한 중국정부 문서도 이를 뒷받침한다. 이 문서에 따르면 조선족동포들은 1950년대 말부터 1970년대까지 북한으로 넘어가는 일이 잦았다. 이때는 북한주민들이 중국으로 넘어오는 것보다 조선족동포들의 북한 월경이 훨씬 더 많았던 것 같다. 조선족동포들은 중국내에서의 좌경적 조치로 인해 촉발된 경제난과 민족차별 등을 견디지 못하고 합법 불법을 가리지 않고 북한으로 탈출하였다.

1961년 5월 중국외교부는 한 문서에서 "최근 국경을 넘어 북한으로 향하는 주민들의 수가 매일 같이 늘어나고 있다"면서 "처음에는 개인 혹은 가구 단위로 밤에 국경을 넘는 수준이었지만 지금은 낮에도 조직적으로 북한으로 향하고 있다"고 밝혔다. 이 문서에 따르면 같은 해 1-4월 사이 요녕성과 길림성에서 무려 4천701명이 북한 입국을 시도했으며 이 가운데서 3천381명이 성공한 것으로 나타났다. 이 문서는 월북이 늘어나는 이유는 많지만 주민들이 일시적인 어려움을 견디지 못하는데다 이념교육이 이 문제를 해결하지 못하기 때문이라고 적어 경제난이 주된 이유였음을 시사했다. 이 문서는 또 양국 간 합의에도 불구하고 북한이 월북자를 돌려보내지 않고 이들을 정착시키는 정책을 채택하고 있기 때문이라고 언급, 북한이 먹을 것을 찾아 도강한 조선족동포들을 환대했음을 짐작할 수 있다.

해방 직후 북한은 동북지역 조선인 대부분이 조선 국적을 가지고 있어 이들이 비록 중국에서 거주하고 있지만 자국 국민에 준하여 생각했다. 중국공산당 역시 이들의 국적관계가 애매한 상태에서 이중국적을 인정함으로써 북한의 입장을 뒷받침했다. 북한의 이러한 입장은 1963년에 공표된 '국적법'에 모든 재외동포들을 북한의 공민으로 규정함으로써 보다 분명히 했다. 이 법 제1조 1항은 북한 공민의 자격 조건으로 "공화국 창건 이전에 조선의 국적을 소유하였던 조선인과 그의 자녀로서 본 법 공표일 까지 그 국적을 포기하지 않은 자"로 규정함으로써 남북분단 이전에 '조선'국적을 가졌던 사람들과 그 자녀들을 포괄적으로 북한 '공민'으로 규정했다. 이는 남한주민들을 포함해 북한 밖에 거주하는 모든 재외동포를 북한 공민으로 포용하기 위한 것으로 해석된다.

북한의 '국적법'

1963년에 공표된 북한의 '국적법'은 1995년 3월과 1999년 2월 두 차례에 걸쳐 시대상황에 맞게 개정됐다. 모두 16개조로 구성된 북한의 국적법은 북한 공민이 되는 조건 등을 적시하고 있다. 이 법에 따르면 △북한 공민 사이에 출생한 자 △북한영역에 거주하는 공민과 다른 나라 공민 또는 무국적자 사이에 출생한 자 △북한영역에 거주하는 무국적자 사이에 출생한 자 △북한영역에서 출생하였으나 부모가 확인되지 않은 자 등의 조건을 갖추면 북한 공민이 될 수 있다.
북한은 국적법에서 북한 공민이 되는 조건으로 "북한 공민 사이에 출생한 자"와 함께 "북한영역에 거주하는 무국적자 사이에 출생한 자" 및 "북한영역에서 출생하였으나 부모가 확인되지 않은 자"를 포함함으로써 사실상 속인주의와 속지주의를 모두 채택하고 있다.

4. 조선족사회의 북한-중국 관계의 부침을 보는 입장

조선족동포들은 스스로를 과계민족(跨界民族)이라 부른다. 과계민족이란 중국과 국경을 맞대고 독립된 조국을 가지고 있는 소수민족을 말한다. 따라서 과계민족은 현재 자신이 소속되어 있는 국가와 민족적 유대를 갖고 있는 고국의 정치 및 경제 발전 정도 그리고 양국간의 친선 관계 등으로부터 크게 영향받을 수밖에 없다. 그런 만큼 양국 관계의 부침이 크면 클수록 과계민족의 삶 또한 그로부터 많은 영향을 받게 된다.

조선족동포들은 해방 이전부터 한반도와 인접한 중국의 동북지역에 터를 잡고 살아왔다. 더욱이 동북지역은 북한 또는 한반도와 국경을 맞대고 있으며 조선족동포들 중 절반에 가까운 사람들이 두만강을 사이에 두고 북한과 마주보고 있는 연변지역에 밀집해 살고 있다. 따라서 조선족동포들은 해방 이후 동북지역에 정착하여 중화인민공화국의 공민이 됐지만 북한과 특별한 관계를 유지해 왔다. 그러니까 조선족동포들은 현실의 조국인 중국과 바로 인접한 곳에 위치한 마음 속 조국인 북한(한반도)에 각각 한쪽 발을 걸치고 살아온 셈이다.

해방공간 또는 국공내전 시기 북한의 지도층과 중국공산당 간에는 이념적 연대가 강할 뿐 아니라 인간적 유대도 깊었다. 함께 항일투쟁을 한 경험과 당시의 정치적 상황이 서로를 필요로 했기 때문이다. 더욱이 조선족동포들은 이 시기 국공내전과 6·25전쟁 등 동북아시아에서의 질서재편 과정에 적극 참여함으로써 양측의 가교역할을 충실히 하였다. 실제로 북한과 중국관계가 순망치한(脣亡齒寒) 또는 혈맹관계로 불리고 있는 데는 조선족동포들이 가교역할을 한데 기인한 바가 크다. 이러한 역할 역시 과계민족의 특성을 살린 때문이라고 할 수 있다.

그러나 북한과 중국에 각각 정권이 수립되고 체제안정이 이루어지면서 상황은 달라졌다. 각 측은 자신들이 구상하는 국가건설을 추진해야 했고 그 과정에서 얘기치 않은 여러 가지 문제에 봉착했기 때문이다. 조선족동포들은 중화인민공화국 수립 이후 중국 공민으로서 법적 제도적 지위를 확보했지만 중국 내에서의 정치투쟁의 와중에서는 인접한 곳에 마음 속 조국을 두고 있다는 것이 두고두고 이들의 행동을 제약하는 요인으로 작용했다. 항일투쟁과 국공내전 시기에는 이들에게 유리한 조건이었던 것이 중화인민공화국이 수립된 이후에는 국가 간 경쟁구도 속에서 갈등이 양산됨에 따라 부정적 요인으로 바뀐 것이다. 이로 인해 조선족동포들은 1950년대 후반 이후 중국과 북한에서의 잇따른 정치적 사변과 북중관계의 부침 속에서 수많은 곡절을 겪어야 했다.

1950년대 후반 중국에서 전개된 반우파투쟁과 민족 정풍운동은 조선족동포들이 중화인민공화국 수립 후 중국 내부에서의 정치투쟁 과정에서 소수민족으로서 겪은 첫 번째 시련이었다. 그러나 이 시련은 단발성으로 끝나지 않고 1970년대 문화대혁명이 끝날 때 까지 근 20여년 간 조선족동포들을 옥죈 길고도 모진 것이었다. 조선족동포들을 몰아붙인 가장 큰 이유는 지근거리에 마음속의 조국 북한을 두고 있는 소수민족으로서 그동안 북한을 위해 역할함으로써 중화인민공화국에 해를 끼쳤다는 것이었다.

사실 중국 당국은 민족 정풍운동 등을 통해 조선족동포들의 민족의식을 일소하고자 했지만 결코 엄연한 혈연적 관계를 물리적 힘으로 단절시킬 수는 없었다. 따라서 조선족동포들은 북중 관계의 부침 속에서도 다양한 형태로 북한과의 관계를 유지하여 왔다. 이에 대해 문화대혁명 당시 반란파들이 만든 한 자료는 중화인민공화국 수립 이후부터 1964년까지 연변의 고등교육기관에서 공부한 3천200여명의 조선족 졸업생들 중 절반이 넘는 1천640여명이 북한으로 넘어갔다고 밝혔다. 이는 적어도 1964년까지 조선족동포들은 중국 당국의 요구와는 달리 북한과 중국 사이에서 줄타기를 하고 있었다는 것을 의미한다.

결국 중국 당국은 조선족동포들과 북한 간 관계를 제한하려고 다양한 노력을 하였지만 같은 민족이라는 혈연적 유대로 얽혀 있는 양자관계를 단절시킬 수는 없었다. 따라서 조선족동포들은 어느 한 쪽을 배제하기 어려운 상황에서 북한과 중국이 우호적인 관계를 유지하며 상호 의존적 관계로 발전하기를 바랄 뿐이었다. 과계민족으로서 조선족동포들은 북중관계가 우호적인 상태일 때는 북한과 원만한 관계를 유지할 수 있지만 그렇지 않을 경우에는 매사가 조심스러울 수밖에 없기 때문이다.

예컨대 문화대혁명 기간 모반파가 지방 민족주의 경향을 경고하는 가운데 민족구역자치제를 폐지함으로써 조선족동포들은 북한방문은 물론 북한과의 일체의 관계를 중단할 수밖에 없었다. 조선족동포들은 중국의 정치상황으로 인해 북한과의 관계마저 제한해야 했다. 그러나 문화대혁명이 끝난 후 중국이 다시 민족구역자치제를 복원함으로써 북한방문이 재개되고 북한과 다방면에서 교류할 수 있게 됐다. 과계민족인 조선족동포들은 어쩔 수 없이 북한과 중국의 정치적 관계에 민감하게 반응하며 스스로 운명을 만들어 가야했다. 조선족동포들의 과계민족으로서의 이러한 특성은 오늘날 한중관계에도 그대로 적용되고 있다.

제4부 한중수교와 조선족사회의 변화

제4부 한중 수교와 조선족 사회의 변화

1장

한중수교 전 중국 및 조선족 사회

1. 한중수교 전 중국사회 이해

중국사회를 짓눌렀던, '10년 동란'으로 불리는 문화대혁명은 1976년 9월 모택동(毛澤東/마오쩌뚱)의 사망으로 끝났다. 모택동 사망 직후 그의 후계자인 화국봉(華國鋒/화궈펑)이 모택동의 네 번째 부인인 강청(江青/장칭) 등 문화대혁명을 이끈 4인방을 숙청하며 10년 동란을 마무리한 것이다. 그러나 중화인민공화국을 이끌며 모택동과 영욕을 함께 했던 주은래(周恩來/저우언라이)가 그해 1월 먼저 사망하면서 문화대혁명에 반대하는 분위기가 가열되기 시작했다. 그렇게 보면 1976년은 중국 역사에서 중요한 전환점이었던 셈이다. 이후의 중국사회는 부도옹(不倒翁)으로 불리던 등소평(鄧小平/덩샤오핑)에 의한 개혁개방 정책이 추진되면서 이전과 다른 새로운 길로 나아가기 시작했기 때문이다.

그러나 중국이 문화대혁명을 최종적으로 종결지은 것은 개혁개방 정책이 본격적으로 추진되던 1981년 6월 중국공산당 제11기 중앙위원회 제6차 전체회의(11기6중전회)에서 였다. 중국공산당은 이 회의에서 문화대혁명을 "당, 국가, 인민에게 건국 이래 가장 심한 좌절과 손실을 가져다준 모택동의 '극좌적 오류'"라고 규정하며 모든 책임을 모택동에게 넘겼다. 그리고 문화대혁명 기간에 이루어진 잘못들을 원상회복하는데 주력하는 가운데 무너진 경제적·사회적 토대를 구축하기 위해 개혁개방 정책을 전면에 내세웠다. 전인미답의 새로운 길은 이후 '중국특색적 사회주의'라는 이름으로 정립됐다.

문화대혁명 이후 중국사회는 10년 동란의 후유증으로 여러 가지 문제에 봉착했다. 강산이 변할 만큼의 긴 세월 동안 이어진 상호 비난, 투쟁 대회, 박해 운동 등으로 사회는 극단적으로 분열되었고 사람들은 서로 경원하며 갈등하였다. 유교 등 전통문화가 파괴되고 사람들의 삶은 피폐해질 대로 피폐해졌다. 경제적으로도 최악의 상황에 직면해 있었다. 중국 당국으로서는 당면한 문제들을 해결하는 것이 급선무였다. 그 짐을 떠안은 사람은, 모택동의 모진 탄압에도 불구하고 오뚝이처럼 다시 일어서곤 했던, 등소평이었다. 그는 1960년대 유소기(劉少奇/류사오치)와 함께 추진했던 실용주의 노선을 보다 적극 수용해 자본주의 시장경제 제도를 받아들이는 개혁개방 정책으로 승부

수를 던졌다.

교조적 사회주의체제를 실용주의적 시장경제체제로 전환하기 위해 등소평은 기존의 노선을 전향적으로 바꾸어야 했다. 핵심은 '1개 중심 2개 기본점' 이였다. 1개 중심은 경제발전이고, 2개 기본점은 개혁개방과 4항 견지 원칙이다. 사회주의체제 중국을 유지하기 위해 필요한 최소한의 필요조건인 4항 견지 원칙은 ▲마르크스-레닌주의 및 모택동사상 ▲사회주의 노선 ▲인민민주 독재 ▲공산당 영도 등이다. 즉 4가지 원칙을 이탈해서는 안 되지만 그 외의 다른 것은 경제발전을 위해 바꾸어도 된다는 가이드라인이라고 할 수 있다. 등소평이 1960년대 실용주의 노선을 추구하며 언급했던 흑묘백묘론을 보다 구체화한 것이다.

사회주의 중국에 자본주의 시장경제 제도를 도입하기 위해서는 기존의 이데올로기로부터 벗어나야 했다. 이에 따라 등소평은 모택동을 추종하는 화국봉이 주장한 '두 개의 범시(兩介凡是)'에 맞서 '사상 해방'을 강조했다. 중국을 나락으로 떨어뜨렸던 낡은 생각을 버리고 새로운 생각을 가지고 미래로 나아가야 한다는 주장이었다. 이를 정당화하기 위한 논리로서 초급단계론이 제시됐다. 모택동 시절 곧 공산주의 단계에 진입한다고 했던 공산주의 건설 단계에 대한 주장을 뒤집어 아직 사회주의 초급단계에 머물러있다고 실토한 것이다.

등소평은 우선 문화대혁명 기간 중단됐던 입시제도를 부활시키는 등 무너진 사회제도를 정상화하는데 주력했다. 이를 위해 누명을 쓰고 탄압받은 사람들을 복권하고 사실상 폐기됐던 민족구역자치제를 다시 작동시켰다. 조선족동포들이 집거해 살던 연변지역도 자치주로 복원되었으며 그 외의 지역에도 조선족향(진)들이 새롭게 설치됐다. 1982년에 제정된 새 헌법에 따라 농촌의 기층 행정조직을 향·진으로 규정하고 이듬해 국무원이 민족향 설립에 대한 통지를 시달했기 때문이다.

중국에서의 개혁개방 정책은 연해지역의 중점도시와 농촌지역을 중심으로 추진됐다. 중국 개혁개방 정책의 진원지라고 할 수 있는 선전(深천)·주하이(珠海) 등이 1980년 경제특구로 지정된 것을 시작으로 1984년 상하이 등 동남부지역의 14개 연해 도시가 개방됐다. 인민공사 체제로 운영되었던 농촌지역은 향(鄉/면)·진(鎭/읍)으로 바뀌고, 생산대대는 촌(村)으로 명칭을 변경했다. 농촌경제 발전을 위해 향진기업을 장려하여 농촌지역에서 농업과 함께 상공업을 병행하는 제도를 확립했다. 특히 향진기업을 사기업화함으로써 향진기업의 수가 급격히 증가했다. 향진기업이 확대되면서 농업 종사자들이 공상업 노동자로 전환됨으로써 농촌지역에서도 농업 외에 공상업 부문에서 소득 증대가 가능하게 되었다.

농업부문에서도 많은 변화가 뒤따랐다. 인민공사 하에서 집단주의 방식으로 농사를 지었으나 농업 생산성을 증대하기 위해 책임생산제를 도입하고 농민에게 농지를 임대해 농민들이 자주적으로 농사를 지을 수 있게 됐다. 생산문제와 함께 구매 및 판매에서도 자율권이 확대됐다. 농민들은 임대받은 땅에서 본인이 원하는 작물을 재배하고 가축과 가금류를 키울 수 있게 됐을 뿐 아니라 판매할 수 있게 된 것이다. 일련의 변화는 가족 단위의 토지도급제에 따라 가족농 형태의 전업호를 출현시켜 농업 생산량의 증대는 물론 농가소득을 크게 향상시켰다. 농업 및 농촌 정책의 변화는 중국 동북지역 농촌마을에서 주로 농사를 지으며 살아온 조선족사회에도 큰 영향을 미쳤다.

2. 중국의 개혁개방 정책 추진과정

중국의 개혁개방 정책은 문화대혁명으로 피폐해진 중국사회를 수습하기 위해 등소평이 선택한 극약 처방이라고 할 수 있다. 10년 동란을 거치면서 최악의 상황에 처한 사회주의 중국을 구하기 위해서는 자본주의 시장경제 제도를 수용하는 실사구시적 접근이 필요하다는 판단 때문일 것이다. 기실 등소평은 중국이 어려움에 처했을 때마다 자본주의적 제도에 기초한 실사구시적 접근을 시도했었다. 1960년대 유소기와 함께 대약진운동으로 인한 난국을 수습할 때는 물론 문화대혁명 기간 주은래의 천거로 복권됐을 때도 비슷한 처방을 제시했었다. 그러나 그는 그때마다 주자파(走資派) 혹은 수정주의자로 취급돼 비판의 표적이 됐었다.

그러나 문화대혁명이 종식된 후 그는 권력 전면에 화려하게 등장해 자신의 생각을 적극적으로 펼칠 수 있게 됐다. 하지만 등소평이 개혁개방 정책의 설계자로 등장하는 과정은 순탄치 않았다. 모택동의 후계자인 화국봉이 '두개의 범시'를 주장하며 모택동 노선을 계승하려고 하였기 때문이다. 등소평은 사상해방과 실사구시의 필요성을 역설하며 화국봉에 적극 맞섰다. 그런 과정을 통해 등소평은 화국봉을 끌어내리고 당당하게 개혁개방 정책을 진두에서 지휘할 수 있게 됐다.

하지만 개혁개방 정책을 추진하는 과정에도 많은 난관을 극복해야 했다. 새로운 중국을 건설하기 위해 개혁개방 정책이 추진되었지만 사회주의 중국에 자본주의 시장경제 제도를 도입하는 것이 쉽지 않았기 때문이다. 개혁개방 초기의 조치들은 여러 불만을 야기하였고 하급 관료의 부패는 날로 커져 갔다. 특히 경영자율화와 외자기업의 진출로 경기가 과열되면서 물가 상승이 큰 문제가 되었다. 1988년에는 물가상승률이 18%를 웃돌았다. 공산당 내에는 등소평 중심의 개혁파와 천윈(陳雲)의 지지를 받는 보수파가 개혁개방 정책을 놓고 갈등하고 있었다. 설상가상으로 민중들 사이에서 민주화에 대한 요구가 끊이지 않는 가운데 1989년 4월 호요방(胡耀邦/ 후야오방) 사망을 계기로 대학생들을 중심으로 민주화운동이 확산됐다. 그리고 6월 천안문민주화운동(천안문사태)으로 이어졌다.

천안문민주화운동은 중국의 개혁개방 정책을 크게 위축시켰다. 미국과 영국 등 선진국들은 이 사건을 비인도적 민주주의에 대한 탄압이라며 제재를 가함으로써 외교관계에 균열이 생겼다. 세계은행은 서방국가들의 압력에 따라 예정된 차관을 유보하는 조치를 내렸다. 개혁개방 정책의 든든한 지원군인 해외의 화교들도 이 운동으로부터 큰 충격을 받아 투자를 망설였다. 개혁개방 정책이 추진된 지 10여 년 만에 큰 위기에 직면하게 된 것이다.

위기를 타개한 것도 등소평이었다. 1991년에 이어 1992년 1-2월에 걸쳐 개혁개방 정책의 진원지인 선전과 주하이 등 남방지역을 순례한 후 자신의 판단이 틀리지 않았음을 강조함으로써 다시 개혁개방의 고삐를 다잡은 것이다. 이후 중국에서의 개혁개방 정책은 탄력을 받아 정상 궤도에 진입할 수 있었다. 그리고 개혁개방 정책에 힘을 보태기 위해 중국은 같은 해 8월 24일 한국과 외교관계를 수립했다. 한국기업에게는 중국 진출 기회가 주어졌고 한국사회와 조선족사회 간에는 본격적인 관계맺기가 시작됐다.

중국의 개혁개방 정책 관련 일지

- 1976.1.8. 주은래 사망
- 1976.9.9. 모택동 사망
- 1976.10.6. 강청 등 문화대혁명 4인방 체포
- 1977.2.7. 인민일보, 화국봉이 제시한 '두개의 범시'를 준수할 것을 호소하는 사론 발표; 두 개 범시는 모택동의 철학과 행동을 모두 믿고 따라야 한다는 것
- 1977.7.16.-21. 중국공산당 제10기 중앙위 제3차 전원회의서 등소평의 직무 복귀 결정
- 1978.5.18. 광명일보, 〈진리를 검증할 유일한 기준은 실천이다〉 제목의 글을 통해 등소평의 실사구시 사상 전파
- 1978.12.13. 등소평, 중국공산당 중앙공작회의 폐막식서 사상해방과 실사구시에 대한 연설
- 1978.12.22. 중국공산당 제11기 중앙위 제3차 전원회의(3중전회)서 '당사업 중심의 사회주의 현대화 건설로의 전환'을 발표; 개혁개방 정책 천명—화국봉 양개범시론의 몰락과 등소평 실사구시론의 승리

- 1979.1 중국, 미국과 외교관계 수립
- 1980.8 선전·주하이를 경제특구로 지정
- 1980.10 산터우 샤먼을 경제특구로 지정
- 1981.6.27. 중국공산당 제11기 중앙위 제6차 전원회의서 문화대혁명을 모택동의 책임으로 규정
- 1982.12.4. 제5기 전국인민대표대회 제5차 회의에서 새 헌법 제정; 생산성 향상에 필요한 경제조직과 소유제도를 마련하고 인민공사를 해체해 향·진을 농촌 기층조직으로 수립
- 1984.4 상해 천진 청도 온주 광주 등 14개 연해도시를 개방
- 1984.12.19. 중국-영국 간 공동선언; 영국은 홍콩을 1997.7.1. 중국에 반환하고, 중국은 향후 50년간 홍콩의 자본주의체제를 간섭하지 않는다는 내용
- 1985.6 농민에게 사유지와 농기구를 돌려주고 가구별 도급 생산제 시행
- 1987.10-11 중국공산당 제13차 대회서 사회주의 초급단계론 및 '1개 중심 2개 기본점' 발표
- 1988.4 하이난을 성으로 승격시키고 경제특구로 지정
- 1989.4.15. 호요방 사망; 대학생 중심으로 민주화운동 확산
- 1989.6.4. 천안문민주화운동 발발; 조자양(趙紫陽)/ 자오쯔양) 실각, 강택민(江澤民/ 장쩌민) 등극
- 1992.1.18.-2.21 등소평, 선전.주하이 등 개혁개방 진원지를 순방하며 개혁개방 정책의 고삐를 다잡을 것을 촉구; 남순강화
- 1992.8.24. 한국-중국 외교관계 수립
- 1992.10 중국공산당 제14차 전국대표대회에서 개혁개방 정책을 추진하고 있는 중국 체제를 '중국특색적 사회주의'로 명명; 사회주의 시장경제 체제 공식화
- 1997.7.1. 영국, 중국에 홍콩 반환

3. 중국의 개혁개방 정책이 조선족사회에 미친 영향

개혁개방 정책이 추진되기 전 조선족사회는 중국 동북지역 변방에서 문화대혁명을 겪으며 한껏 움츠러들어 있었다. 소수민족이 모여 사는 지역에서는 문화대혁명이 정치투쟁을 넘어 민족 간 갈등의 성격을 띠고 해당 민족을 탄압하는데 초점이 맞추어졌는데 연변 등 조선족동포들이 모여 사는 지역에서도 그러했기 때문이다. 실제 문화대혁명 기간에는 중국 소수민족정책의 핵심인 민족구역자치제가 기능을 상실하고 한족 중심으로 통치되었다. 그 기간 연변조선족자치주 내에서 억울한 누명을 쓰고 사망한 사람이 공식적으로 2천653명에 이르는 것을 보면 당시 조선족사회가 겪었을 어려움을 짐작할 수 있다.

다행스럽게도 등소평이 복권되고 개혁개방 정책이 추진되면서 조선족사회도 차츰 극단적 상황에서 벗어날 수 있게 됐다. 1977년부터 교육제도가 기능을 회복하게 되자 연변대학이 다시 학생을 모집하기 시작했고 소수민족을 위한 민족구역자치제가 복원됨으로써 연변조선족자치주도 정상화되었다. 문화대혁명 기간 동안에 겪었던 고초와 고통은 조선족동포들의 가슴 속에 오래도록 한으로 남았지만 적어도 표면적으로는 그때의 상흔을 떨쳐버리고 새로운 미래로 나아가기 위해 몸과 마음을 추스를 수 있게 된 것이다.

중국의 개혁개방 정책은 동북지역에서 농사지으며 집거해 살아온 조선족동포들에게는 새로운 기회를 제공했다. 전체 인구의 75% 이상이 향과 진에 거주하며 농사를 지으며 생계를 유지했던 조선족으로서는 농촌 및 농업 부문에서의 개혁개방 정책으로부터 많은 영향을 받았다. 중국 동북지역에서 수전(논)을 개척하고 벼농사를 지어온 데 대한 자부심을 가지고 살아온 이들로서는 새로운 상황을 최대한 즐겼다. 특히 인민공사 하에서 집체적으로 농사를 짓다가 가족 중심으로 농사짓는 형태로 바뀜으로써 큰 효과를 거둘 수 있었다. 《흑룡강신문》 등 조선족 관련 언론매체들은 당시 농촌지역에서 불고 있는 새로운 바람을 연일 소개하기도 했다.

《흑룡강신문》 1983년 1월 7일 자에는 '가난뱅이 대대가 한해 사이에 부자마을로' 라는 기사를 통해 상지현 모아산진의 한 마을이 여러가지 악조건 속에서도 인구당 10년 평균수입의 8배에 이르는 큰 성과를 거둬 부자마을이 됐음을 보도했다. 이 신문은 한해 사이에 엄청난 변화를 가져온 이유에 대해 다음과 같이 기록했다. "왜 같은 땅, 같은 사람들인데 20여 년간 '가난뱅이' 모자를 벗지 못하다가 작년 같은 재해년에 증산 증수하고 나라에 기여를 하게 되었는가? 그것은 실제 리익이 있고 자주권이 있어 적극성을 유감없이 발휘할 수 있는 책임제를 실시하였기 때문이다. 그래서 이곳 사람들은 '호도거리책임제를 실시하자 두 번째로 신세를 고쳤다'고 기쁨에 넘쳐 말하고 있다."

개혁개방 정책이 확산되면서 조선족동포들은 농업 이외에 상공업 무역업 등에도 많은 관심을 기울였다. 개혁개방 정책에 따라 농촌에서 향진기업을 육성하고 나서자 조선족동포들도 농업 외의 새로운 길을 찾기 시작한 것이다. 《흑룡강신문》은 '조선족은 토지를 떠나 달리 치부할 수 없는가?'라는 다소 도발적인 제목의 기사를 통해 아성현에 거주하는 농민들이 토지를 주변 사람들에게 넘기고 운수업 등 다른 사업을 통해 수익을 창출한 사례들을 소개했다(《흑룡강신문》, 1984.3.31.). 《길림신문》 역시 1986년부터 길림성 지역의 조선족 농촌 마을에서 나타나고 있는 농업 이외의 상공업 분야에서 일어나고 있는 변화상들을 연이어 소개했다. "지금 광대한 농촌의 갈수록 많은 농민들은 식량생산을 하지 않고 아예 공업이나 복무업에 종사해 볼가 한다. 이 근년의 실천을 보면 농촌의 산업구조를 개변시켜 향촌의 각종 기업소를 발전시키는 것은 농촌상품경제를 발전시키고 농민들을 빨리 부유해지게 하는 데 있어서 꼭 걸어야 할 길이였다."(《길림신문》, 1986.1.23.).

1990년을 전후해 러시아와 북한이 제한적으로나마 개혁개방 정책을 추진함에 따라 인접 지역에 거주하는 조선족동포들이 지역적 특성을 십분 살려 무역업에 나서는 사람들이 늘어났다. 연변과 길림성 남부 지역의 동포들은 주로 북한과의 무역에 뛰어들었다. 북한에 친인척이 있는 사람은 물론 같은 민족이라는 민족적 정서를 활용하려는 점도 작용했다. 중국과 러시아의 국경지역 주요 도시들 — 가목사 흑하 수분하 등 — 과 무역관련 협정을 맺으면서 하바롭스크 등지에 조선족동포들의 진출이 두드러지게 나타났다. 《흑룡강신문》은 1993년 6월 28일 '조선족농민들 하바롭스크 시장에서 판친다'는 기사를 통해 무려 3천여 명의 조선족동포들이 하바롭스크 시장에서 사업을 하고 있다고 소개했다. 이 신문에 따르면 하바롭스크의 두 개 시장에 있는 매대들 중 90퍼센트를 조선족동포들이 차지하고 있어 사람들은 이 시장을 아예 '고려시장'으로 불렀다.

중국은 1982년 12월 4일 제정된 새 헌법에 농촌 기층 행정조직을 향·진으로 규정하고 이듬해 국무원에서 민족향 설립 문제에 관한 통지를 발표했다. 이에 따라 인민공사를 향과 진으로 전환하기 시작하면서 조선족동포들이 모여사는 지역은 민족향(진)으로 개편됐다. 문화대혁명 기간의 모진 세월을 견디어낸 조선족동포들은 다시 소수민족의 혜택을 누리며 집거해 살 수 있게 된 것이다. 이에 따라 조선족학교가 늘어나고 전통문화를 향유할 수 있는 다양한 시설들이 갖추어지게 됐다. 문화대혁명 기간 정간되었던 문예지가 복간되었고 새로운 문화매체들이 등장했다. 또 조선족동포들은 지역별로 모여 체육대회를 개최하는 등 지역 간 연대를 강화하기 위한 다양한 노력을 경주했다.

4. 한중수교 전 한국과 중국과의 관계

한중수교 전 한국과 중국은 적대 관계에 있었다. 세계적인 냉전체제의 동방초소로 불린 한반도에서 남북이 이념을 달리하며 대치한 가운데 중국이 한국전쟁(6·25전쟁)에 참전해 북한을 지원하는 등 북한과 돈독한 관계를 맺었기 때문이다. 중국은 문화대혁명기에 갈등을 겪기도 했지만 북한과 사회주의적 연대를 통해 상호 결속을 다지며 순치관계 혹은 혈맹관계를 자임해 왔다. 따라서 수교 전 한국사회에서는 중국에 대해 부정적 의미를 담아 중공(中共)으로 불렀다. 중국 공산당이 지배하는 공산국가라는 의미이다. 이러한 표현은 수교 후에도 상당 기간 지속됐다. 오랜 역사의 흔적을 지우는데 적지 않은 시간이 필요했던 것이다.

적대 관계에 있던 한국과 중국이 관계맺기를 도모한 것은 1980년대 초중반 예상치 못한 우연한 사건들 — 중국 민항기 납치사건과 중국 어뢰정 표류사건 — 에서 비롯됐다. 1983년 5월 5일 선양(瀋陽)을 출발한 중국 민항기가 납치범들에 의해 공중 납치된 후 주한미군이 운영하는 춘천의 캠프 페이지 항공기지에 불시착하는 사건이 발생했다. 한국 정부는 이 사건을 중국과의 관계 변화를 모색하기 위한 기회로 활용하려는 생각으로 문제 해결을 위해 적극적으로 대화를 추진했다. 수세적 입장에 있던 중국은 한국측의 직접 협상 요구를 수용하지 않을 수 없었기에 한중 간 첫 공식 회담이 열렸다. 9개 항의 외교각서에는 외교관계를 맺지 않은 상황이었음에도 불구하고 대한민국과 중화인민공화국이라는 정식 국호가 사용되었다. 이 회담에서는 이듬해부터 중국의 친인척 방문을 허용하기로 하는 부수적인 성과를 거두기도 했다. 한중 간 인적 교류를 위한 단초가 마련된 것이다.

중국 민항기 납치사건이 수습된 지 2년여 시간이 지난 1985년 3월 22일 이번에는 서해상에서 중국 어뢰정이 선상 반란을 일으킨 후 도주하다 연료가 떨어지면서 흑산도 인근의 한국 영해로 표류한 사건이 발생했다. 중국 당국은 선상 반란 사건이 발발하자 '비공식 채널'

을 통해 한국정부에 해당 어뢰정의 구조 요청을 한 상태였기에 이 사건은 일상적 표류사건이 되는 듯했다. 그러나 다음날 중국 해군의 쾌정예 함정 3척이 표류한 어뢰정이 정박해 있던 한국 영해에 진입함으로써 상황은 급박하고 복잡하게 전개됐다. 중국측은 인명구조를 명분으로 내세웠지만 영해를 침범한 명백한 국제법 위반이었다. 한국 공군의 전술기까지 출동하는 등 긴박한 상황이 조성됐지만 한국측이 '평화적 해결' 원칙을 견지하고 중국측이 이에 호응하면서 사건은 발발 6일 만에 원만하게 해결됐다. 중국측은 해군함정의 영해 침범에 대한 한국측의 사과 요구에 비교적 '정중한' 사과를 했다. 외교관계가 수립되지 않은 상황에서 사건 수습을 위한 채널로 홍콩주재 한국총영사관과 신화사통신 홍콩지사가 활용됐다.

두 사건은 냉전적 대립 관계에 있던 상황에서 한중관계의 변화 가능성을 보여준 사례로 평가된다. 민항기 납치사건이 해결된 후인 1983년 6월 이범석 외무부장관은 사회주의권 외교에 적극 나서겠다는 입장을 밝혔다. 또 중국 외교부장을 역임했던 첸치첸(錢其琛)은 회고록에서 어뢰정 표류사건 직후인 1985년 4월 등소평이 중국 외교일군들에게 "남한과 수교를 할 준비를 해야 한다"는 지침을 내렸다고 밝혔다. 당시 한국 외무부의 동북아1과장을 맡아 직접 사건 해결을 위해 분투했던 김석우 전 통일부차관은 한 언론과의 인터뷰에서 한국정부가 대만의 요구에도 불구하고 어뢰정과 승무원들을 중국으로 돌려보냄으로써 등소평의 개혁개방정책을 지원했다고 언급했다. 실제 등소평도 한국정부에 특사를 보내 '감사의 뜻'을 전달했다.

한국이 중국과 관련된 두 사건을 원만히 해결함에 따라 중국도 1986년과 1988년에 잇따라 열린 서울 아시안게임과 올림픽에 참여하는 것으로 보답(?)했다. 서울 아시안게임은 한국이 처음으로 개최하는 국제종합경기였는데 유치과정에서 이라크의 바그다드와 북한의 평양이 경합을 벌였다. 유치과정에서 감정이 상한 북한이 보이콧을 하고 여기에 베트남 라오스 몽골 남예멘 시리아 등 사회주의권 국가들이 동참했다. 그러나 혈맹인 북한의 보이콧에도 불구하고 미수교국인 중국이 참여함으로써 서울 아시안게임은 성공적인 대회로 평가받게 됐다. 2년 후 열린 서울 올림픽에는 북한을 제외한, 중국을 포함한 모든 나라들이 참가했다.

미수교국인 중국이 서울 아시안게임과 올림픽에 대규모 선수단을 파견함으로써 양국 간의 관계는 상호 문화교류를 넘어 인식 개선으로 이어졌다. 2018년에 공개된 1986년도 외교문서에 따르면 서울 아시안게임 중국선수단에는 일부 고위층이 참가해 한국측과 면담을 가졌다. 북한을 의식해 아시안게임 참가를 명분으로 한국과 깊이 있는 교섭을 한 것이었다. 이러한 분위기는 1990년 북경 아시안게임에 한국이 대규모 선수단을 파견하는 것으로 이어졌다. 그리고 1991년 서울 APEC 정상회의 의장국인 한국은 중국의 가입을 적극 지지하고 나섰다.

한편 수교에 앞서 한국과 중국은 1990년 9월 비자 발급 등 영사 기능을 갖는 민간형태의 무역대표부를 베이징과 서울에 설치했다. 양국 간에 이미 관계개선을 위한 논의가 진행되고 있던 상황에서 외교관계를 수립하기에 앞서 무역대표부를 설치한 것이다. 당시 한국은 수교를 서둘렀으나 중국은 대만 문제 등을 이유로 주저하는 상황이었다. 그러나 한반도 주변의 정세는 매우 격동적이었다. 동구 사회주의국가들의 민주화 도미노 현상에 힘입어 한국은 1989년 헝가리를 시작으로 1990년 9월 소련(러시아)에 이르기까지 이미 30여 개 사회주의국가와 수교를 했다. 1991년에는 한국과 북한이 유엔에 동시 가입하고 남북기본합의서를 채택하기도 했다. 한국과 중국이 외교관계를 맺기 위한 분위기가 무르익고 있었다.

사진 4-1. 한중대표 간 악수; 중국민항기 불시착 사건에 대한 외교각서에 서명한 후 악수하는 양국 대표 ('김명호의 사진과 함께하는 중국근현대'에서 인용)

5. 한중수교 전 한국사회와 조선족사회의 만남

한국사회와 조선족사회 간의 만남은 먼저 방송을 통한 간접적 방식으로 이루어졌다. 1980년대 초 한국방송공사(KBS)의 사회교육방송(한민족방송)이 북한주민들을 포함한 북방지역에서 살고 있는 동포들을 대상으로 한국과 국제정세에 관한 소식을 전하며 흘러간 옛노래를 들려주었다. 미수교 상태의 적대 국가라는 정치적 제약 속에서 동포들은 새로운 소식을 듣기 위해 밤마다 이불을 뒤집어쓰고 단파로 전해지는 방송을 몰래 들어야 했다.

이 무렵 한국에서는 1천만 이산가족찾기 운동이 국가적 차원에서 펼쳐지고 있었고 KBS 사회교육방송은 동포들을 상대로 이산가족을 찾는 서신을 소개하였다. 방송을 통해 전해지는 이산가족찾기운동은 이들에게 오랫동안 잊고 살았던 고국을 생각하게 하는 한편 그곳에 있는 일가친척을 만날 수 있다는 새로운 희망을 주었다. 조선족동포들이 방송을 통해 한국사회와 간접적 만남을 가질 수 있었던 것은 중국의 소수민족 정책에 따라 우리 말과 글을 유지할 수 있었던 덕분이라고 할 수 있다.

한국사회와의 간접적 만남이 이루어진 후 잇따라 기회가 찾아왔다. 1980년대 중반에 이르러 한중관계에 변화가 생기면서 서신 왕래가 가능해져 일가친척을 찾게 됐고, 한국에 있는 일가친척이 보내준 초청장을 가지고 드디어 한국을 방문할 수 있게 됐다. 한국을 방문하는 길은 멀고도 험한 길이었다. 중국 동북지역에서 수천 킬로미터 떨어진 홍콩의 한국영사관에서 여행증명서를 발급받아야 했기 때문이다. 비용 문제를 제쳐놓더라도 당시의 열악한 교통 사정을 감안하면 결코 쉽지 않은 긴 여정이었을 것이다.

또한 조선족사회는 1980년대 이후 한국방송과 함께 연변 등지를 방문한 재미 및 재일 교포와 일본인 등으로부터 한국사회에 대한 소식을 접할 수 있었다. 중국이 1972년에 일본과, 1979년에 미국과 수교한 상태에서 북한이 고향인 해외동포들이나 중국 동북지역과 인연이 있는 사람들이 여러 가지 관심을 가지고 그곳을 찾기 시작했기 때문이다. 한국과 북한 그리고 조선족의 문학에 관심을 가지고 있던 일본 와세다대학의 오오무라 마스오(大村益夫) 교수는 1985년 4월 교환교수로 연변대학을 방문해 한국소식과 함께 윤동주의 존재를 알렸다. 조선족사회가 윤동주의 정신과 문학을 기리게 되는 단초를 제공한 것이다.

조선족동포들이 처음 한국을 방문한 것은 서울 올림픽 전인 1987년 경이다. 1983년 5월 중국 민항기 납치사건을 해결하면서 한국과 중국 당국이 이듬해부터 조선족동포들이 한국내 친인척을 방문할 수 있도록 허용하는 조항을 합의문에 포함하였지만 실제 적용되는 데는 시간이 걸린 셈이다. 특히 서울 아시안게임(1986)과 올림픽(1988)을 계기로 눈부시게 발전하고 있는 한국사회를 알게 된 조선족동포들 사이에서 서둘러 한국을 방문하려는 분위기가 형성됐다. 먼저 한국을 다녀간 사람들이 전하는 한국 소식과 중국을 방문한 한국인들을 통해 한국에 대한 이미지가 긍정적이었던 점도 관심을 키우는 요인이 됐다.

그런저런 이유로 하여 한국을 찾는 조선족동포들의 수는 날로 증가하였다. 당시 출입국관리를 담당했던 인사들의 전언에 따르면 1990년대 들어서는 많을 때는 한 달에 100여 명에 이르는 조선족동포들이 한국을 방문하였다고 한다. 이렇게 한국을 방문한 조선족동포들의 수는 1992년 8월 한중수교 전까지 대략 2천여 명에 달하는 것으로 추정된다. 그러나 연변대학 김호웅 교수는 한 논문에서 1978년에 조선족동포 일가족 4명이 한국에 영주 귀국한 것을 시작으로 1983년까지 88명이 한국을 방문했다고 언급했다. 그리고 이후 방문자 수가 증가해 수교 전 한국을 방문한 조선족동포들이 수만 명에 이른다고 주장했다. 한편 한국사람들의 중국 방문도 1984년경부터 시작된 것으로 알려졌다. 이때부터 1987년까지 4년여 기간 동안 중국 동북지역을 방문한 한국인은 약 170여 명에 이른다.

수교 전 친인척의 초청으로 한국을 방문한 조선족동포들은 크게 환대받았다. 오랜 세월 잊고 살았던 그리움과 연민이 작용했기 때문이다. 동포들은 한국을 방문하며 노잣돈을 만들기 위해 동북지역에서 생산되는 한약재 등을 짊어지고 왔다. 친인척은 물론 주변 한국인들은 즐거운 마음으로 이를 구입하여 이들의 마음을 편하게 했다. 그러나 시간이 지나면서 동포들의 방문은 늘어났고 한약재를 팔려는 사람들은 증가했다. 그에 따라 당시 서울역과 덕수궁 돌담길 주변에는 한약재를 팔려는 동포들이 장사진을 치기도 했다.

서울 올림픽 이후 한국과 중국 관계는 더 많은 관계 개선이 이루어져 더 많은 사람들이 오갈 수 있는 환경이 조성됐다. 1990년 베이징 아시안게임에 500명이 넘는 대규모 한국선수단이 파견됐고 이후 서울과 베이징에 영사 기능을 갖춘 무역대표부가 설치됐기 때문이다. 수교 전 단계에서 국가 간 협력이 공식적으로 이루어지기 시작한 것이다. 기실 무역대표부 설치를 위해 1989년 3월과 5월에 서울과 북경을 오가며 2차례에 걸쳐 협의를 했었다. 따라서 한국과 중국 간에는 공식 및 비공식적인 다양한 채널이 가동됐고 민간인들 사이에도 빈번한 왕래가 이루어질 수 있게 되었다.

2장

한중수교와 한국사회-조선족사회 간 관계맺기

1. 한중수교 추진과정에 대한 이해

국제정치적 측면에서 볼 때 한중수교는 탈냉전체제의 해체라는 세계사적 전환과 맞물려 있다. 한국의 노태우정부는 1988년 임기 시작과 함께 북한의 변화를 추동하기 위해 사회주의권 국가들과의 관계개선을 위한 북방외교(북방정책/Nord Politik)를 추진했다. 핵심 대상은 소련과 중국이었다. 한국은, 당시 북한과 외교관계를 맺고 있는 나라와는 관계를 정상화하지 않는다는 이른바 할슈타인원칙을 철회한 상황이었지만, 대서방권 외교에 주력했기 때문에 성과를 예측하기가 쉽지 않았다.

그 무렵 동구 사회주의국가들에서는 체제 전환을 위한 민주화 도미노 현상이 들불처럼 번지기 시작했다. 미국의 레이건과 소련의 고르바쵸프 두 정상은 1989년 12월 지중해 상의 몰타에서 20세기 후반을 짓눌렀던 냉전체제의 해체를 선언했다. 그에 힘입어 한국은 1990년을 전후해 소련을 포함한 사회주의권 국가들과 외교관계를 수립할 수 있었다. 한국의 북방외교와 동구 사회주의국가들에서의 민주화운동이 절묘하게 맞아 떨어진 것이다.

하지만 중국과의 관계를 정상화하는 것은 용이하지 않았다. 중국은 동구 사회주의국가들과 달리 1978년부터 개혁개방 정책을 추진해 이미 자본주의 시장경제를 수용하고 있어 상황이 달랐다. 특히 그 무렵 중국사회는 천안문민주화운동(1989. 6. 4.)의 영향을 받아 극도로 경색되어 있었기 때문에 전향적인 변화를 이끌어낼 동력이 부족했다. 더욱이 오랫동안 혈맹관계를 유지해 온 북한의 반발이 불을 보듯 뻔한 상황에서 중국이 한국과의 관계 개선에 적극적으로 응해 나설 것을 기대하기는 쉽지 않았다.

그러나 기회는 예상외로 빨리 왔다. 중국의 변혁을 설계하고 추동해온 등소평이 1992년 벽두에 선전과 주하이 등 변화의 진원지를 순방하며 개혁개방 정책의 고삐를 다잡은 것이다. 이른바 남순강화(南巡講和)이다. 그리고 중국은 개혁개방 정책을 위한 핵심 국가전략인, '한 개의 중심으로서의 경제건설'을 추동하기 위해 눈부신 경제발전을 이루고 있던 한국에 주목하기 시작했다. 이후 한국과 중국 간의 수교 협상은 급물살을 타 불과 몇 달 만에 결실을 맺었다. 한국과 중국

관계의 새로운 역사가 시작된 것이다.

한중수교는 북방외교를 통해 북한을 변화시키려는 한국정부의 외교 목표와 경제발전을 위해 한국의 경험과 자본을 활용하려는 중국의 전략이 맞아떨어진 결과이다. 그럼에도 불구하고 예상보다 빨리 외교관계가 수립된 것은 양국이 1980년대 초중반부터 가진 일련의 접촉을 통해 서로에 대한 신뢰를 쌓은 덕분이라고 할 수 있다. 지향하는 바는 달라도 수교를 통해 서로에게 도움이 될 것이라는 판단이 작용한 셈이다. 특히 천안문민주화운동 이후 개혁개방 정책이 난관에 부딪친 상황에서 중국은 이를 타개할 동력이 절실한 상황이었다.

한국과 중국이 외교관계를 수립하게 된 가장 중요한 동인은 무엇보다도 세계적인 탈냉전적 분위기를 꼽을 수 있을 것이다. 냉전적 질서하에서 진영을 달리하며 적대 관계를 유지하고 있던 양국 관계가 세계적인 탈냉전적 상황이 전개되면서 관계 변화를 꾀할 수 있는 기회를 잡게 된 것이다. 이데올로기를 기준으로 진영을 나누던 냉전 질서가 실리를 추구하는 방향으로 바뀌게 되면서 지난 역사의 아픔마저도 극복할 수 있게 됐다.

실제로 중국은 수교 1년여 전 남북한이 동시에 유엔에 가입하는 과정에서 한국측을 지지함으로써 외교무대에서 북한이 아닌 한국 편을 들었다. 유엔 안전보장이사회 상임이사국인 중국이 거부권을 행사했다면 1991년 9월 17일 한국과 북한이 동시에 유엔에 가입할 수 없었을 것이다. 당시 북한은 '하나의 조선(one Korea)'을 강조하며 남북한이 유엔에 단독으로 가입(1석)해야 한다고 주장했고, 한국은 남북한이 동시(two koreas)에 가입(2석)하자는 입장을 견지했다. 이 상황에서 소련은 한국과의 수교(1991.9.30)를 눈앞에 두고 있어 한국 입장을 지지했으나 중국은 마지막 순간까지 결정을 하지 못하고 있었다.

2021년에 공개된 당시의 외교 문서들에서도 중국이 마지막 순간까지도 북한측 입장을 고려해 고뇌한 흔적을 엿볼 수 있다. 중국의 입장은 기본적으로 "남북한 문제는 남북이 협의에 의해 결정해야 한다"는 것이었다. 그럼에도 불구하고 중국은 이 문제에 대해 신중한 입장을 보임으로써 북한측의 태도 변화를 이끌어냈고 최종적으로 한국측의 동시 가입 입장을 지지했다. 이에 대해 일부 전문가들은 한국과의 수교를 염두에 둔 결정이라고 의미를 부여한다. 이러한 과정을 거쳐 한국정부는 소련(러시아)에 이어 중국과의 외교관계를 수립함으로써 수년간에 걸쳐 추진해온 북방외교를 성공적으로 마무리하게 되었다. 그리고 러시아 및 중국과의 새로운 관계를 통해 북한과의 관계 개선에 대해 보다 큰 기대를 갖게 됐다.

역사적인 한중수교는 중국 베이징에서 한국의 이상옥 외무장관과 중국의 첸치첸(錢其琛) 외교부장이 6개 항으로 된 공동성명에 서명하면서 이루어졌다. 공동성명의 핵심 내용은 '한반도 통일문제의 자주적 해결원칙'과 '중국의 유일 합법 정부로 중화인민공화국 승인'이었다. 중국과 수교하려는 한국의 일차적 목적이 한반도 통일을 위해 북한에 대한 중국의 영향력 행사였음을 보여주는 대목이다. 중국 역시 양안관계에서 '하나의 중국'을 견지해 왔기 때문에 당연한 요구였다. 결국 한중수교 후 한국은 대만과 외교관계를 단절했다.

사진 4-2. 이상옥-첸치첸; 한중수교를 위한 공동성명에 서명한 후 포즈를 취하고 있는 한국의 이상옥 외무장관과 중국의 첸치첸 외교부장

2. 한중수교가 갖는 역사적 의미

한중수교가 갖는 역사적 의미에 대해서는 여러 가지 측면에서 살펴볼 수 있을 것이다. 우선 한중수교는 한국이 1949년 중화인민공화국 수립 이후 단절되었던 중국 본토와의 관계를 복원하였다는 점을 들 수 있다. 제2차 세계대전 종전 후 동북아시아 지역은 전후 질서를 확립하는 과정에서 세계적인 냉전체제를 형성하는 최전선이었다. 그 결과 한반도가 남북으로 분단되고 중국도 대만해협을 사이에 두고 중화인민공화국과 중화민국으로 나뉘어 양안(兩岸)관계를 형성했다.

그리고 동북아시아에서는 자유민주주의 진영과 사회주의진영으로 나뉘어 반목하고 대립해 왔다. 따라서 한국과 중국은 정상적인 관계를 형성하지 못했다.

동북아시아에서의 이러한 냉전적 구조로 말미암아 한국은 20세기 후반을 한반도의 북쪽과 중국 본토에 막혀 섬 아닌 섬으로서 대륙과 단절되어 살아야 했다. 한때 중국 동북지역을 지배하며 대륙국가(?)로서의 역량을 과시하기도 했었지만 더 이상 대륙의 꿈을 가질 수 없었다. 그러나 중국과 수교를 함으로써, 비록 북한에 가로막혀 직접 대륙과 연결되지는 않지만, 하늘길과 바닷길로 이어지는 우회로를 통해 다시 대륙과 연결될 수 있게 됐다.

시인 고은(高銀)은 한민족이 20세기의 슬픈 역사로 말미암아 섬 아닌 섬으로 살게 됨으로써 대륙의 꿈을 상실하게 돼 사고와 행동의 폭이 좁아졌음을 한탄하기도 했다. 그는 문학적으로 "대지 전체를 삶의 터전으로 놓고 사고하는 경향"이 있다며 그것을 '대륙적 상상력'으로 표현할 수 있음을 말한다. 그리고 대륙적 상상력의 핵심으로 이동과 공간을 꼽았다. 즉 이동으로 만들어지는 공간이 곧 대륙이라며 상상력을 통해 대륙을 되찾는 것이 필요하다고 강조했다. 한민족은 중국과 외교관계를 수립함으로써 비록 우회로를 통해서이기는 하지만 대륙으로 이동할 수 있게 됐고 그 공간에서 대륙적 상상력을 마음껏 펼칠 수 있는 기회를 갖게 된 것이다.

한중수교 전 한국은 대만정부와 관계를 이어옴으로써 제한적이지만 큰 틀에서 중국과의 인연을 유지할 수 있었다. 그러나 중국 본토에 널려있는 중국 역사에 대해서는 물론 동북지역에 산재해 있는 한민족 역사의 흔적들을 접할 수는 없었다. 그저 책 속에서 머리로만 이해할 수 있을 뿐이었다. 그러나 한중수교가 이루어짐으로써 이제는 역사의 현장을 두 발로 찾아가 두 눈으로 직접 확인할 수 있게 됐다. 한민족으로서 중국과 관련된 역사는 물론 중국 동북지역 곳곳에 켜켜이 쌓여있는 고중세 및 근현대 한민족 역사를 살핌으로써 역사를 온전히 정상적으로 복원할 수 있게 된 것이다.

냉전체제 하에서 동북아시아에서는 남북한을 중심으로 진영이 나누어져 남한-미국-일본이 연대하는 남방 3각 관계와 북한-중국-소련(러시아)이 동맹을 형성하는 북방 3각 관계 간의 힘의 각축이 전개됐다. 이 같은 진영 간 대립은 1989년 미소 정상이 냉전체제 해체를 선언한 후에도 일정 기간 지속됐다. 탈냉전체제를 향한 분위기가 팽배한 가운데 남북한 간의 대립 구조를 해소하기 위해 전문가들 사이에서 이른바 교차승인이 논의된 바 있다. 남한이 중국 및 소련과 외교관계를 수립하고 북한이 미국 및 일본과 수교함으로써 동북아시아에서 평화와 공동 번영을 도모하자는 의미있는 접근이었다.

실제 한국은 소련 및 중국과 관계 개선을 추진해 성과를 거두었다. 북한 역시 1991년 유엔에 한국과 동시에 가입한 데 이어 일본 및 미국과 관계를 개선하기 위한 태도를 보였었다. 그러나 북한은 독일 통일과정을 지켜보며 남한에 흡수될 것에 대해 경계하면서 진전을 이루지 못했다. 그 결과 교차승인을 위한 노력은 절반의 성공으로 끝나고 말았다. 즉, 한국은 소련 및 중국과의 관계를 정상화함으로써 동북아시아 질서 재편에 기여(?)하였으나 북한은 미국 및 일본과 적대 관계를 청산하지 못하고 현재에 이르고 있다.

역사의 가정은 무의미하지만 당시 북한도 교차승인에 성공하였다면 동북아시아에서의 질서가 어떻게 바뀌었을까 하는 아쉬운 생각이 든다. 그래도 한국이 중국 및 소련과 수교해 절반의 성공을 이루어 냄으로써 한반도를 둘러싸고 형성됐던 남방 3각 관계와 북방 3각 관계 간의 대립구조는 더 이상 기능하지 않게 됐다. 중국은 여전히 북한과 혈맹관계를 유지하고 있음에도 불구하고 일방적으로 북한을 지지하지 않을 뿐 아니라 경제 및 사회 부문 등에서 한국과 긴밀한 관계를 유지하고 있기 때문이다.

안타깝게도 미중 갈등 속에서 최근 한국과 중국 간에도 갈등이 빚어지고 있다. 2016년 7월 한국이 북한에 대한 방어능력을 확보하기 위해 사드(THAAD/고고도미사일방어체계)를 배치하기로 결정하자 이에 맞서 중국이 한한령(限韓令/한류 제한령)을 발동한 것이다. 한국은 사드가 북한의 미사일 공격에 대비한 방어용이라고 하지만 중국은 이를 미국의 요구에 따른 것으로서 중국의 안보위협으로 간주하고 있다. 미중갈등이 심화되는 상황에서 일부에서는 신냉전체제가 전개될 가능성을 염려하기도 한다. 미소 간 전략경쟁이 치열하게 전개되고 있는 가운데 그 사이에 끼어 있는 한국으로서는 곤혹스럽기 이를 데 없다. 그러나 안미경중(安美經中/안보는 미국, 경제는 중국)이라는 말이 회자되는 것처럼 한국은 미국과 중국 어느 한쪽도 소홀히 할 수 없는 상황에 있다. 이 지정학적 어려움은 숙명처럼 감내해야 할 업보일지도 모르지만 솔로몬의 지혜를 발휘해 반드시 극복해야 할 과제이다.

한중수교는 또 한국사회가 오랫동안 잊고 살았던 조선족동포들과 공식적인 관계를 맺는 직접적 계기가 됐다. 기실 한국사회는 한중수교 얼마 전까지도 조선족동포들을 우리 민족의 일원으로 간주하지 않았다. 그들은 단지 적대 국가인 중국에 사는 중국 공민의 일원일 뿐이었다. 그러나 한중수교를 추진하는 과정에서 조선족동포들의 존재가 드러났고 서로 애틋한 감정을 교류하게 됐다. 한국사회와 조선족사회가 수교 전까지 40년이 넘는 오랜 세월 동안 잊고 살았던 것은 냉전체제의 산물이라고 할 수 있을 것이다. 그러나 냉전체제가 해체되고 중국과 외교관계가 수립됨으로써 조선족동포들과의 관계도 복원될 수 있게 됐다.

3. 한국사회와 조선족사회 간 공식적 관계맺기 과정

한중수교를 추진하는 과정에서 한국정부는 조선족동포의 존재에 대해 특별한 관심을 기울이지 않았다. 세계적인 탈냉전적 분위기와 동구 사회주의국가들의 민주화운동에 자극받아 북방외교를 강화하는 데 초점을 맞춘 탓이다. 기실 수교 전까지 한국사회는 중국을 한국전쟁(6·25전쟁)에서 총부리를 맞대고 피를 흘리며 싸운 적대 국가로, 조선족동포를 그 나라의 공민으로 인식할 뿐이었다. 20세기 후반을 짓눌렀던 냉전체제 하에서 극단적으로 경도된 이데올로기 지향적인 환경이 낳은 산물이기도 하다. 한국사회의 이러한 준비 부족은 이후 조선족사회와의 관계맺기 과정에서 많은 부작용을 낳는 동인이 되었다.

한중수교 무렵 중국에는 1990년 인구 조사상 192만3천여 명의 조선족동포가 살고 있었다. 그들은 대부분 일제가 조선을 침략하여 나라가 누란의 위기에 직면했을 때 나라를 구하기 위해, 독립운동을 하기 위해 분연히 일어섰던 사람들 혹은 그 후손들이다. 그들은 나라가 백성을 보살피지 못하는 상황에서 나라를 원망하기 보다 스스로 살 길을 찾아 고국산천과 일가친척을 뒤로하고 중국 동북지역에서 간난신고의 어려움을 겪으며 살아남은 사람들 혹은 그 후손들이다. 그들은 또 중국에서 소수민족으로 살아가면서도, 비록 중국의 소수민족 정책에 기인한 것이지만, 한민족의 정체성을 유지하며 우리 말과 글은 물론 고유의 전통문화를 유지하고 발전시켜온 사람들이다.

한국사회가 조선족동포들을 인식하게 된 것은 1980년대 중반에 이르러 꽉 막혀있던 한중관계에 틈이 생기게 되면서부터이다. 이 무렵 한국에서는 한국방송공사(KBS)를 중심으로 이산가족찾기 운동이 전개됐고 KBS 사회교육방송이 북방지역 동포들을 상대로 이 운동을 확산시키기 시작했다. 이 과정에서 한국사회는 조선족동포들의 존재를 인식하기 시작했고 조선족사회는 오랫동안 잊고 살았던 고국과 일가친척을 생각하며 그리워하였다. 그리고 1987년 경부터 일부 조선족동포들은 일가친척들이 보내준 여행증명서를 가지고 홍콩을 경유해 한국을 방문했다. 비슷한 시기 한국사람들도 중국을 찾아 조선족동포들과의 만남을 가졌다.

당시 한국을 방문한 조선족동포들은, 엄밀히 말하면, 조선족동포로서가 아니라 한국국민의 친인척으로서 방문 기회를 갖게 됐다고 말할 수 있다. 중국여권이 아니라 한국에 사는 친인척의 초청장을 가지고 한국영사관으로부터 여행증명서를 발급받아야 한국을 방문할 수 있었기 때문이다. 당연히 초청한 일가친척은 물론 주변의 한국사람들도 많은 관심을 보였다. 당시 한국사회는 이들을 중국 공민이나 조선족으로 생각하지 않고 오래전에 잃어버렸던 한민족의 일부를 다시 찾았다고 생각한 듯하다. 그런 만큼 한국사회는 호의를 가지고 이들을 대했고 이들은 한국방문을 만족스러워 하였다. 이들이 한국을 방문하며 가져온 한약재 등은 몇 곱절의 이익을 낳아 중국으로 돌아가는 발걸음을 가볍게 했다.

1992년 8월 24일. 드디어 한중수교가 이루어졌다. 조선족동포들은 이제 여행증명서가 아니라 중국 공민으로서 중국 여권을 가지고 한국을 방문할 수 있게 됐다. 한국사회와 조선족사회가 공식적인 관계맺기를 시작한 것이다. 그러나 한중수교라는 역사의 물줄기를 바꾸는 획기적인 일이 일어났음에도 불구하고 조선족동포들의 한국 방문에는 여행증명서 대신 여권을 사용할 수 있게 됐다는 것 외에 별로 달라진 것이 없었다. 한국방문 비자를 받기 위한 정책 변화가 수반되지 않아 동포들은 비자를 받기 위해 여전히 친인척의 초청장이 필요했기 때문이다.

그러나 이미 한국을 다녀간 사람들에 의해 한국이 부를 이룰 수 있는 엘도라도(El Dorado/금광이 있는 전설의 땅)로 평가받는 상황에서 한국행을 서두르는 사람들이 늘어나기 시작했다. 개혁개방 정책이 다시 탄력을 받기 시작한 상황에서 자본주의적 관념이 싹트기 시작한 조선족동포들에게 한국행은 새로운 기회였다. 시간이 지날수록 코리안 드림을 꿈꾸는 사람들이 늘어났다. 그러나 한국에 가려는 사람은 많은데 한국의 정책은 별로 달라지지 않았다. 낙타가 바늘구멍으로 들어가는 형국이었다. 따라서 이들을 유혹하는 브로커들이 판을 치게 되고 코리안 드림에 부풀어 있던 사람들은 수단과 방법을 가리지 않고 한국행 티켓을 사려고 했다. 한중수교로 한국사회와 조선족사회가 공식적인 관계맺기를 시작했지만 관계는 비정상적인 방법으로 이루어지게 된 것이다.

비정상적 관계맺기의 부작용이 쌓여가는 가운데 1999년 한국정부가 재외동포 문제를 종합적으로 다루기 위한 제도를 정비하는 과정에서 '재외동포의 출입국과 법적 지위에 관한 법률'(재외동포법)을 제정했다. 그런데 이 법은 1948년 대한민국 정부 수립 이전에 해외로 나간 조선족과 고려인을 재외동포의 범주에서 제외하는 우를 범했다. 비정상적인 관계맺기로 한국정부에 대한 불만을 쌓아가던 조선족동포들은 분개하며 구체적으로 불만을 표출하기 시작했다. 조선족동포들은 일부 한국 활동가들과 연대하여 자신들에게 동포로서의 정당한 지위를 보장해 줄 것을 요구하며 머리띠를 두르고 거리로 나섰다. 한국사회를 향해 인정투쟁을 시작한 것이다. 당시 한국거주 조선족동포는 20만여 명에 이르렀고 이중 70% 이상이 불법체류자였다.

당시까지 조선족동포들이 정상적인 방법으로 한국을 방문할 수 있는 길은 친인척의 초청과 연수생제도에 의한 것이 대부분이었다. 한국에 연고가 없는 사람들은 원천적으로 한국 방문이 가능하지 않았다. 이에 따라 젊은 조선족 여인들은 한국인과 결혼하여 집안에 도움을 주려고 스스로 바리데기가 되는 길을 선택하기도 했다. 한국사회와 조선족사회 간의 잘못된 관계맺기는 2007년 노무현정부가 방문취업제를 도입하면서 변화를 맞게 됐다. 비록 한국어 시험을 치르고 쿼터제에 따라 인원이 제한되었지만 한국에 연고가 없는 조선족동포들에게도 한국을 방문할 수 있는 기회가 주어진 것이다.

4. 한국내 조선족 집거지 형성과 체류 형태 변화

조선족 80만 명 시대를 구가하는 지금은 전국 어디에서나 쉽게 조선족동포들을 만날 수 있다. 그러나 조선족동포들이 한국사회와 관계를 맺기 시작하던 초기엔 불법 체류자 신분인 사람들이 많아 자신이 누구인지를 쉽게 드러내지 않았다. 조선족동포들의 수가 늘어나고 한국사회에서 동포들에 대한 관심이 높아진 2000년을 전후해 서울에 조선족 집거지가 형성되기 시작했다. 조선족동포들이 특정 지역에 모여 한데 어우러져 살게 되고 공통 관심사가 생기게 되면서 그들과 관련된 단체들이 조직되었다. 그리고 조선족동포들은 그 단체들을 중심으로 연대하며 활발한 활동을 펼쳤다.

서울에서 조선족동포들이 모여서 처음으로 집거지를 형성한 곳은 가리봉동이었다. 1990년대 중반 이후부터 모여들기 시작했는데 당시엔 아직 주변지역으로 확산되기 전이라 가리봉동은 서울에서 보기 드문 조선족 집거지였다. 조선족동포들이 가리봉동에 모이게 된 것은 공단지역으로 특화됐던 이 지역이 정책 변화로 노동자들이 떠나면서 빈 공간이 되었던 데서 이유를 찾을 수 있다. 즉 가리봉동에서 기존 거주자들이 빠져나가게 되고 값싼 주거지를 조선족동포들이 메우게 된 것이다. 《중앙일보》는 2001년 8월 조선족동포들에 대한 기획보도를 하면서 가리봉동을 '서울 속 연변 중국동포타운'으로 명명하기도 했다.

가리봉동은 작은 연변으로 부를 정도로 서울 속의 중국으로 각인됐다. 조선족동포들 스스로도 가리봉동을 제2의 고향으로 생각하며 주말 등 일이 없는 날에는 이곳에서 친지들을 만나 술 한잔하며 한국생활의 고단함을 달래곤 했다. 따라서 가리봉동에는 조선족을 상대로 한 식당 술집 노래방 등 위락시설이 많이 들어서 상권이 형성됐다. 그런 만큼 부작용도 적지 않아 조선족의 이미지를 흐리게 하는 일도 흔했다. 조선족이 연루된 사건 사고가 발생하면 한국 언론은 부정적 시각을 가지고 가리봉동을 조명하곤 했다. 가리봉동을 소재로 한 드라마, 영화, 소설 등도 잇따라 발표됐다. MBC 특집드라마 '가리봉 엘레지'(2002. 3), 조선일보 신춘문예 단편소설 당선작 '가리봉 양꼬치'(2006), 영화 '황해'(2010) 등이 대표적이다.

가리봉동이 조선족동포들의 집거지로 부각되면서 2003년 8월에는 제호를 《중국동포타운신문》으로 이름 붙인 동포 관련 매체가 설립돼 가리봉시장 입구에 사무실을 차렸다. 이에 앞선 2001년 조선족 관련 소식을 다루는 《동북아신문》이 발행됐다. 《주간동아》는 2005년 '가리봉동 조선족타운을 아십니까'라는 제목으로 장문의 기사를 보도(2005.6.3.)하기도 했다. 가리봉동이 몰려든 조선족동포들로 포화상태가 되자 동포들은 주변의 독산동 대림동 지역으로까지 확산됐다. 동포들의 수가 증가하면서 소식과 정보를 제공하는 매체들이 잇따라 설립됐는데 많을 때는 10곳이 훌쩍 넘기도 했다. 동포소식을 전하는 매체들은 대체로 동포들의 민원을 해결하는 구심점 역할을 하기도 했다.

한국 체류 조선족동포들은 2000년 조선족연합회 출범을 시작으로 귀한동포연합총회(2005) 중국동포한마음협회(2006)를 잇따라 설립했다. 조선족연합회는 재외동포법 개정과 동포 권익향상을 위한 인정투쟁에 적극 나섰으며, 한국 국적을 취득한 동포들을 중심으로 결성된 귀한동포연합총회는 지역별 지회를 결성했다. 한마음협회는 봉사단과 축구단 등 8개의 산하단체를 두고 관련 행사를 개최하며 동포들의 단합을 꾀했다.

2007년 방문취업제가 실시됨에 따라 국내 체류 조선족의 수가 급격히 늘어났는데 친목 단체에서 시민단체의 성격을 지닌 형태로 변화하기 시작했다. 특히 2010년 이후 한국의 정책변화로 다양한 체류자격을 가진 동포들이 유입되는 가운데 이들의 한국 정착 의지가 높아져 단체가 세분화되는 양상을 보였다. 한중경제친선교류협회

(2008), 재한동포연합총회(2008), 재한동포교사협회(2010), 중국동포유권자연맹(2012), 재한동포문인협회(2012), 재한조선족청년연합회(2013), 한중창업경영협회(2014), 중국동포연합중앙회(2014) 등이 그것이다.

방문취업제가 실시되면서 한국으로 이주한 조선족동포들이 급격히 증가했다. 2010년 무렵에는 40만여 명에 이르렀다. 한국의 조선족정책이 우호적으로 바뀐 가운데 한국에 정주하려는 조선족이 늘어나면서 전국 각지에 조선족 집거지가 형성됐다. 서울에는 가리봉동과 인근의 대림동 독산동에 이어 자양동 등지로 확산됐다. 전국적으로는 수도권 지역의 안산 산곡동, 시흥 정왕동, 부천 심곡본동, 수원 고등동, 인천 부평동 등을 비롯해 지방의 공단이 있는 지역 주변에는 어김없이 조선족타운이 생겼다.

이와 같이 조선족이 모여 사는 집거지가 곳곳에 생기게 된 것은 한국의 정책이 개선됨으로써 체류 환경이 바뀐 데서 원인을 찾을 수 있다. 즉 2007년 방문취업제가 시행된 이후 무연고 동포들의 한국 입국이 크게 늘어난 데 이어 2009년부터는 60세 이상인 동포들에게 재외동포 체류 자격이 부여돼 자유왕래가 가능해졌다. 2014년부터는 방문취업(H-2)과 재외동포(F-4) 비자로 체류하는 동포들이 배우자와 미성년 자녀를 초청해 동반 거주할 수 있게 됐다. 따라서 이때부터 조선족동포들은 가족 단위로 한국에 정주하려는 현상이 두드러지게 나타났다.

이런 연유로 하여 한국에 거주하는 조선족동포들의 수는 급증했고

사진 4-3. 대림시장; 서울의 조선족 집거지인 대림중앙시장. 한글과 중국어로 된 간판이 마치 중국의 시장인 듯 착각을 일으킨다.

동포들의 계층도 다양해졌다. 그런 만큼 체류 형태도 크게 달라졌다. 2000년 무렵 20만여 명이었던 한국 체류 조선족은 2010년경 40만여 명으로 늘었다. 다시 10년이 지난 2020년엔 '80만 조선족 시대'를 말하게 됐다. 2010년 이전엔 대부분 노장년층이 혼자 살아가며 노동현장에서 돈을 벌어 중국으로 돌아가려는 사람들이 주류를 이루었다. 그러나 2014년 이후 배우자와 미성년 자녀의 초청이 가능해지면서 가족단위로 이주해 정주하려는 사람들이 증가했다. 한국에서 유학생활을 한 젊은세대들이 한국에 정착하기 시작한 가운데 중국서 학업을 마친 젊은이들도 한국에서 직장생활을 하게 되면서 화이트칼라 계층의 젊은 세대가 크게 늘었다. 최근에는 사업을 하는 사람과 대학

연구소 금융기관 등에서 역량을 과시하고 있는 사람들을 쉽게 접할 수 있다.

경제적으로도 조선족동포들의 위상은 이전과 비교할 수 없을 정도로 향상됐다. 오랜 세월 억척같이 일을 해 재산을 축적한 사람들이 늘어나면서 한국에서 집을 구하거나 사업을 하는 사람들이 증가했다. 조선족타운 주변의 상권에는 동포들이 직접 운영하는 점포가 대부분이다. 핵심 조선족 상권 중 하나인 대림동 중앙시장은 조선족동포들이 거의 장악하고 있다고 한다. 이 시장 점포의 권리금은 강남지역에 못지않다는 얘기도 들린다. 조선족동포들의 한국생활이 이전과는 비교할 수 없을 만큼 달라진 것이다.

5. 조선족동포들의 한국 정착 과정에 대한 이해

한중수교 30년이 경과하면서 전체 조선족의 40퍼센트가 넘는 80만여 명의 동포들이 한국에서 생활하고 있다. 강산이 세 번 바뀌는 긴 세월을 견뎌내는 과정에서 조선족동포들은 한국에 정착하기 위해 수많은 곡절을 겪어야 했다. 그들이 겪어야 했던 아픔은 시기마다 사람마다 달랐다. 한국정부의 정책으로부터 고통받기도 했고 한국사회의 차별 및 편견과도 싸워야 했다. 그들이 살아온 과정은 결코 몇 자 글로 정리할 수 없는 장편의 서사가 될 것이다. 그 과정에 대해 전문가들은 어떻게 이해하고 있을까?

《동포세계신문》 김용필 대표는 조선족동포들의 한국 정착 과정을 한국정부의 정책 변화 과정과 연관지어 초창기(1992~98), 격변기(1999~2008), 성장기(2009~2017), 도전기(2018 ~)로 나누어 설명한다. 초창기는 고국에 대한 그리움과 코리안드림으로 마음이 한껏 들떠 한국을 찾은 동포 1-2세들이 한국정부의 정책 부재로부터 아픔을 겪어야 했던 시기이다. 코리안드림을 안고 조상들이 살았던 고국을 찾은 이들은 한국정부의 정책 부재로 말미암아 결국 브로커들에 의한 초청 사기 피해자가 되고 불법체류자로 전락하였다.

격변기는 한국의 정책 부재에 맞서 동포들이 인정투쟁(認定鬪爭)을 하고 한국정부가 그것을 받아들이면서 변화가 만들어진 시기이다. 한국정부의 조선족정책 부재는 1999년 재외동포법을 제정하며 조선족과 고려인 등에게 동포 자격을 부여하지 않으면서 클라이맥스에 다다랐다. 동포들은 한국정부를 향해 동포 지위를 부여해 줄 것과 불법체류 문제를 해결해 줄 것을 요구하며 인정투쟁에 나섰다. 그 결과 재외동포법은 개정됐고 불법체류 동포들은 구제됐다. 그리고 한국정부는 무연고 조선족동포들이 입국할 수 있는 방문취업제를 시행했다.

성장기는 한국정부가 보다 세심하게 정책을 다듬음으로써 조선족동포들의 한국 정착을 확대한 시기이다. 2007년부터 방문취업제가 실시되면서 조선족동포들의 한국 입국은 크게 증가했다. 그 과정에서 새로운 문제들이 불거졌다. 코리안드림을 꿈꾸는 동포들이 한국에 장기 체류하면서 가족들과 생이별하는 시간이 길어지고 그에 따라 조선족사회에 많은 부작용이 생긴 것이다. 한국정부는 이러한 문제들을 살피며 조선족동포들의 한국 출입국을 보다 자유롭게 하고 가족과 함께 살 수 있도록 제도를 보완하고 정비했다. 조선족동포들이 가족을 동반해 정주하는 것이 가능해진 것이다.

도전기는 한국정착 조선족동포들이 늘어나고 한중관계가 갈등을 빚게되면서 그에 따른 부작용으로 여러 가지 문제가 촉발돼 새로운 도전에 직면한 시기이다. 조선족동포들은 중국 공민인 동시에 한민족의 일원이기 때문에 필연적으로 한중관계로부터 영향받을 수밖에 없다. 2016년 한국이 북한의 미사일공격에 대비하기 위해 사드(THAAD/고고도미사일방위체계) 배치를 결정한 후 한중관계가 갈등을 빚게 됐다. 중국은 이른바 한한령(限韓令/한류 제한령)을 발동하였고 수교 후 확대 발전되어온 한중관계는 새로운 국면을 맞게 됐다. 그리고 조선족동포들은 그 유탄을 맞게 된 것이다. 일부 한국사회에서는 혐중에 더해 혐조선족을 말하는 상황에까지 이르렀다. 조선족동포들이 새로운 시련에 직면한 것이다.

연변 출신인 박우 교수는 조선족동포들의 한국 정착과정을 한국에 조선족 관련 단체가 형성되는 과정을 종교단체와의 연관성에 초첨을 맞추어 3시기로 나누어 살폈다. 박 교수는 또 조선족 단체의 형성을 조선족동포들이 한국에서 전개한 인정투쟁과 연계된 것으로 인식했다. 그 과정은 ▲한국인 목사의 지도에 의해 조선족 종교단체가 설립된 단계(1990년대 초부터 2002년까지) ▲조선족종교단체 이외에 비종교단체가 결성된 단계(2003년부터 2007년까지) ▲조선족 종교단체의 영향력이 쇠퇴하고 비종교 단체의 영향력이 증가한 단계(2008년 이후) 등이다. 박 교수의 분석은 2011년에 제시된 것이어서 그 이후의 상황은 생략됐다.

박 교수가 조선족 단체가 형성되는 과정에서 한국 종교단체의 역할에 주목한 것은 조선족동포들의 초기 한국 정착 과정에 한국 종교단체의 영향이 크게 작용한 데 초점을 맞추었기 때문이다. 그는 특히 조선족동포들이 한국사회를 향해 인정투쟁을 전개할 때 '중국동포의 집'과 서울조선족교회의 역할을 특별히 평가했다. 이들이 조선족동포들의 인정투쟁에 함께 하며 동포들을 동원하고 행동을 추동하는데 기여한 점을 평가한 것이다. "(한국)교회와 조선족의 '결합'은 조선족 '종교단체'를 낳았고 이 '종교단체'는 이후 제도변화를 유발하는 민간세력 중 하나가 되었다" "조선족이 한국사회에 '등장'한 것은 그들 스스로의 역량에 의한 것이기보다는 이런 '종교단체'의 투쟁의 결과였다" 등으로 언급한 데서 그가 한국 종교단체의 역할에 주목한 이유를 유추할 수 있을 것이다.

강지혜 등은 한 공동 연구에서 한국에 조선족 관련 단체가 형성되는 과정을 한국사회에서 이루어진 주요 변화에 초점을 맞춰 4시기로 구분했다. ▲1999년 재외동포법 제정 이전 ▲2007년 방문취업제 도입 이전 ▲2017년 영화 '청년경찰' 발표 이전 ▲2017년 영화 '청년경찰' 발표 이후 등이다. 이들은 한국에 조선족 단체가 형성되는 과정에서 특히 한국정부의 정책 변화와 한국내 조선족의 다양화가 이루어진 점에 주목했다. 연구는 한국 내 조선족사회가 한국에서 효율적으로 목소리를 내고 지위를 향상시키기 위해서는 조선족 단체를 중심으로 ▲상호 교류와 연대를 강화하고 ▲세력 확장을 위한 회원 확보를 확대하고 ▲지역사회 구성원들과의 소통을 확대해 시민적·정치적 권리를 획득하는 것이 필요하다고 조언했다.

3장

한국의 조선족정책과 조선족사회

1. 한국의 조선족 정책 추진과정 이해 (1)

1990년대 들어 냉전체제가 해체되기까지 세계는 두 진영으로 나누어져 서로 대립하고 갈등했다. 남북한은 냉전체제의 한복판에서 양 진영 간 대립의 첨병 역할을 하였다. 따라서 한국은 중국과 적대관계에 있었고 조선족에 대해서는 동포가 아닌 적대 국가의 공민으로 인식하고 있었다. 당연히 조선족에 대한 정책은 물론 제대로 된 관심도 없었다. 1992년 한국과 중국이 외교관계를 수립할 때도 북방외교 본래의 목적에 초점을 맞추느라 중국에서 살고 있는 조선족동포와 관련해서는 어떤 준비도 하지 않았다. 한국정부는 중국과 수교를 하면서도 아무런 정책적 준비 없이 조선족동포와 마주한 것이다.

사실 한국은 당시까지 기본적으로 재외동포에 대해 특별한 관심을 기울인 적이 없었다. 재외동포재단 이사장을 역임한 이광규 교수는, 재외동포 수가 세계에서 다섯 번째로 많은 국가이면서도 한국의 재외동포정책은 무관심·몰이해·무대책 등 3무 정책으로 일관했다고 꼬집은 바 있다. 1960-70년대까지는 여러 가지 사정상 정부가 재외동포들에 관심을 기울일 형편이 되지 않았다. 따라서 한국의 재외동포 정책은, 굳이 말하자면, 기민(棄民)정책과 현지화정책으로 불렸다. 기민정책은 자기 백성을 포기하는 정책을 의미하는 것으로서 한국정부가 한일협정을 통해 재일동포를 일본에 팔아먹었다고 재일동포사회가 비판하면서 널리 회자됐다. 현지화정책은 1980년대 들어서면서 서구 선진 국가로 이주한 사람들이 현지에 잘 적응하도록 돕자는 취지의 정책을 말한다. 그럴 듯해 보이지만 현지화의 의미에는 본국에 대해 더 이상 관심을 갖지 말라는 부정적 의미도 내포되어 있다.

탈냉전체제로 세계사적인 대전환이 이루어지면서 한국사회는 사회주의권 국가들에서 살아온 조선족·고려인 동포들과 새로운 관계를 맺게 되었다. 하지만 눈부신 경제성장을 이루며 세계적인 관심을 받고 있던 한국정부는 이때도 이들에 대한 정책적 관심을 보이지 않았다. 한국사회의 일부가 오랫동안 잊고 살았던 그들을 다시 만나면서 작은 인정을 베푼 것이 전부였다. 실제로 한중수교 후에도 조선족동포들은 한국을 방문하기 위해 한동안 수교 전과 마찬가지로 친인척의 초청장을 챙겨야 했다. 달라진 것은 여행증명서 대신 비자를 받기 위해 중국 여권을 사용한 것뿐이었다.

한국정부가 한중수교 후 친인척 초청 외에 처음으로 조선족동포들의 한국 입국에 적용한 정책은 '산업연수생제도'였다. 이 제도는 중소기업 등 인력난을 겪고 있는 산업체를 지원하기 위해 외국인들을 고용하려는 목적에서 도입되었는데 여기에 조선족동포들을 포함시킨 것이다. 이 제도는 '외국인고용허가제'가 시행된 2004년까지 지속됐다. 그리고 2007년에 이르러 한국어 시험을 거쳐 한국 방문 자격이 주어지는 방문취업제가 실시돼 무연고 조선족동포들도 한국에 올 수 있는 길이 열렸다. 그러니까 2007년 방문취업제가 실시될 때까지 친인척이 없는 무연고 조선족동포들은 산업연수생 혹은 외국인노동자의 자격을 얻지 못하면 정상적인 방법으로 한국을 방문할 수 있는 길이 없었다.

그러나 위의 3가지 제도에 의해 한국을 방문하는 조선족동포들의 자격은 모두 재외동포 자격이 아니라 노동자 자격이었다. 당시까지도 조선족동포들은 재외동포로서 정당한 대접을 받지 못한 셈이다. 한국정부는 1999년에 제정된 재외동포법에서 조선족과 고려인에게 재외동포의 지위를 부여하지 않았었다. 대한민국정부 수립 이전에 해외로 나간 사람들을 동포로 인정하지 않았기 때문이다. 헌법재판소로부터 위헌 판결을 받아 2004년에 법이 수정되었음에도 불구하고 실제에서는 여전히 이들을 홀대하고 있었던 셈이다.

다행스럽게도 방문취업제를 실시한 후 한국에서 생활하는 조선족동포들이 크게 늘게 되면서 한국정부는 좀 더 세심하게 동포정책을 살피기 시작했다. 2008년에는 동포들과의 교류를 확대하고 거주국에 따른 차별을 해소하기 위해 그동안 소홀히 했던 조선족과 고려인에 대한 재외동포 자격 부여 기준을 완화했다. 대학 졸업자, 법인기업 대표, 기능사 이상의 자격증 소지자 등에게는 재외동포(F-4) 비자 자격이 부여됐다. 2009년에는 60세 이상의 동포에게 재외동포 비자 자격을 부여함으로써 이들의 자유로운 왕래가 가능해졌다. 2014년에는 60세 미만의 조선족과 고려인에게 단기 방문 복수비자(C-8/ 90일 체류)를 신설, 사실상 조선족동포들의 자유왕래가 가능하게 됐다. 그리고 같은 해 방문취업(H-2) 및 재외동포(F-4) 자격으로 체류하고 있는 조선족 및 고려인 동포들이 배우자와 미성년 자녀를 초청해 동반 거주할 수 있도록 제도가 개선됐다. 비록 여전히 미비한 부분이 남아 있지만 적어도 출입국과 관련한 정책은 대체로 완비되었다고 말 할 수 있게 된 것이다. 2019년에는 재외동포법 시행령을 개선해 기존의 법에서 인정하지 않던 4세대 이상의 동포들에게도 동포 자격이 부여됐다.

한국의 조선족 정책 추진 과정

- 1987 미수교국 동포 초청을 위한 여행증명서 발급
- 1993.11 업종단체 추천 외국인 산업연수생제도 도입; 1994.5 산업연수생 입국 시작
- 1995 친인척 초청 시 사증 발급 인정서 재도입
- 1997.10 재외동포재단 설립
- 1999.9 '재외동포의 출입국과 법적 지위에 관한 법률(재외동포법)' 제정; 정부 수립 이전 출국한 조선족과 고려인을 재외동포에서 제외

- 2001.11 헌법재판소, 재외동포법 위헌 판결
- 2002.11 취업관리제 도입
- 2003.8.16. 외국인근로자의 고용 등에 관한 법률(고용허가제) 제정; 2004.8 시행
- 2004.3 재외동포법 개정; 정부수립 이전 출국 조선족과 고려인에 재외동포 지위 인정
- 2007.3 방문취업(H-2)제 실시 : 30만3천 명으로 제한히는 총량관리제 실시(2010.7)
- 2008 모국과 동포 간 교류 확대 및 거주국에 따른 동포 간 차별 해소를 위해 조선족과 고려인에 대한 재외동포(F-4) 비자 자격 완화; 대학 졸업자·법인기업 대표·기능사 이상 자격증 소지자 등 일정 범위 내에서 F-4 비자 부여
- 2009.12 60세 이상의 동포에게 재외동포 체류자격 부여; 자유 왕래 가능
- 2010.7 재외동포기술교육제도 도입; 동포기술교육지원단을 설립해 한국어능력시험에 합격하고 방문취업(H-2) 비자 발급을 위한 전산추첨 대기자 8만여 명에게 우선적으로 한국 입국 기회를 부여하기 위해 180시간 기술교육 실시; 180시간 기술교육을 이수하면 방문취업 체류자격으로 변경
- 2012.4 국가기술자격증 취득자에게 재외동포(F-4) 체류자격을 부여하는 정책 실시; 방문취업 체류자의 4년 10개월 만기자 발생 시점에 즈음해 이들을 위한 후속 정책으로 완전 출국 1년 후 H-2 비자 재발급 실시
- 2013 60세 이상 외국국적 동포에게 재외동포(F-4) 비자 발급을 확대하고 동포 영주(F-5) 비자 제도 개선
- 2014.4 60세 미만 외국 국적 동포에게 단기 방문 복수비자(C-8/ 90일 체류) 신설; 조선족동포의 자유 왕래 실현
- 2014 방문취업(H-2)과 재외동포(F-4) 자격 체류자에게 배우자와 미성년 자녀를 초청해 동반 거주할 수 있도록 허용
- 2019.7 재외동포법 시행령을 개선해 동포의 범위를 전체 직계비속으로 확대; 3세대까지로 제한했던 동포 범위를 4세대 이후에도 적용

2. 한국의 조선족 정책 추진과정 이해 (2)

한국사회와 조선족사회 간의 관계맺기 초기 한국정부가 제때 올바른 정책을 수립하지 못함으로써 많은 부작용을 낳았다. 초기의 잘못된 관계맺기는 이후의 관계를 어렵게 하는 동인이 되었다. 사실 한국사회와 조선족사회의 공식적인 관계맺기는 한국정부의 북방정책에서 시작됐다. 냉전체제 하에서 북한의 변화를 추동하기 위해 적대 관계에 있던 중국과의 관계를 정상화하고자 한 것이다. 그러나 중국과 수교를 하게 되면 그곳에서 살고 있는 조선족동포들과 새로운 관계를 맺게 되는 것이 자명함에도 불구하고 한국정부는 아무런 준비도 하지 않았다.

하지만 조선족사회는 달랐다. 그들은 오랜 세월 잊고 살았던 고국 소식을 아름아름 전해 들으며 한국에 대한 그리움을 키우고 있었다. 더욱이 서울 올림픽을 지켜보면서 한국의 발전된 모습을 알게 되었고 앞서 한국을 방문했던 사람들로부터 한국에서 많은 돈을 벌 수 있을 것이라는 말들을 전해 들은 터였다. 그 무렵 중국은 개혁개방 정책을 통해 자본주의 시장경제를 적극 받아들이고 있었다. 그래서 그들은 이제나 저제나 기회가 주어지면 서둘러 한국에 가야겠다는 마음을 다잡고 있었다.

그 기회는 예상보다 빨리 왔다. 1992년 벽두 등소평이 남순강화를 통해 느슨해진 개혁개방 정책을 다그치면서 중국 내에서 새로운 변화의 물결이 거세게 밀려오고 있는 가운데 한중수교가 이루어진 것이다. 이제 한국과 중국은 적대적 관계에서 우호적 관계로 바뀌게 된 것이다. 중국 동북지역에서 근현대 한민족의 슬픈 역사를 온몸으로 체현하면서, 이념 대립의 냉전체제로 인해 고국마저 잊고 살아온 조선족동포들에게는 더없이 반가운 소식이었다. 그래서 그들은 고국의 일가친척을 만나는 것은 물론 코리안드림에 대한 계획을 준비하기 시작했다.

하지만 기대와 달리 한국으로 가는 티켓을 구하는 것은 하늘의 별을 따기만큼 어려웠다. 수교가 됐음에도 불구하고 한국정부가 조선족동포들에게 문을 열지 않았기 때문이다. 수교 후에도 아무런 정책 준비를 하지 않은 한국정부는 조선족동포들의 바람을 외면한 채 수교 전과 마찬가지로 한국에 연고가 있는 사람들이 친인척으로부터 초청을 받아야 입국할 수 있는 정책을 유지하였다. 조선족동포들의 바람을 외면하는 이러한 상황은 수교 15주년이 되는 2007년 방문취업제가 실시될 때까지 지속됐다.

정책 부재에도 불구하고 조선족사회의 한국바람은 식지 않았다. 어떤 수단과 방법을 동원해서라도 한국에 가려는 사람들이 줄을 서게 되면서 정책의 틈새를 이용한 갖가지 묘수(?)가 속출했다. 브로커들이 조선족사회에 깊숙이 파고들어 그들의 마음을 움직였다. 돈을 매개로 한 서류 위조와 영사관 직원과의 결탁은 물론 위장결혼에 불법 밀입국이 은밀하게 거래됐다. 아슬아슬한 곡예는 결국 나락으로 추락하는 결과를 가져왔다. 일부 지역에서는 마을 전체가 브로커에게 사기 피해를 입기도 하였다.

한국 초청과 관련한 사기 피해는 대략 1996년경부터 문제시되기 시작했다. 사기 피해는 수적인 규모와 함께 마을 단위의 집단적으로 이루어진 형식 등에서 조선족사회에 큰 파장을 몰고 왔다. 한국행 티켓을 구하기 위해 감당하기 어려울 정도의 빚을 지고 목숨을 끊는 사람이 속출했고 가정이 파탄이 난 경우도 흔했다. 급기야 한국과 중국 정부가 문제 해결에 나서야 하는 상황에까지 이르렀다. 양국 정부는 1998년 한국정부가 초청 사기 피해자 1천여 명에게 산업연수생으로 취업할 수 있도록 하는 데 합의했다. 이들은 그 이듬해부터 2001년까지 3년여에 걸쳐 한국에 입국했다. 문제 해결을 위해 시민단체들도 발벗고 나섰다. 동북아평화연대는 연변지역에 직원을 파견해 현지의 피해 실태를 파악하며 문제 해결을 모색했다.

한국 입국을 위한 티켓을 어렵게 구해 한국에 정착한 조선족동포들도 어려움을 겪을 수밖에 없었다. 비합법적 방법으로 한국에서 생활하게 된 사람들은 한국 생활 자체가 불법이었기 때문이다. 실제로 이들은 억울한 일을 당하더라도 불법체류자로서 숨죽이고 살아야 했다. 특히 중국으로 돌아가면 다시 올 수 없을 것이라는 절박함으로 인해 대부분의 사람들은 장기 불법체류자로 살아야 했다. 가족들과 헤어져 살아야 하는 시간이 길어지면서 가정파탄으로 이어졌다. 2002년 월드컵을 앞두고 법무부가 실시한 불법체류자 자진 신고 기간 중 접수한 사람이 10만여 명을 넘었다. 한국에 체류하고 있는 전체 조선족의 70퍼센트에 이르는 사람이 불법체류자라는 분석이 나왔다.

한국정부의 정책 부재는 조선족동포들의 인정투쟁으로 발전했다.

1999년 제정된 재외동포법에서 조선족과 고려인을 재외동포에서 제외한 것이 발단이 됐다. 동포들은 동포로 인정해 줄 것과 함께 자유로운 출입국을 보장해 줄 것을 요구하며 거리로 나서고 단식 투쟁을 전개했다. 그런 노력은 노무현 대통령을 움직여 2007년 방문취업제를 실시하는 결과를 낳았다. 무연고 동포들도 한국을 방문할 수 있는 정책이 마련된 것이다. 결국 한국의 조선족 정책은 조선족동포들의 인정투쟁이 가져온 성과인 셈이다.

이후 한국정부는 조선족동포들에 좀 더 관심을 기울임으로써 자유로운 출입국이 가능하도록 하는 한편 가족이 함께 한국에서 생활할 수 있도록 하는 등의 정책 개선을 하였다. 그 결과 조선족동포들은 이제 한국으로의 출입국이 자유롭게 되었다. 적어도 출입국과 관련한 정책은 조선족동포들이 오랫동안 요구해온 방향에서 마무리되었다고 말 할 수 있게 된 것이다.

3. 한국의 조선족 정책이 조선족사회에 미친 영향

조선족동포들은 한국에 대해 애증(愛憎)을 가지고 인식해 왔다. 지난 역사를 돌이켜 볼 때 한국사회를 긍정적으로 바라보든 아니면 부정적으로 바라보든 그들의 마음속에는 사랑과 미움이 함께 응축되어 있었음을 엿볼 수 있다는 것이다. 한민족의 일원으로서 발전된 모국에 기대어 경제적 부를 축적할 수 있었고 그로 인해 중국사회에서 조선족의 위상을 높이게 된 것은 '사랑'의 대상이다. 그러나 '한국바람'으로 조선족사회가 겪어야 했던 많은 아픔들은 '미움'의 영역에서 언급될 수밖에 없다.

사랑의 대상은 당연한 것이고 기분 좋은 일이다. 그러나 한국인 혹은 한국사회가 조선족동포들의 미움의 영역에 놓여있는 것에 대해서는 보다 깊은 성찰이 필요하다. 그 이유는 무엇일까? 우선적으로 초기 관계맺기 과정에서의 잘못된 관계 설정에서 이유를 찾을 수 있을 것이다. 그 중심에는 한국정부의 정책 부재가 자리잡고 있다. 한중수교가 이루어지면 조선족동포들의 한국행이 본격화될 것이 확실한 상황이었음에도 불구하고 한국정부는 그에 대한 아무런 정책적 준비를 하지 않았다. 심지어 한중수교 15주년이 될 때까지 무연고 동포들의 합법적인 한국 출입국은 원천적으로 차단되었다. 그 모진 세월을 겪은 동포들로서는 한국을 사랑의 대상으로만 인식할 수는 없었을 것이다.

필자는 2009년 한 연구기관의 지원을 받아 한국사회와 조선족사회 간의 갈등 요인과 갈등 해소 방안에 대한 조사연구를 한 적이 있다. 한국과 중국 곳곳의 동포들을 만나 조사한 바에 따르면 동포들의 한국에 대한 원망은 하늘을 찌를 듯했다. 당시 내린 결론은 양자 간 갈등의 심각성이 중상(中上)에 이른다는 것이었다. 그리고 한국에서 집거지 형성이 이루어지고 있던 조선족사회가 게토(ghetto/특정인들이 모여사는 지역)화 될 것과 조선족문제가 '고질화된 사회갈등(protracted social conflict)'으로 발전될 것에 대해 염려했었다. 필자는 그 일차적 원인을 한국정부의 정책 부재에서 찾았고 동포들의 자유로운 출입국과 활동 보장을 위한 제도개선을 가장 핵심적인 해법으로 제시했었다.

결과적으로 당시 필자의 염려는 기우였던 것 같다. 조선족 집거지가 게토로 되지 않았고 조선족과 관련된 문제가 심각한 사회갈등으로 발전하지도 않았기 때문이다. 다행스럽게도 그 이후 한국정부의 정책이 크게 바뀐 것이 중요한 이유인 것 같다. 그 아슬아슬한 상황을 겪으면서 한국정부가 조선족동포들의 삶을 살피며 정책 개선을 시작했고 조선족사회가 인내하며 새로운 날이 오기를 기다린 것이 그런 결과를 낳았다고 할 수 있을 것이다. 조선족사회가 한국사회와 공식적인 관계맺기를 한 지난 30년 세월은 동포들이 한국정부의 정책에 따라 때로는 울기도 하고 때로는 웃기도 하며 더 좋은 날을 기다려온 인고(忍苦)의 시간이었다.

결과가 좋다고 과정을 무시해서는 안된다. 당시 겪었던 아픔을 치유하기 위해서도 보다 적극적인 성찰이 필요하다. 필자는 앞서 언급한 2009년의 조사연구를 하면서 한국사회와 조선족사회 간의 관계맺기 과정을 갈등의 측면에서 4단계로 구분한 바 있다. 태동기(~1992), 잉태기(~1998), 갈등 표출기(~2003), 관계 정립기(2004~) 등이다. 한중수교 전의 태동기를 제외하면 이후의 과정은 한국정부의 정책에 대한 조선족사회의 반응과 관련된다. 관계맺기 초기부터 갈등이 잉태됐고 이후 인정투쟁 형식으로 갈등이 표출됐으며 그에 따라 한국정부가 정책을 통해 관계를 새롭게 정립하기 시작했다는 것이다. 《동포세계신문》 김용필 대표는 조선족동포들의 한국 정착 과정을 한국정부의 정책 변화 과정과 연관지어 초창기(1992~1998), 격변기(1999~2008), 성장기(2009~2017), 도전기(2018~)로 나누어 설명한 바 있다.

위의 시기 구분을 감안하여 조선족사회가 한국정부의 조선족정책으로부터 영향받은 바를 시기별로 나누면 인내기(~1998), 저항기(1999~2003), 적응기(2004~2013), 발전기(2014~)로 구분할 수 있을 것이다. 인내기는 관계맺기 이후 인정투쟁에 나서기 전까지의 기간이다. 이 기간 동포들은 대부분 불법체류자로서 한국정부의 정책이 바뀌기만을 바라며 숨죽이고 살아야 했다. 약자가 취할 수 있는 최선의 선택이었다. 그러나 이 기간 동안 조선족동포들은 한국사회에 대한 불만과 원망을 쌓아가고 있었다. 비정상적인 관계맺기가 관계의 질을 악화시킨 것이다. 그 앙금은 공식적 관계맺기가 시작된 지 30년이 훌쩍 지난 지금까지도 남아있다.

저항기는 축적된 불만과 원망이 폭발된 시기이다. 1999년에 제정된 재외동포법에서 조선족을 고려인과 함께 재외동포에서 제외시킨 것에 의해 촉발됐다. 조선족동포들은 동포로서 인정해 줄 것과 출입국 정책의 개선을 요구하며 머리띠를 두르고 거리로 나섰다. 불법체류자 문제에 대한 해결을 요구하며 집단 단식농성에 돌입하기도 했다. 인정투쟁을 전개한 것이다. 동포들의 저항은 2003년 11월 노무현 대통령이 단식농성장인 구로동 조선족교회를 찾아 동포들을 위로하면서 잦아들었다.

적응기는 한국정부의 조선족정책에 변화가 생기면서 동포들이 정책에 맞춰 변화된 상황에 적응하였던 시기이다. 헌법재판소의 위헌 결정으로 한국정부는 2004년 재외동포법을 개정해 조선족과 고려인에게 동포의 지위를 부여하였다. 2007년에는 드디어 무연고 동포들이 합법적으로 한국을 방문할 수 있는 정책이 만들어졌다. 비록 한국어시험이라는 절차가 있고 만시지탄이 있지만 동포들은 크게 반겼다. 이후 한국정부는 특정 자격을 갖춘 사람들에게 재외동포(F-4) 자격을 부여하고 60세 이상의 동포들이 자유왕래를 할 수 있도록 하는 등 정책을 개선해 나갔다. 동포들은 변화된 정책에 맞춰 한국사회에 적응하기 위해 노력했다.

발전기는 한국의 조선족정책이 동포들의 요구를 반영하여 완전한 자유왕래를 이룸으로써 조선족동포들이 한국사회에서 개인 및 사회 발전에 적극 참여하기 시작한 시기이다. 한국정부는 방문취업제를 통해 무연고 동포들의 입국이 가능하도록 조치한 후 지속적으로 정책 개선을 취해왔다. 그 연장선에서 2014년 4월 60세 미만의 외국국적 동포들에게도 단기 복수비자(C-8/90일 체류)를 발급하기로 함으로써 사실상 모든 조선족동포들의 자유왕래가 실현됐다. 또 방문 취업(H-2)과 재외동포(F-4) 비자를 소지한 한국체류자에게 배우자와 미성년 자녀를 초청해 동반 거주할 수 있도록 허용했다. 이후 조선족동포들의 한국생활은 개인별 체류에서 가족단위로, 일시 체류에서 정주형태로 변화하는 등 긍정적으로 발전하고 있다.

4. 한국 내 조선족동포들의 인정투쟁과 정치활동

사람들은 다른 사람들로부터 인정(認定)을 받고 그에 의존하려는 성향이 있다. 독일의 저명한 사회철학자 악셀 호네트(Axel Honneth)는 그 이유를 다른 사람들로부터 인정을 받아야만 사회공동체에 소속될 수 있고, 자신의 가치에 대해 확신을 가질 수 있기 때문이라고 말한다. 즉, 사람들은 그런 연유로 하여 사회생활을 하는 과정에서 필연적으로 다른 사람으로부터 인정받는데 목마르게 된다는 것이다. 그는 또 인정의 부재가 개인의 자아실현을 막으며 여기서 일어나는 좌절감, 굴욕감, 상실감 등의 감정이 폭동이나 시위 같은 사회갈등을 유발하기도 한다고 덧붙인다. 그래서 인정투쟁은 사회가 새로운 방향으로 나아가기 위한 해결 방법을 찾도록 사회갈등의 근본 원인을 제시하기도 한다고 주장한다.

호네트가 주장한 바처럼 한국사회를 향한 조선족동포들의 인정투쟁은 한민족의 당당한 일원으로 인정받아 자신의 가치에 대해 스스로 확신을 가지려는 과정이었다. 실제로 조선족동포들이 적극적인 인정투쟁에 나선 것은 1999년에 제정된 재외동포법에서 조선족에게 재외동포의 지위를 부여하지 않은 데서 촉발됐다. 조선족동포들은 이미 한국 방문이 제한돼 어려움을 겪는 가운데 한국을 방문한 사람들도 불법체류자로 전락함으로써 한국사회로부터 인정받지 못한 데 대해 속앓이를 하고 있던 터였다. 그렇게 누적된 그들의 좌절감과 굴욕감 그리고 상실감은 언제 터질지 모르는 시한폭탄과도 같은 것이었다.

조선족동포들이 한국사회를 향해 인정투쟁에 나서면서 요구한 것은 자유 왕래와 자유 취업 두 가지에 초점이 맞추어졌다. 즉, 동포로서의 지위를 보장함으로써 한국을 자유롭게 드나들 수 있게 하고 한국에서 자유롭게 일할 수 있게 해달라는 것이었다. 그런데 재외동포법 제2조 2항은 (외국국적)동포를 "대한민국의 국적을 보유하였던 자 또는 직계비속으로서 외국 국적을 취득한 자"로 정의함으로써 1948년 대한민국 정부 수립 이전 중국 동북지역으로 이주한 동포와 그 후손들을 아예 재외동포의 범주에서 제외했다. 조선족동포들의 참아왔던 불만이 폭발할 수밖에 없는 상황이었다. 동포들은 한국 시민단체들과 함께 헌법 소원을 한 데 이어 거리 시위에 나섰다. 그 결과 2001년 헌법재판소가 위헌 판결을 내렸고 2004년에 이르러 재외동포법 제2조 2항은 개정됐다. (외국국적)재외동포에 대한 규정도 "대한민국 정부 수립 전에 국외로 이주한 동포를 포함한다"로 바뀌었다.

그러나 보다 현실적인 문제는 불법체류자 문제였다. 한국의 정책 부재로 인해 어렵게 한국을 방문한 조선족동포들은 불법적으로 장기체류할 수밖에 없어 많은 동포들이 불법체류자로 전락했기 때문이다. 동포들의 불만이 쌓여가는 상황에서 한국정부가 2000년 들어 이들을 강제 추방하는 강수를 들고 나왔다. 그러나 동포들의 인정투쟁이 확산되자 2002년 서울 월드컵을 앞두고 한국정부는 불법체류자들에 대한 출국을 1년간 유예하는 조치를 실시함으로써 숨통이 트였다. 그러나 이 문제는 1년이 지난 후 다시 수면 위로 떠올랐다.

정부는 2003년 고용허가제를 도입하는 등 변화를 꾀했지만 해결책이 되지 못했다. 동포들은 국적회복 운동을 벌이던 한국의 지지자들과 연대해 단식 농성을 벌이는 등 불법체류자 문제 해결을 위한 정부의 대책을 요구하며 적극 행동에 나섰다. 동포들은 '조선족도 동포다' 등의 피켓을 들고 종로거리를 누비며 자신들의 불만을 알렸다. 당시 시위에 참여한 사람은 무려 2천여 명에 이르렀다. 이러한 상황은 노무현 대통령의 관심을 자아냈다. 노대통령은 참모들의 만류에도 불구하고 단식 농성 장소였던 서울조선족교회를 방문(2003.11.29), 동포들을 위로하며 문제 해결을 위해 적극 노력하겠다는 뜻을 전달했다. 그 결과는 조선족 관련 정책에 구체적으로 반영돼 동포귀국지원프로그램(2005.3)과 방문취업제(2007.3) 실시 등으로 이어졌다.

조선족과 관련된 정책이 개선되고 그에 따라 한국에 체류하는 사람들이 늘어나게 되자 한국 내 조선족사회에서는 인정투쟁을 넘어 정치적 권리를 행사하기 위해 정치에 참여하기 시작했다. 투표권을 가진 사람들이 크게 늘어난 상황에서 동포들의 권익을 신장시키기 위해 필요하다고 판단한 것이다. 이들은 2012년 대선을 앞두고 재한중국동포유권자연맹을 조직, 발대식을 갖고 "국적을 취득한 사람뿐 아니라 한국에 사는 조선족 전체의 권익을 신장하기 위해 지속적인 유권자운동을 펼쳐나갈 것"이라는 포부를 밝히기도 했다.

2016년 국회의원 선거를 앞두고 조선족사회의 정치권을 향한 목소리는 더 커졌다. 2012년 국회의원 선거에서 필리핀계 이주민인 이자스민과 탈북자 출신 조명철이 비례대표로 국회의원이 되었기 때문이다. 이에 앞서 몽골 출신 경기도의원이 선출되기도 했으나 조선족 출신 정치인은 당시까지 한 명도 나오지 않은 상황이었다. 따라서 한국 내 조선족사회에서는 유권자들을 중심으로 정치세력화를 시도하는 가운데 정치인 배출을 위한 꿈을 키웠다. 실제 조선족 단체장들 중에는 적지 않은 사람들이 자천타천으로 국회의원 후보로 거명되기도 했다. 그러나 조선족 출신 1호 국회의원을 만들려는 노력은 아직 성과를 거두지 못했다,

조선족 출신 1호 선출직 정치인은 경기도 안산시에서 나왔다. 2022년 5월 지방선거에서 안산시 기초비례에 더불어민주당 후보로 나선 황은화씨가 주인공이다. 흑룡강성 목단강시 출신인 그녀는 2018년에 이어 두 번째 도전 끝에 안산시 시의원으로 당선되었다. 황의원은 2022년 7월 1일 안산시 의회에서 의정활동을 시작했다.

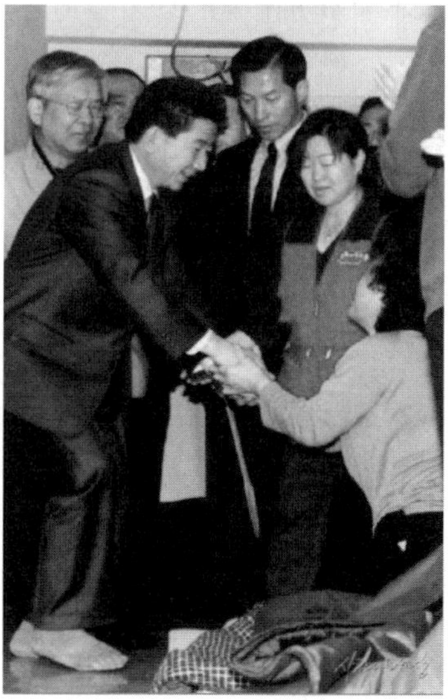

사진 4-4. 노무현대통령; 노무현대통령이 참모들의 만류에도 불구하고 조선족동포들의 단식농성장을 찾아 동포들을 위로하고 있는 모습

5. 한국사회의 조선족동포에 대한 인식

한국사회의 조선족동포들에 대한 인식을 정리하기 위해 자료를 찾다 2008년에 쓴 글에서 '한국사회의 조선족동포에 대한 기존 인식'이라는 소주제를 발견했다. 꼼꼼히 다시 읽으며 생각을 거듭했다. 한중수교 15주년이 지난 시점에서 쓴 글을 현 시점에서 어떻게 평가를 할 수 있을지, 지금은 어떻게 달라졌는지, 이 글을 재활용해도 될만한 가치가 있는지 등등에 대해 살폈다. 결론은 당시의 상황을 이해하는 데 도움이 될 수도 있을 뿐 아니라 지금도 유용하다는 것이었다. 기본적으로 크게 다르지 않다면 이를 재활용하고 '혐조선족' 운운하는 현재의 상황에 대해 덧붙이는 형식을 취하는 것이 좋겠다고 판단했다. 그때의 '글'을 보면 이렇다.

"최근 한국사회에서는 조선족동포들에 대한 배타적·부정적 인식이 점점 커지고 있다. 여러 가지 이유가 있겠지만 지난 10 수년간 그들과 접촉하는 과정에서 겪었던 우여곡절이 가장 큰 원인일 것이다. 만남이 지속되면서 서로를 바라보는 시각이 어긋나기 시작했으며 조선족동포들의 행태에서 장점보다 단점이 도드라져 보이기 시작한 것이다.

연변사회(조선족사회)와의 교류 초기 한국사회는 조선족동포들을 맞이하면서 대체로 동포애를 가지고 친근하게 대했었다. 그러나 시간이 지나면서 감정보다 이성적인 판단이 앞서게 됨에 따라 동포애보다는 이해관계를 따져 관계를 설정하려는 경향이 늘고 있다. 결국 한국사회가 조선족동포들을 배타시하고 부정적으로 인식하는 것은 만남의 시간이 길어지면서 관계를 재정립하는 과정에서 감성보다는 이성의 영향이 더 커지게 된 때문이다.

이러한 결과는 일차적으로 조선족동포들이 한국에서 생활하는 과정에서 보인 태도와 무관치 않다. 조선족동포들에 대해 비호의적인 이유는 대체로 이기적이다, 신용이 없다, 무지(무식)하다 등을 꼽는다. 또 일방적으로 도움만 받으려는 태도도 자주 도마 위에 오른다.

조선족동포들이 지니고 있는 이 같은 문제점을 인정한다 하더라도 적지 않은 부분은 한국사회의 조선족동포에 대한 오리엔탈리즘적 성격이 강하다. 즉 우리사회 안에 자리잡고 있는 문화적 우월성과 우리 중심주의적 사고가 은연중에 조선족동포들을 폄훼하는 형태로 나타난다. 한국사회가 외국인에 대한 배타적 태도를 보여 온 것은 국제적으로 이미 정평이 나 있다. 조선족동포들에게도 외국인에 대한 일반적 배타성이 확대 적용되고 있다고 볼 수 있다.

또한 조선족동포들에 대한 한국사회의 부정적 인식은 경제발전에 따라 개인주의적 성향이 늘어남에 따라 국가와 민족 등 거대 담론에 대해 버거워하거나 외면하려는 시대적 사조와 무관치 않아 보인다. 현실적 이해관계에 더 많은 가치를 두려하기 때문이라는 것이다.

하지만 조선족동포들은 우리에게 특별한 존재이다. 그들은 20세기 우리민족의 질곡의 역사를 온몸으로 견뎌오면서도 민족문화를 오롯이 지켜왔다. 그래서 한민족디아스포라의 아픈 상처를 치유하기 위해 그들은 우리가 모든 문제를 덮고서라도 감싸 안고 나아가야 할 대상이다. 또한 그들은 21세기 새로운 역사적 트렌드로 자리잡아 가는 동북아시아공동체를 추구하는 과정에서 우리와 함께 중추적 역할을 해야 할 민족자산이다.

이러한 점에서 현실적 문제만을 가지고 그들을 인식하는 것은 옳지 않다. 한민족공동체 건설과 동북아시아공동체 건설이라는 새로운 역사를 만들어 가기 위해서라도 그들을 새로운 시각으로 바라보아야 한다."

위의 글을 쓴 후 다시 15년의 시간이 지남에 따라 한국사회와 조선족사회와의 관계는 물론 한국사회의 조선족에 대한 인식과 태도에도 많은 변화가 있었다. 긍정적인 면과 부정적인 면이 공존한다. 긍정적인 면은 양측 간의 관계가 월등히 커진 가운데 한국의 조선족정책 또한 크게 개선돼 양자 관계가 정상화되어 가고 있다는 점이다. 그런 만큼 한국사회의 조선족에 대한 인식에도 긍정적인 변화들이 뒤따랐다. 부정적인 측면에서는 그럼에도 불구하고 여전히 15년여 전의 인식이 기본적으로 유지되고 있는 가운데 중국과의 갈등으로부터 비롯된 혐중(嫌中) 분위기가 조선족에 대한 부정적 인식으로 전이되고 있는 점이다. 즉 한국인의 조선족에 대한 인식이 조선족 외의 문제로부터도 적지 않은 영향을 받고 있다는 것이다.

한국인의 조선족에 대한 인식이 기본적으로 유지되고 있는 데는 그들에 대한 차별과 편견이 자리잡고 있다는 것이 대체적인 시각이다. 한국사회의 상대적인 문화 우월 의식이 이들을 구별하고 부정적으로 인식하고 있다는 것이다. 최근에 만난 조선족동포들 중에도 여전히 한국사회의 차별과 편견으로부터 고통을 받고 있다는 하소연을 들었다. 조선족동포들과 북한이탈주민, 여타 외국인노동자들을 대상으로 2014년 행한 조사에 따르면 한국인은 세 부류 중 조선족을 가장 혐오한다고 답한 것으로 나타났다. 조선족에 대한 부정적 인식이 고질화된 듯하다. 그러한 결과에 대해 관계맺기 초기에 형성된, 조선족을 하층 계층으로 바라보는 고정관념이 큰 영향을 미치고 있다는 분석도 있다. 그 원인을 따져보면 그들의 사회 진출을 구속했던 한국정부의 정책 부재가 한몫을 했다고 볼 수 있다. 의도한 것은 아니지만 한국의 정책 부재가 조선족동포들로 하여금 불법체류하도록 여건을 조장했고 이는 다시 한국인들의 조선족에 대한 부정적 인식을 낳는 동인이 되었다는 것이다.

이에 더해 최근엔 한중갈등이 심화되면서 한국사회에서 혐중 분위기가 고조되고 있는데 이런 분위기가 중국 공민의 일원인 조선족동포들에게로 전이되고 있다. 한중갈등이 한국사회와 조선족사회의 좋은 관계맺기를 저해하는 부정적 요인으로 작용하고 있는 것이다. 조선족동포들은 한국사회의 조선족에 대한 부정적 인식이 지속되고 있는 이유를 한국언론 탓으로 이해하고 있다. 조선족에 대한 부정적 보도가 한국인들의 의식 형성에 영향을 미치고 있다는 것이다. 문제의 원인이 무엇이든 간에 이제는 한국사회가 조선족사회와 좋은 관계맺기를 위해서라도 대승적 차원에서 조선족사회를 이해하고 포용하며 올바른 인식을 하기 위한 자세 전환을 꾀해야 할 때이다.

4장

조선족사회의 변화와 새로운 경향

1. 중국내 조선족사회의 변화 (1)

중화인민공화국 수립(1949. 10. 1.) 이후 중국 공민으로서 동북지역에 터 잡고 살아온 조선족동포들은 한중수교가 이루어진 1990년대 초까지 변함없이 그 지역을 지키고 가꾸며 살아왔다. 대부분 농촌지역에서 농사지으며 살았던 동포들은 동북지역의 넓고 비옥한 땅에 의지하며 그곳에서의 삶을 천명(天命)으로 받아들였다. 광복 후 한반도로 돌아가는 것을 포기하고 중국 동북지역에 남기로 결심한 후에야 그곳에 정주하기로 마음을 먹었던 이들은 중국에서 사회주의제도가 정착되는 과정에서의 혼란 속에서도 중국공산당을 지지하며 운명처럼 그 땅에서 안분지족(安分知足)한 삶을 살았다. 중국 동북지역은 명실공히 조선족동포들의 삶의 영역이었다.

그러나 조선족동포들의 이러한 삶은 1992년에 이루어진 두 가지 사건—남순강화와 한중수교—에 의해 크게 변하기 시작했다. 그곳에 정주해온 이들의 마음속 한 켠에 자리 잡고 있던 나그네 의식이 다시 꿈틀거리기 시작한 것이다. 두 사건은 조선족동포들에게 두 가지 기회를 제공했다. 하나는 중국 연해지역의 개방도시에 진출한 한국 기업에서 일할 수 있는 기회이다. 한국 기업은 조선족동포들이 있어 언어의 장벽을 쉽게 넘을 수 있었고 조선족동포들은 동북지역을 벗어나 새로운 일자리를 찾을 수 있게 된 것이다. 다른 하나는 한국에서 일할 수 있는 기회이다. 당시 중국사회는 자본주의 시장경제를 받아들이고 적극적 개혁개방 정책을 추진함에 따라 경제적으로 물질주의가 팽배한 상태였다. 따라서 사람들은 자연스럽게 '돈'을 좇았고 조선족동포들은 그 방법으로 한국을 찾게 됐다.

세계적인 탈냉전체제와 경제적 실리주의가 맞물린, 도도한 변화의 물결로부터 비롯된 필연적 현상이었지만 이 상황으로 인해 조선족동포들은 새로운 기회를 좇아 그들이 오랫동안 터 잡고 살아온 중국 동북지역을 떠나기 시작했다. 이렇게 조선족동포들의 중국 동북지역에서의 탈영역화가 시작되었다. 조선족동포들의 탈영역화 과정은 순수하고 단순한 동기에서 시작됐지만 시간이 지나면서 실리적이고 복잡한 상황으로 바뀌었다. 그리하여 그 수도 급격히 늘었고 속도 또한 상상을 초월하는 것이었다.

1990년대 초의 한 연구에 따르면, 한중수교 무렵 조선족동포는 인구조사 상 1백92만3천여 명이었는데 이들 대부분이 중국 동북지역에서 살았고 이 중 4분의 3이 농촌마을에서 농사지으며 살았다. 그로부터 30년이 지난 지금 그곳에는 당시 인구의 4분의 1 정도에 불과한 사람들만 남아 그들이 지키고 가꾸었던 땅을 부둥켜안고 있을 뿐이다. 인류 역사상 그 유래를 찾을 수 없을 만큼 단시간 내에 한 종족이 집단적으로 자신이 살던 지역을 떠나 다른 지역으로 이주를 한 것이다. 그것도 태평성대를 구가하는 평화로운 시대에 자발적으로…

탈영역화 과정이 크고 빠르게 진행된 만큼 많은 부작용을 낳았다. 동북지역 이곳저곳에 모여 살아온 조선족동포들은 개혁개방이 시작된 이후부터 1990년대 초까지 비교적 안정되고 평화로운 삶을 살았다. 대부분 농민인 이들은 일가친척이 한 지역에 모여 살며 같은 학교를 다녔다. 혈연 지연 학연이 엉켜있는 전형적인 게마인샤프트(공동사회)를 형성하였다. 토지도급경영을 통한 농촌 개혁정책의 시혜를 받아 경제적으로도 안정을 찾고 있었다. 그러나 탈영역화의 바람이 거세게 휘몰아치자 조선족동포들의 동북지역에서의 안정적인 삶은 크게 바뀌었다.

많은 동포들이 연해지역의 개방도시로 혹은 한국으로 떠나면서 동북지역 조선족마을은 공동화되거나 사라지기 시작했다. 노인들만이 선산을 지키는 '굽은 나무'처럼 고향마을을 지키는 상황이 됐다. 최근에는 조선족이 한 명도 살지 않는 조선족마을이 곳곳에서 늘어나고 있다. 농촌마을이지만 농사짓는 사람은 찾아보기 어렵고 마을에서 어린아이의 울음소리가 그친 지도 오래됐다. 젊은 세대들이 일자리를 찾아 고향을 떠났기 때문이다. 고향을 떠난 사람들이 돌아올 것으로 기대하는 사람도 거의 없다. 조선족이 떠난 마을에는 한족들이 비집고 들어와 이제는 순수 조선족마을을 찾기도 어렵게 됐다.

조선족사회에서 탈영역화가 일어나기 전까지는 동북지역의 조선족마을에는 대부분 학교가 있었다. 큰 마을에는 고중(高中/고등학교)까지도 있었다. 따라서 동포들은 학교를 중심으로 민족문화를 고양하며 공동체적 생활을 영위하였다. 그러나 마을마다 있던 학교들은 모두 사라졌다. 조선족학교는 이제 조선족 집거지의 중심지역인 시와 현에 1-2개 남아있을 뿐이다. 농촌마을에 인구가 감소하고 학령 아이들이 줄어들면서 학교를 통합하였기 때문이다. 1천5백여 개에 이르렀던 조선족학교는 2백여 개 남짓 남아있다. 시와 현에 있는 학교의 경우에도 몇몇 지역을 제외하면 학생 수가 점점 줄어 명맥을 이어가기 위해 타민족 학생들을 영입해야 하는 상황에 이르고 있다. 조선족 동포들이 집거해 살아가는 연변조선족자치주의 안도현에도 오래전에 조선족 고중이 폐교됐다. 연변지역에서 조차 조선족 학교가 사라지고 있는 것이다.

인구가 감소하고 학교가 사라지면서 조선족동포들의 생활 터전에도 많은 변화가 생겼다. 동포들이 모여 살던 산재지역의 조선족향(진)은 많을 때 50여 곳이 훌쩍 넘었었지만 주변 도시에 편입되거나 폐지됨에 따라 지금은 30여 곳만 남아있다. 조선족향(진)을 유지하고 있는 곳도 명맥만 유지하고 있는 곳이 적지 않다. 따라서 동북지역에 남아있는 사람들은 농촌지역을 떠나 농촌마을 주변의 거점도시나 대도시에 조선족타운을 형성해 살아가고 있다.

2. 중국내 조선족사회의 변화 (2)

재일동포 강상중 교수는 탈냉전적 상황과 21세기 국제정치의 새로운 현상 속에서 세계는 필연적으로 경제적·이데올로기적 탈영역화를 겪게 되고 이는 다시 지정학적 혼란을 거쳐 재영역화로 이어지게 될 것이라고 말한 바 있다. 즉 경제적·이데올로기적 탈영역화와 국가 간 시스템을 형성하고 있는 사회적 공간의 세 가지 요소인 주권국가, 영토적 통합, 공동체적 동일성에서 안정성이 흔들리게 됨으로써 '지정학적 혼란'이 야기되고 이로 인해 새로운 상황을 만들기 위한 재영역화가 이루어진다는 것이다. 강교수는 또 재영역화 과정은 탈영역화와 밀접한 관계를 맺게 된다고 말한다. 탈영역화는 분열된 구질서의 신조나 관습, 실천이나 이야기의 단편을 활용하여 질서의 재영역화를 위한 조건을 생성하게 된다는 것이다.

이러한 주장은 21세기의 새로운 국제질서가 단절의 시대에서 소통의 시대로 나아가게 되면서 이른바 재영역화라는 형태로 새로운 관계맺기가 형성되게 된다는 것을 의미한다. 또 새로운 질서를 위한 재영역화는 구질서에서 경험한 다양한 조건들이 일정하게 영향을 미치게 될 것임을 시사하고 있다. 닫힌 사회에서 열린 사회로 나아가는 데 따른 변화라는 점에서 통제된 사회시스템을 견지하던 사회에서 그런 변화는 더 클 수밖에 없을 것이다. 실제로 사회주의체제인 중국에서 자본주의 시장경제 제도를 적극 받아들임에 따라 조선족사회 역시 그로부터 크게 영향받게 됐다. 중국 동북지역의 농촌지역에서 농사 지으며 살아온 조선족동포들로서는 한중수교 이후의 변화를 새로운 기회로 인식했기 때문이다.

자본주의 시장경제가 지배하는 세계화시대에 즈음해 사람들은 더 나은 환경을 찾아 분주하게 이동해 왔다. 농촌을 떠나 도시로 사람들이 몰리는 것이나 끊임없이 이어지는 난민들의 긴 행렬에서 이를 엿볼 수 있다. 사람들이 넘나드는 경계가 낮아진 상황에서 이는 필연적이고 불가피하다. 조선족동포들도 마찬가지다. 오랜 세월 중국 동북지역에 갇혀 살아온 이들이 새로운 세계를 찾아 나서는 것은 자연스러운 일이다. 조선족동포들이 동북지역의 옥토를 두고 떠나고 있음을 아쉬워하자 한 젊은 조선족학자가 "왜 우리는 동북지역에서 농사 지으며 살아야만 하나"고 되묻던 말이 뇌리를 스친다.

조선족동포들이 중국 동북지역을 무대로 하여 살았던 시절엔 모든 것이 분명했다. 중국공산당의 소수민족 우대정책에 따라 동포들은 우리 말과 글은 물론 우리 전통문화를 유지하는 가운데 특정 지역 내에서 서로 의지하며 살았다. 혈연 지연 학연이 서로 엉켜있는 게마인샤프트 형태의 공동체적 삶을 살았다고 할 수 있다. 조선족향(진)과 조선족촌을 중심으로 집거해 온 그들은 어린 시절 마을에 있는 학교를 함께 다니며 관계의 친밀성을 극대화했다. 그리하여 어려운 일이 생기면 머리를 맞대고 그 어려움을 극복하기 위한 방법을 찾았고, 기쁜 일에는 서로 얼싸안고 즐거움을 나누었다. 한족을 비롯한 다른 민족들과 갈등할 때면 마을 공동체 정신을 통해 수적 열세를 극복할 수 있었다. 스러져가는 전통문화를 유지 발전시키기 위해 안간힘을 다했고 소수민족의 한계를 극복하기 위해 힘을 합해 왔다.

탈영역화가 구조화된 지금도 동북지역에 남아있는 조선족동포들은 여전히 공동체 정신을 고양하며 조선족사회의 전통을 유지 발전시키기 위해 치열하게 고민하고 있다. 조선족이 집거해 살고 있는 지역의 특성을 살려 축제를 조직하기도 하고 한국에서조차 잊혀져 가고 있는 전통명절을 복원하기도 한다. 두만강 중류지역에 위치한 연변조선족자치주 도문시의 '두만강축제', 흑룡강성 목단강시의 '유두절', 흑룡강성 북안시 주성조선족향의 '초복절' 등이 그것이다. 또 흑룡강성 동북쪽에 위치한 자무스(佳木斯)시와 허강(鶴崗)시 역내의 조선족향들은 서로 연대하여 체육대회를 개최하는 등 자신들의 존재감을 과시하기 위해 다양한 노력을 경주하고 있다.

하지만 이들의 노력에도 불구하고 현실은 그다지 긍정적이지 않다. 사람이 없기 때문이다. 연변조선족자치주 왕청현에서는 2000년대 들어 조선족동포들이 즐겨왔던 '농악무'를 무형문화재로 등록해 이를 지역의 고유문화로 발전시켜왔다. 하지만 오늘날에는 이를 계승할 사람을 찾기 어렵게 되자 한족 등 다른 민족들에게 전수해 그 명맥을 이어가고 있다. 이런 현상은 곳곳에서 흔하게 볼 수 있다. 할빈시 조선족예술단의 단원들 중에도 조선족이 아닌 단원들의 수가 점점 더 많아지고 있다고 한다.

동북지역을 떠난 사람들은 후세대들의 교육에 어려움을 겪고 있다. 동북지역 조선족 집거지에서는 조선족학교에서 우리 말과 글은 물론 민족문화에 대해 교육했다. 자연스레 민족의식이 고취됐다. 그러나 동북지역 밖에서는 어디에서든 이 같은 교육을 받기 어렵다. 일부 지역에서 후세대들을 위한 사립학교가 설립됐지만 여러 가지 사정으로 폐교되고 지금은 청도의 '정양학교'만 명맥을 유지하고 있다. 이렇듯 제대로 된 민족교육을 받지 못함에 따라 이들은 민족정체성에 혼란을 겪을 수밖에 없다.

다행스럽게도 동북지역 밖에서 생활하는 조선족 학생들에게 우리 말을 가르치기 위한 주말학교가 그 역할을 대신하고 있다. 2013년 북

사진 4-5. 주성조선족향 초복절 행사; 2018년 초복절에 즈음해 주성향 주민들이 대대적인 기념행사를 개최하고 있다.

경에서 시작한 '정음우리말학교'가 어려운 여건에도 불구하고 헌신하는 사람들 덕분에 10년 넘게 이어지고 있다. 최근엔 한국과 일본 등지로 확장돼 30여 개에 이르는 정음학교가 설립돼 현지 조선족 학생들의 민족교육을 담당하고 있다. 변화된 환경에 적응하기 위한 몸부림인 셈이다.

3. 조선족사회의 세계로의 확산

조선족동포들의 탈영역화는 더 나은 삶을 찾기 위한 결단에서 비롯됐다. 중국이 자본주의 시장경제를 받아들이며 개혁개방 정책을 추구함에 따라 경제적 부를 축적하는 것이 중요해졌기 때문이다. 따라서 동포들은 시대적 흐름에 맞춰 더 좋은 일자리를 찾아 나선 것이다. 대부분 중국 동북지역 곳곳에서 남한 전체 경작지의 절반이 넘는 땅을 경작해 온 농민이지만 중국의 여타 농민공들이 그랬던 것처럼 농사짓는 것보다 수지맞는 일을 찾아 농촌을 떠나야 했다. 다만 조선족동포들은 중국 연해지역의 개방도시와 함께 한국을 비롯한 해외로 눈을 돌렸다.

조선족동포들이 2억7천만 명에 달하는 여타 중국 농민공들과 달리 일자리를 찾아 한국과 해외로 눈을 돌릴 수 있었던 것은 한민족의 일원이기 때문에 가능했다. 조선족동포들의 도전적인 성향도 한몫했지만, 고국인 한국에 기댈 수 있고 세계 곳곳에서 살아가는 한국인과의 인연을 활용할 수 있는 그들만의 장점이 작용하였기 때문이다. 한민족은 조선족동포를 포함해 750만여 명의 재외동포가 세계 180여 개 국가에서 살고 있다. 또한 중국 공민으로서 화교(華僑)로 불리며 해외에서 살고 있는 중국인과도 인연이 닿아있다. 전 세계에는 약 5천 만 명에 이르는 화교가 있다.

조선족동포들이 진출해 살고 있는 국가의 수에 대해선 정확한 통계는 없지만, 많게는 100여 개 국가에 이른다는 주장도 있다. 한국인이 살아가고 있는 나라가 180여 개 국가에 달하는 것과 비교하면 별 게 아닌 듯 보이지만, 전체 조선족동포의 수가 200만 명도 채 되지 않는 점을 감안하면 결코 적은 수가 아니다. 이는 조선족동포들이 시대의 흐름을 좇아 보다 진취적이고 적극적으로 빠르게 움직였음을 의미한다.

중국 동북지역을 떠나 해외에서 거주하는 조선족동포는 전체 조선족의 절반에 가깝다. 《연합뉴스》는 2022년 현재 중국 국적을 가지고 외국에서 살아가는 사람들의 수를 한국 70만여 명, 일본 8만여 명, 그리고 미국과 유럽을 포함한 기타 지역 5만여 명 등 83만여 명으로 추산했다. 이는 2020년 중국의 인구조사에서 발표된 조선족 인구 170만여 명의 절반에 이른다. 최근 한국 국적을 회복 및 취득한 사람들을 포함한 범(凡) 조선족의 수를 80만 명으로 말하고 있는 점을 감안해 이를 인구조사 상 조선족동포가 가장 많았던 2000년의 192만3천8백여 명에 견주어도 45퍼센트에 가까운 수이다. 한 조선족 학자는 2014년에 조사한 연구에서 동북지역을 떠나 해외 각국에서 살아가는 조선족의 수가 한국 45만, 일본 7-8만, 북미 7-8만, 러시아 2-3

만, 기타 국가들 1-2만 등으로 62-66만여 명에 이를 것으로 추정한 바 있다.

해외 거주자와는 별도로 중국 동북지역을 떠나 연해지역 개방도시에 사는 사람도 적지 않다. 위의 기사는 대략 베이징 등 수도권 8만여 명, 칭다오(青島)를 중심으로 한 산둥(山東)성 20만여 명, 상하이 5만여 명, 광둥(廣東)성 4만여 명 등 37만여 명에 이를 것으로 추산했다. 2014년의 연구는 동북지역 밖의 중국에 살고 있는 조선족의 수를 50만여 명으로 추산했었다. 그러나 개방도시나 해외로 이주한 사람들도 동북지역 고향마을에 호적을 그대로 둔 사람들이 다수이다. 중국의 호구 및 토지 제도와 관련이 있다. 해외 거주자가 전체 인구의 절반에 이를 것으로 추산되지만 인구조사에 제대로 반영되지 않은 이유이다.

조선족동포들은 1990년대 초까지 농촌마을을 중심으로 지역 공동체를 형성해 서로 의지하며 살았다. 그러나 개혁개방과 한중수교를 계기로 1990년대 중반 이후 동북지역을 벗어나 새로운 곳으로 이주하는 사람들이 늘어나면서 조선족사회는 재영역화를 통해 세계 곳곳에 새로운 거점을 형성하고 살아왔다. 이에 따라 조선족사회는 많지 않은 인구에도 불구하고 지리적 거리로 인해 일정하게 단절된 상태로 살아야 했다.

그러나 최근에는 초연결사회를 맞이해 인터넷과 SNS 등을 이용한 다양한 방법으로 네트워크를 구축해 소통하고 있다. 조선족사회를 연결하는 주요 네트워크로는 '조글로', '모이자 커뮤니티', '정음문화칼럼' 등이 있다. '조글로'는 '조선족글로벌네트워크'의 줄임말로서 2000년대 초 연변조선족자치주 주도인 연길에서 설립됐다. 인터넷 매체를 활용해 곳곳에 흩어진 조선족 관련 자료와 정보를 모으고, 동포들의 소식을 전하는 동시에 지식인들의 토론의 장으로 역할해 왔다. 비슷한 시기 북경에 본부를 두고 시작된 '모이자'는 각 지역을 거점으로 해당 지역의 소식과 정보를 전하는 매체로서 기능했다. '정음문화칼럼'은 중국은 물론 해외 각지에서 활동하고 있는 조선족 지식인들이 자신이 공부하고 느낀 바를 정리·발표함으로써 조선족사회의 발전에 기여하겠다는 목표아래 2016년 무렵 시작된 준 학술 매체이다. 최근에는 조선족사회에 대한 연구 토대를 구축하는 데도 관심을 기울이고 있다.

한국에 거주하는 조선족동포들은 물론 해외 각국의 조선족동포들도 현지에서 커뮤니티를 조직해 관계를 강화하는 가운데 각지의 조선족사회와 다양한 네트워크를 통해 연결하고 있다. 각국의 조선족사회들 중 특히 일본지역 조선족사회가 잘 조직되어 있다. 일본의 조선족사회는 다른 지역에 비해 진출 시점도 빠를 뿐 아니라 지식인들의 비중이 높다. 따라서 지식인들을 중심으로 다양한 활동이 이루어지고 있다. 주요 단체로는 전일본중국조선족연합회, 일본조선족문화교류협회, 재일중국조선족경영자협회 등이 있다. 2022년에는 연변출신 기업인들을 중심으로 일본연변인상회가 설립됐다. 이밖에 연구자들 중심으로 '조선족연구학회'가 조직돼 있다. 이 학회는 조선족 뿐 아니라 재일동포와 한국인도 참여하고 있다.

4. 조선족동포들의 의식 변화

조선족동포들은 한중수교 이후 30년여의 세월이 경과하는 동안 생활 전반에서 많은 일을 겪었다. 삶의 터전이었던 중국 동북지역의 농촌마을을 벗어나 낯설고 물설은 곳에서 새로운 환경에 적응해야 했고, 돈을 벌기 위해 궂은 일도 마다하지 않았다. 특히 다수의 동포들이 찾았던 한국에서는 초기의 비정상적인 관계맺기로 인해 고국에서조차 갖은 차별과 멸시를 받기도 했다. 그런 과정을 거치면서 동포들의 의식도 변하게 됐다. 자본주의 시장경제에 대해 좀 더 알게 되고 자신이 누구인지에 대해서도 새롭게 인식하기 시작한 것이다.

기실 중국 동북지역에 갇혀 살아온 조선족동포들은 한국인 및 한국사회와 관계를 맺으면서 새로운 세상에 눈뜨기 시작했다. 그 무렵 대부분의 조선족동포들은 민주주의 정치제도에 대해서는 물론 자본주의 시장경제에 대해서도 잘 몰랐다. 동포들은 아무런 준비없이 새로운 세상과 만난 것이다. 몸으로 부딪치면서 쉽게 배울 수 있을 것으로 생각했는지도 모른다. 한국을 아버지 할아버지가 살았던 고국으로, 한국사람을 이데올로기 때문에 오랫동안 잊고 살아온 같은 민족 정도로 생각하는 것이 전부였을 것이다. 그 대가는 혹독했다.

한국사회와의 관계가 커지고 한국사회로부터의 차별과 멸시가 늘면서 조선족동포들은 스스로 중국 공민이며 동시에 한민족의 일원인 자신의 모습을 살피기 시작했다. 조선족 스스로 정체성에 대해 언급한 것은 1990년대 중반부터이다. 연변대학 부교장(부총장)을 역임한 정판룡이 조선족을 중국에 시집온 며느리로 규정하며 조선족 정체성 논쟁에 불을 지핀 것이다. '며느리론'은 조선족을 조선(한반도)에서 중국으로 시집온 여인으로 비유하는 가운데 시집온 이상 중국의 남편과 시부모에게 잘해야 한다는 의미를 담고 있다. 이리 해야 하는 이유와 관련, 정판룡은 "100여 년 이래의 이민 생활이 우리에게 가르쳐준 생활 교훈"이라고 설명한다.

정판룡은 또 조선족이 중화인민공화국을 건설하는 과정에서 이중 문화 또는 이중 심리를 갖게 됐다고 언급, 중국(조국)과 조선(한반도/모국 또는 고국)을 모두 지향하는 이중 정체성을 지니고 있다고 주장하기도 했다. 이 주장은 이후 '박쥐론' '사과배론' 등으로 이어졌다. 낮과 밤의 행동 패턴이 다른 박쥐와 연변의 특산물인 '사과배'(사과와 같이 붉은 빛을 띠지만 배의 맛이 나는 과일)로부터 조선족의 이중적(?) 모습을 엿보고자 한 것이다. 한편 '며느리론'은 시집(조선/한반도)의 친정 부모(남과 북)가 이혼 후 서로 싸우고 있어 시집온 며느리의 시집살이가 고되다는 주장으로 확대 재생산되기도 했다.

조선족의 정체성과 관련한 이러한 주장들은 시공간적으로 두 개의 기준을 전제하고 그 사이에 조선족을 위치시키는 방식으로 논리가 전개됐다. 이런 방식은 조선족의 정체성에 대한 관심이 부각될 초기 조선족 작가 허련순에 의해 소설로 묘사되기도 했다. 1996년 한국에서 출간된 장편소설 『바람꽃』이 그것이다. 작가는 이 책에서 바람이 불어왔던 곳(조선/한반도)과 바람이 자는 곳(중국) 두 세계를 설정하고 두 세계 중 어느 한 곳에도 머무르지 못한 채 그리워하고 원망하며 갈등하는 조선족이 처한 상황에 대해 묘사했다.

그러나 조선족의 정체성을 조국(중국)과 모국(조선/한반도) 사이에 끼어있는 존재로 인식하려는 흐름에 대해 연변대학 교수 김강일은 '변연문화론(邊緣文化論)'을 통해 하나의 문화적 현상으로 이해해야 한다는 반론을 폈다. "조선족의 문화와 정체성은 중국과 조선(한반도)의 문화와 정체성이 융합되어 만들어진 새로운 문화와 정체성"이라는 것이 그의 주장이다. 조선족은 중국과 조선(한반도) 사이에 위치한 동북지역에 자리 잡고 살아가고 있어 중국문화와 민족문화를 공히 품고 있는 문화적으로 특수한 존재라는 것이다. 김강일의 논리는 중앙민족대학 황유복 교수에 의해 '100% 중국 조선족'이라는 독자성을 강조하는 주장으로 이어졌다.

조선족동포들 사이에서의 정체성 문제에 대한 논의는 2010년을 전후한 시점까지 활발히 전개됐지만 최근에는 어느 정도 진정된 가운데 새로운 경향을 보이고 있다. 초기에는 조선족의 정체성을 하나의 틀 안에서 획일적으로 인식하려 했으나 최근엔 각자의 처지와 상황에 따라 자신의 존재를 살피려는 사람들이 늘고 있다. 자연스럽게 정체성의 분화가 이루어지고 있는 것이다. 민족정체성과 국민정체성 사이에서 선택을 강요받을 때도 각자의 경험과 필요에 따라 결정하려 한다. 또한 선택지는 훨씬 다양해 양자택일만 있는 것도 아니다.

조선족동포들은 '며느리론'에서 보듯 남북분단 상황에서 남북한 중 어느 쪽을 지지할 것인지에 대해서도 시험받아 왔다. 한국과의 관계 맺기 초기 다수의 동포들은 북한에 대한 연민이 더 컸던 것 같다. 그러나 최근에는 한국과 크고 다양한 관계를 맺고 있을 뿐 아니라 한국사회의 긍정적인 면을 인식함에 따라 생각이 많이 바뀌었다. 다만 한국과 중국 사이에서는 젊은 세대를 중심으로 중국 쪽으로 기운 사람들이 많은 듯하다. 민족정체성보다 국민정체성을 지향하려는 경향이 강하다는 것이다. 눈부시게 고속 성장하고 있는 중국에 더 많은 기회가 있을 것으로 기대하는 사람들이 많은 탓으로 보인다. 또 중국이 중화민족 대가정론을 주창하며 신화교정책을 통해 소수민족을 끌어안고 있는 것도 영향을 미친 것으로 볼 수 있다.

일부 학자들은 조선족동포들이 중화민족(중국) 정체성에 관심을 갖게 된 것은 한국사회에서의 경험에서 비롯됐다고 분석한다. 한국인 및 한국사회와 관계를 맺으면서 서로 통하지 않는다는 것을 느꼈고 서로 다른 정체성을 가지고 있음을 확인했다는 것이다. 즉 동포들은 한국에서 차별을 받으며 한국인과 보이지 않는 계층적 차이를 느꼈고, 중국에서 형성된 사회관계에 더 의존하게 됐고, 조선족 자체로서의 정체성과 자아인식이 깊어졌다는 것이다. 결국 조선족동포들의 친 중국적 국가(국민)정체성은 한국사회가 그들을 올바로 이해하고 포용하지 못한 탓이라고 할 수 있다.

5. 조선족사회의 미래

2000년대 들어 조선족사회의 급격한 변화가 시작되며 조선족사회의 미래를 놓고 상반된 주장이 팽팽하게 맞섰던 적이 있다. 위기론과 기회론이 그것이다. 새로운 시대를 맞아 많은 조선족동포들이 동북지역을 떠나 새로운 곳에 터 잡고 살아가는 상황이 위기냐 기회냐에 대한 논쟁이었다. 모든 상황에는 위기와 기회가 공존한다. 어떤 점을 강조할 것이냐에 따라 다를 뿐이다. 당시 필자는 위기론의 입장에 섰었다. 조선족 개개인에게는 좋은 기회가 되지만 집단으로서 조선족의 미래는 밝지 않다는 생각이었다. 민족정체성이 옅어지고 한민족의 관점에서 중국 동북지역의 지정학적 가치가 약화될 것이라는 점 등도 고려했다. 그러나 조선족동포들의 4분의 3이 동북지역을 떠나 살고 있는 지금 더 이상 이러한 주장은 의미가 없게 됐다. 현실을 받아들이고 보다 바람직한 미래에 대해 고민해야 할 시간이기 때문이다.

"조선족사회에는 세 가지가 없었습니다. 발전을 위한 축적된 자본과 자원이 없고, 미래를 꿈꾸며 그것을 디자인할 사람이 없고, 그래서 미래를 열어갈 비전도 없었습니다." 필자가 2008년에 쓴 조선족과 관련된 책 서문의 일부이다. 동포들로부터 질책을 받을 각오를 하며 도발적인 표현을 하였지만 별다른 일은 없었다. 조선족사회에 대한 어줍잖은 판단에 대해 대체로 동의했기 때문으로 이해한다면 이 또한 방자한 생각일까? 그로부터 15년이 지난 지금 다시 조선족사회의 미래를 생각하며 떠오르는 생각은 불확실성이 더 커졌다는 것이다.

2014년 조선족마을 연구를 위해 중국 동북지역 곳곳에 산재해 있는 100여 곳의 조선족촌을 답사했다. 조선족마을의 미래가 어떻게 될 것인가를 살피는 것도 답사의 중요한 목적 중의 하나였다. 10년 후 마을의 미래를 묻는 질문에 대해 대부분의 사람들은 고개를 떨구며 한숨부터 쉬었다. 심지어 마을에 남아있는 노인들마저 세상을 떠나게 되면 10년이 되기 전에 마을이 사라질지도 모른다는 비관적인 답변도 들었다. 어느새 8년의 세월이 훌쩍 지나 곧 10년이 된다. 그때의 마을들은 어떻게 변했을까? 다시 그 마을에 가보려고 하니 두려움이 앞선다.

조선족사회는 이미 중국 동북지역의 집거지에 모여서 우리 말과 글을 사용하며 민족문화를 향수하던 과거와는 완전히 다른 모습이다. 전체 조선족의 4분의 1만이 동북지역에 남아 고향마을을 지키고 있을 뿐 4분의 3은 세계 곳곳에 흩어져 살아가고 있다. 당연히 조선족동포들의 민족의식은 옅어지게 되고 집단으로서 조선족에 대한 관심도 약해지고 있다. 이러한 변화는 세계화시대에 세계시민을 지향하며 살아가는 인류의 보편적인 문제이기도 하다. 한국사회가 다문화사회를 지향하고 있는 것도 유사한 문제의 하나이다.

그럼에도 불구하고 조선족사회의 미래에 대한 희망은 있다. 중국의 소수민족정책 덕분에, 동포들의 민족의식이 특별하고 그래서 결집력과 자의식이 강해 변화에 적응하며 새로운 길을 만들고 있기 때문이다. 조선족동포들은, 때로는 편을 나누어 다투기도 하지만, 어디에서 어떻게 살아가든 조선족으로서의 동질감을 가지고 한데 어우러지는 특성을 보이고 있다. 그리하여 여러 가지 어려움에 직면해도 당면한 문제를 극복하기 위해 힘을 모아 돌파구를 찾아내곤 한다. 젊은 세대들에게 우리 말과 글 그리고 민족문화를 가르치기 위해 세계 곳곳에 '정음학교'를 세우고 있는 것도 그런 노력의 일환이리라. 조선족 개개인이 성공적인 삶을 지향하는 가운데 집단으로서 조선족에 대한 관심을 이어가고 있는 것이다.

중국 공민인 조선족동포는 중국에서 민족적 특성을 강조하며 '100퍼센트 조선족'을 지향하며 살아왔다. 그러나 그러한 자의식은 아이로니컬하게도 한국사회와 더불어 한민족공동체를 지향하는 데는 부정적으로 작용할 수 있다. 얼마 전까지도 조선족 관련 행사에 참여하는 한국인은 소수에 지나지 않았다. 이는 한국인의 문제일 수도 있다. 또 조선족동포들의 행사이니 당연하다고 할 수도 있을 것이다. 그러나 한국사회와 공식적인 관계맺기가 시작된지 30년이 지났음에도 불구하고 조선족사회는 여전히 조선족의 독자성을 지향하고 있는 것으로 보인다. 다행스럽게도 최근에는 변화하는 양상이 나타나고 있다. 조선족과 한국인이 함께 단체를 결성해 활동하기도 하고, 조선족이 한국인 중심의 단체에 참여하거나 관련 단체를 조직해 교류하고 있다. 조선족과 한국인, 조선족사회와 한국사회가 적극적으로 교감하기 시작한 것이다.

조선족은 100퍼센트 조선족이지만 한민족의 일원이다. 이제는 100퍼센트 조선족을 지향하며 독자성을 강조하기보다 한민족의 일원으로서 한민족공동체를 지향해야 하지 않을까. 중국(한족)은 해외에 사는 동포들을 화교(華僑) 화인(華人) 화예(華裔)로 구분한다. 그러나 한민족은 조선족 고려인 자이니찌 등에서 보듯 나라별로 재외동포를 칭하는 것이 다르다. 이는 근현대 한민족의 슬픈 역사에서 비롯된 것이다. 조선족이라는 호칭에 대한 논란이 끊이지 않는 것에서도 문제의 일면을 엿볼 수 있다. 호칭을 바꾸어도 문제의 본질은 변하지 않는다. 따라서 이제는 근본적으로 이를 극복하기 위한 대안을 마련해야 한다. 그것은 한민족 모두가 함께 하는 한민족공동체를 건설하는 것이다. 최근 세계한민족평화공동체가 주창되기도 했다.

한국정부가 재외동포들의 오랜 숙원이었던 재외동포청 설립을 공식화했다. 750만에 이르는 재외동포를 전담하는 부서가 없어 재외동포 정책이 겉돌았던 점을 생각하면 만시지탄이 있지만 다행스러운 일이다. 정부가 재외동포청을 설립하기로 한 것은 정치적 또는 정책

사진 4-6. 북경 정음우리말학교; 2017년 1월 북경 정음우리말학교 학생들이 민족문화체험 활동을 개최한 후 기념사진을 찍었다. (재외동포신문 인용)

적으로 재외동포에 대해 더 많은 관심을 기울이고 보다 바람직한 정책을 펼치겠다는 의지의 표명으로 읽힌다. 조선족동포들의 한국사회에 대한 불만은 물론 한국사회의 조선족동포들에 대한 차별과 편견이 관계맺기 초기 정책의 부재에서 비롯된 점을 감안하면 정부의 재외동포 전담 조직 설립에 대한 기대가 크다. 이를 계기로 한국사회도 좀 더 적극적으로 조선족동포들을 이해하고 포용함으로써 이들과 함께 밝은 미래로 나아가기 위해 노력해야 한다.

에필로그

좋은 관계란 무엇일까? 나는 이를 "서로가 서로에게 불편하지 않은 관계"정도로 가볍게 정의하고자 한다. 더 의미있는 관계가 아니어도, 즉 불편하지만 않아도 좋은 관계로 인정하겠다는 뜻이다. 그러니까 좋은 관계를 특별한 노력이 필요한 그 무엇으로 생각하지 않는다는 의미이다. 이는 너무 소심해서가 아니라 오늘날 우리 사회에 좋은 관계라고 말할 수 있는 대상이 그다지 많지 않다는 것을 익히 알고 있기 때문이다.

실제로 주변에서 좋은 관계를 찾아보기가 쉽지 않다. 가장 기본적인 인간관계라고 할 수 있는 부부나 부모자식 사이마저도 좋은 관계라고 단정해 말할 수 있는 사람이 그리 많아 보이지 않는다. 한국의 이혼율이 OECD 국가 중 최고라는 소식이 들리는가 하면 부모자식 간에도 세대차라는 이름으로 반목 갈등하고 있다. 그러니 반세기가 넘게 이념과 문화 그리고 역사를 달리해 온 한국사회와 조선족사회 간에 '좋은 관계 맺기'를 추구한다는 것은 얼마나 지난한 일이랴!

나는 2008년에 조선족동포 관련 첫 번째 저서인『동북아시아시대의 연변과 조선족: 현실진단과 미래가치 평가』(아이필드, 2008)를 내놓으면서 한민족의 창창한 미래를 위해 한민족 주류인 한국사회와 20세기 한민족이 겪은 슬픈 역사의 가장 적나라한 체험자인 조선족사회 간의 좋은 관계 맺기를 하는 것이 얼마나 중요한가에 대해 설파한 바 있다. 그로부터 정확히 5년이 지났다. 과연 얼마나 달라졌을까? 내 눈에 비친 현실은 그다지 나아져 보이지 않는다. 5년 전에 제기된 문제들은 여전히 되풀이 되고 있고 현실을 극복하기 위한 노력은 아직도 미미하기 그지없다. 한국사회와 조선족사회 간 반목과 갈등의 흔적들은 도처에 널려있다.

왜 그럴까? 어떻게 하면 좋은 관계를 맺을 수 있을까? 좋은 관계를 위해 우리가 지금 해야 할 일은 무엇일까? 이런 생각 저런 생각이 꼬리에 꼬리를 물고 이어지지만 무릎을 탁하고 칠만큼 그럴듯한 생각은 떠오르지 않는다. 그러면 어떻게 할 것인가?

조선족동포 관련 두 번째 저서를 마무리하기 위한 에필로그를 준비하며 머리를 쥐어짜고 있는데 고등학교 동창으로부터 전화가 왔다. 다짜고짜로 요즘 문제가 있다며 심각한 어투로 말을 건다. 친구는 "문제라면 문제지, 요즘 나라 걱정으로 잠을 잘 수가 없다"며 넋두리(?)를 늘어놓는다. 친구 왈, "중국이 동북공정을 통해 중국 동북지역의 역사를 왜곡하고 있는 가운데 최근에는 경제력을 동원해 북한을 자기네 영향력 아래에 두려고 하고 있다. 이러다 자칫 북한마저 중국에 빼앗기고 마는 것 아니냐? 미국과 중국 관계가 점점 대립관계로 발전하고 있는 상황에서 우리는 어떻게 해야 하나?"

나는 친구의 목소리에서 나라와 민족을 걱정하는 진심을 느꼈다. 50대 중반을 넘어선 중년의 침착하면서도 진지한 중저음 목소리는 나로 하여금 그의 문제의식을 공유하게 했다. 중년 남자친구 사이의 통화로는 가히 기록적이라 할 30여분 동안의 통화를 마치고 수화기를 내려놓는 순간 나는 무릎을 탁 치며 혼자 소리를 했다. "그래 이거야. 친구가 나로 하여금 그의 문제의식을 공유하게 한 것처럼 한국사회와 조선족사회 간의 좋은 관계 맺기의 의미와 중요성을 다른 사람들이 공유할 수 있도록 한다면 문제를 해결하는데 한걸음 더 나아갈 수 있을 거야."

문제는 내가 느끼는 문제의식을 다른 사람도 느낄 수 있도록 공감대를 확장하는 것이다. 누군가 한 말을 빌린다면, "바보야! 문제는 이거야"이다. 해답이 눈앞에 있는 듯 하지만 이것을 어떻게 현재화시킬 것인가? 결국 "누가 고양이 목에 방울을 달 것인가?"라는 실천 방법의 문제인 셈이다. 모든 문제는 방법론으로 귀결되기 마련인가?

그러나 나는 여전히 기죽지 않는다. 친구 덕분에 오늘은 문제 해결의 실마리를 직접 체험했기 때문일 거다. 그동안 감당하기 버거운 문제를 제기해 놓고는 주체할 수 없는 번민에 사로잡혀 허우적거리곤 했다. 이 사람 저 사람 붙잡고 상대의 마음은 헤아리지도 못한 채 조선족사회의 현실을 얘기하고 한국사람들의 오만한 태도를 질타했지만 돌아오는 답은 늘 공허했다. 그런데 오늘은 친구가 먼저 화두를 던졌고 내가 그의 말에 맞장구를 치며 의기투합했다. 어찌 쾌재를 부르지 않을쏘냐?

모든 문제에는 답이 있다. 답을 구하지 못하는 것은 단지 노력이 부족하기 때문이다. 그렇다. 나는 이 말을 믿는다. 문제의 경중을 논하는 것은 사치이다. 문제를 간파했을 때 이것이 얼마나 지난한 일인가를 이미 알아차리지 않았는가. 그저 무소의 뿔처럼 묵묵히 한 길로 나아가는 것만이 필요하다. 성패가 아니라 문제 해결을 위해 나아가서 꿈을 향해 해야 할 일을 찾아서 행동하는 것이 무엇보다 중요하다. 조선족동포와 관련된 두 번째 저서를 쓰게 된 것 역시 한민족공동체를 통해 동북아시아공동체의 꿈을 실현하기 위해 내가 지금 해야 할 일이 이것이라고 생각했기 때문이니까.

글을 마무리하기 위해 조선족역사를 붙잡고 씨름해온 지난 1년 6개월여의 시간을 돌아보니 두 가지 생각이 교차한다. 하나는 스스로 능력에 부치는 무리한 일을 했다는 데 대한 부담감이다. 앞에서 언급한 바처럼 나는 조선족 역사에 대한 해박한 지식과 역사를 보는 깊은 혜안이 필요한 작업을 단지 한국사회와 조선족사회 간의 좋은 관계 맺기를 위해 필요하다는 인식에서 무작정 시작했다. 당연히 이 작업을 준비하는 내내 천학비재(淺學菲才)함을 절실히 느끼며 무모한 도전에 대해 후회했다. 하지만 지금은 비록 많이 부족하지만 이 책이 한국사회가 조선족동포들의 삶을 이해하고 조선족동포들 스스로도 그들이 어떤 과정을 거쳐 중국에 정착하여 오늘에 이르게 됐는지를 인식하는데 작게나마 보탬이 되기를 바랄 뿐이다.

다른 하나는 조선족동포들이 중국에 정착하는 과정이 너무 처절했음을 재삼 느끼면서 이들의 역사가 결코 단선적으로 평가되어서는 안 된다는 조선족역사에 대한 겸허함이다. 집필을 준비할 때도 조선족동포들이 중국에 정착하는 과정에 대해 결코 가볍게 생각하지 않았다. 이들이 살아온 시대의 엄혹함과 그 시대에 이들이 감당해야했던 정신적 물질적 고통이 간단치 않다는 것을 익히 알고 있었기 때문이다. 그러나 조선족동포들이 중국에 정착해 온 과정에 대해 보다 깊이 알아가면서 느낀 감정은 시작하기 전보다 몇 곱절 더 가슴을 저미게 했다. 그런 만큼 그 엄청난 시련과 고통을 견디어내면서 당당하게 자리를 잡고 살아온 그들에 대한 경외심으로 나는 더욱 움츠러들어야 했다.

지금 나를 짓누르고 있는 이 두 가지 생각은 조선족역사를 돌아보고 한민족의 미래를 고민할 때마다 두고두고 나를 구속할 것이다. 내가 갖고 있는 문제의식이 현실의 벽에 부딪힐 때마다 조선족동포들이 겪었던 슬픈 역사는 나를 일깨우는 채찍이 될 것이다. 그래서 부족함을 채우기 위해 스스로를 더 혹독하게 담금질하고 한국사회가 그들의 슬픈 역사에 대해 더 많이 그리고 더 올바르게 이해할 수 있도록 주어진 책무를 앞장서 다 할 것이다. 이번 작업이 힘에 부쳤고 스스로를 움츠러들게 했다고 하여 한국사회와 조선족사회 간의 좋은 관계 맺기를 통해 한민족이 더불어 살아가는 미래에 대한 꿈과 희망마저 포기할 수는 없기 때문이다.

한국사회와 조선족사회 간의 관계는 5년 전 양 사회 간 좋은 관계 맺기를 처음으로 부르짖었을 때보다 규모 면에선 훨씬 더 커졌다. 당시 한국에 체류 중인 조선족동포들이 30만 명 수준이었으나 지금은 50만 명 선으로 늘어났다. 그러나 규모가 커진 만큼 내용면에서 더 좋아졌다고 말할 수는 없을 것 같다. 물론 부분적으로 좋아진 것도 있다. 예컨대 영주권 발급 대상이나 재외동포(F-4) 비자 발급 기회가 확대되고 한국에서의 생활이 좀 더 편안해 진 측면도 있다. 그러나 적지 않은 조선족동포들은 또 다른 문제들로 마음 놓고 고국을 방문하지조차 못하고 있다. 한국사회 일각에서 이루어지는 이들에 대한 홀대 및 질시 역시 크게 달라지지 않았다.

실제 조선족동포들이 느끼는 감정도 그다지 좋아진 것 같지 않다. 2012년에는 특히 과거 한국방문이 제한되어 있을 때 여권을 위조해 사용했던 사람들이 신원불일치자로 추방 또는 입국거절 당함에 따라 조선족사회 전체에 큰 파장을 일으켰다. 한국정부로서는 불법 행위에 대한 정당한 법적 조치라고 할 수 있지만 과거 정상적인 방법으로 한국입국이 어려웠을 때 궁여지책으로 여권을 위조해 한국을 방문했던 사람들로서는 날벼락 같은 것이었다. 문제는 그 수가 의외로 많다는 점이다. 일부 전문가들은 수만 명에서 수십만 명에 이를 것으로 추산하기도 한다. 한국 당국에서도 문제의 심각성을 알고 대책을 마련하고 있지만 조선족동포들에게는 그다지 성에 차지 않는 것 같다.

한국사회와 조선족사회 간의 이러한 현실을 반영하듯 조선족동포를 대상으로 발행되는 격 주간 신문《동포세계》가 선정한 2012년도 재한 조선족동포 관련 10대 뉴스 중 4건이 한국정부의 조선족동포 관련 정책 및 한국사회와 조선족사회 간의 불편한 관계와 관련된 것이었다. 문제는 한국사회와 조선족사회 간의 관계를 저해하는 부정적 사안이 악순환을 거듭하고 있다는 것이다. 즉 하나의 문제를 해결하여 관계가 개선되는가 하면 또 다른 문제가 불거져 다시 관계를 악화시키는 식이다. 조선족동포들의 입장에서 보면 문제가 계속 이어져 불편한 관계가 지속되는 상황에서 한국사회에 대한 불평과 불만을 거둬들이기 어려울 것이다.

그러면 왜 한국사회와 조선족사회 간 관계의 질적 개선이 이루어지지 않을까? 이에 대해서는 다양한 진단이 가능하겠지만 일차적으로는 한국정부의 재외동포 정책, 특히 조선족 관련 정책에서 원인을 찾을 수 있을 것 같다. 한국정부가 한중수교 이후 조선족동포와 본격적인 관계 맺기를 시작한 초기에 소극적 방어적으로 정책을 펼침으로써 문제가 확대됐고 그 이후에도 거기서 벗어나지 못하고 있기 때문이다. 조선족동포들은 한민족의 일원으로 당당하게 인정받고 싶어 한다. 한국사회에 대한 그들의 불평과 불만 또는 다양한 형태의 시위는 일종의 인정투쟁(認定鬪爭)이라고 할 수 있을 것이다. 따라서 조선족동포정책의 핵심은 여타 재외동포들과 마찬 가지로 그들의 한국 입출국과 한국 내에서의 활동을 자유롭게 하는 것이다. 이것이 해결되지 않는 한 조선족동포들의 불평과 불만은 지속될 수밖에 없다. 한국사회가 한민족 주류로서 조선족동포들을 적극 이해하고 포용하는 것도 관계의 질적 개선을 위한 필요조건의 하나이다.

나는 한국사회가 조선족사회를 이해하고 포용하기 위해서는 먼저 조선족동포들이 해방 후 중국 동북지역에서 어떤 과정을 거치며 살아왔는지를 이해하는 것이 중요하다고 믿는다. 앞에서 살펴본 바처럼 조선족동포들은 중국 동북지역에 정착하는 과정에서 이루 형언할 수 없는 시련과 고통을 겪으면서 중화인민공화국의 공민인 소수민족의 일원으로 당당하게 자리잡아왔다. 조선족동포들은 그 신산의 세월을 거치면서 그들 나름의 정체성과 행동양식을 함양했다. 그것은 세월 속에서 익힌 삶의 방식이었다. 또 지리적 이념적 유대를 갖고 있는 북한과도 깊은 인연을 맺으며 살아왔다. 조선족동포들이 겪은 이 같은 역사를 모르면서 현재 드러난 모습만으로 그들을 평가하는 것은 문제이다.

적지 않은 사람들이 조선족동포들 스스로 중국사람이라고 말한다며 이들을 이해하고 포용하는 것을 주저하기도 한다. 조선족동포들이 북한을 도와 6·25전쟁에 참전한 것이나 중국공산당에 대해 우호적인 태도를 보이는 것도 논란의 대상이다. 주장의 진의나 역사의 맥락을 이해하기보다 현상만으로 판단하는데 따른 결과이다. 단일민족 국가인 한국에서는 민족과 국민이 동일하다. 그러나 다민족 국가인 중국에서는 56개 민족이 중국 국민을 구성하고 있다. 따라서 국적 개념의 국민을 말할 때 조선족동포들은 당연히 중국국민이며 중국사람이다. 조선족동포들 중에는 지금도 6·25전쟁에 참전한 일에 대해 자랑스럽게 얘기해 당황스럽게 하는 사람도 있지만 개중에는 세상이 달라졌으니 이제는 좀 더 신중하게 접근해야 한다고 말하는 사람도 있다. 중국공산당에 대한 조선족동포들의 우호적 태도가 불편한 것은 어쩌면 그들의 문제이기 보다 반공교육의 결과로 한국사람들의 의식 속에 자리잡고 있는 공산당에 대한 불편함이 작용한 측면이 클 것이다.

결국 이 모든 것은 문화적 차이에 따른 인식상의 문제인 동시에 조선족역사에 대한 이해부족에서 비롯된 측면이 있다. 이미 살펴본 바처럼 조선족동포들의 정체성과 의식은 그들의 슬픈 역사를 통해 충분히 이해할 수 있다. 한국사람들이 단일민족 국가의 신화에 기대어 현대를 살아온 반면 조선족동포들은 다민족국가에서 소수민족의 한계를 온 몸으로 겪으며 살아왔다. 우리가 반공교육을 받아온 것처럼 그들도 반제국주의교육을 받아왔다. 조선족역사에서 중국공산당은 언제나 우호세력으로서 선이었다. 굳이 민족의식을 말하자면 한민족 주류인 한국사람들 보다 조선족동포들이 더 투철하면 투철했지 결코 덜하지 않을 것이다. 물론 한국사회와의 불편한 관계 때문에 일부에서 반민족적 경향을 보이는 사람들이 없는 것은 아니지만 그것 또한 한국사회가 자초한 측면이 있다.

그런 점에서 한국사회와 조선족사회 간의 좋은 관계 맺기를 위한 책임을 논하는 것은 부질없다. 굳이 경중을 따진다면 한국사회에 더 많은 책임이 있다고 해야 할 것이다. 우리는 조선족동포들이 우리 말과 글은 물론 전통문화마저 오롯이 지켜온데 대해 평가하기보다 그들의 문제(?)를 탓하려고만 했다. 한민족 주류사회인 한국사회가 상대적 소수자인 조선족동포들을 이해하고 포용함으로써 좋은 관계 맺기를 위해 앞장서 나서야 함에도 불구하고 그렇게 하지 못했다. 문제를 해결하기 위해 보다 적극적으로 나서기보다 드러난 문제를 확대 재생산하지는 않았는지 반성해야 한다. 문제를 제대로 풀어가기 위해서는 지금까지의 타성에서 벗어나 조선족동포들이 살아온 역사를 이해하고 그들을 동포로서 적극 포용해야 한다.

책을 마치며

이 책을 처음 구상할 때는 한중 수교 이후 조선족사회가 다시 한국사회와 관계를 맺기 시작한 이후부터 현재까지의 역사는 물론 조선족사회의 미래에 대해서까지 생각을 정리해 보려고 했다. 그러나 작업이 힘에 부칠 뿐 아니라 분량도 많아지고 시간도 부족해 우선 조선족동포들이 중화인민공화국 공민의 일원인 조선족으로 정착하게 된 과정에 초점을 맞춰 문화대혁명 무렵까지만 다루었다. 그런 사정으로 중화인민공화국 수립 이후 조선족동포들의 생활사 및 문화대혁명 이후의 역사 일반, 그리고 조선족동포들의 미래 비전에 대해서는 정리하지 못했다. 이에 대한 아쉬움이 크다. 차후 여건이 갖추어지면 재차 추진해 볼 각오이다. 책의 내용과 관련해서도 처음 계획할 때의 의욕에 비추어 보면 너무 많이 부족하다. 앞으로 더 많은 관심과 노력을 기울여 개정하고 보완할 것을 다짐한다.

이제 책을 마무리하자니 준비과정에서 도움을 받은 많은 사람들이 떠오른다. 당시를 살았던 조선족동포들을 만나 엄혹했던 시절의 기억하고 싶지 않은 슬픈 역사를 들었다. 그러나 어렵게 기억해 낸 그들의 역사를 제대로 드러내지 못한 것 같아 송구스럽기 그지없다. 글로나마 미안한 마음을 전하고자 한다. 조선족동포들이 살아온 역사에 대해 관심을 갖고 혁혁한 성과를 내놓음으로써 이 책을 쓸 수 있는 토대를 만들어 준 선배 연구자들에게도 고마움을 전한다. 이미 언급한 바처럼 역사가가 아닌 사람으로서 역사문제를 다룬다는 것은 어줍지 않은 일임에 틀림없다. 그럼에도 불구하고 용기를 낼 수 있었던 것은 기존의 훌륭한 연구물들이 있었기 때문이다. 다만 조선족동포들이 그 엄혹한 시기에 겪은 슬픈 역사를 대중들에게 보다 널리 알리기 위한 개설서가 필요하다는 문제의식이 이 작업을 하도록 추동했을 뿐이다.

또한 선배 연구자들의 연구결과를 적극 활용했음에도 불구하고 일일이 각주를 달아 그 출처를 밝히지 못하고 참고문헌으로 대신한 점에 대해 혜량하여 줄 것을 앙망한다. 전문 연구자가 아니라 일반 대중에게 조선족역사를 널리 알리기 위한 개설서로 쓰고자 했기 때문이다. 조선족역사에 대한 많은 자료를 발굴해 다양한 연구물을 발표해 온 서울시립대 염인호 교수님께 특히 감사드린다. 염교수님의 역저 『또 하나의 한국전쟁: 만주조선인의 '조국'과 전쟁』(역사비평사, 2010)은 이 책의 집필을 위한 훌륭한 텍스트로 활용되었음을 밝히는 바이다.

책이 돋보일 수 있도록 귀중한 사진자료를 제공해 준 하얼빈대 류은규 교수님과 조글로 주성화 총편집님께도 감사드린다. 특히 사진 작가인 류교수님은 한국인으로서 조선족동포들에 대한 깊은 애정을 가지고 사진을 통해 조선족역사를 알리기 위해 부단히 노력하고 있다. 언제나 필자의 부족함을 채워주며 나아갈 길을 밝혀주는 박호성 박사님에게는 큰 빚을 진 기분이다. 책 발간에 즈음해 다시 한번 감사의 인사를 드리며 (재)국제평화전략연구원의 관심과 배려에도 고마움을 전한다. 출판시장의 어려운 여건에도 불구하고 흔쾌히 출판을 맡아준 도서출판 '인간사랑' 여국동 사장님과 편집을 위해 잡다한 일을 도맡아 준 권재우 편집장께도 심심한 감사를 드린다.

중국 동북지역 조선족(인) 관련 주요 일지

년도	일지
·1921. 7	중국공산당 창립
·1924. 1	중국공산당과 국민당 간 1차 국공합작
·1925. 4	조선공산당 창립
·1926. 5	조선공산당 만주총국 설립
·1927. 10	중국공산당 만주성위 설립
·1930. 6	조선공산당 만주총국 해체
·1931. 9. 18	일제의 만주침략; 만주사변 발발
·1932. 10	중국공산당 진영서 민생단사건 발생
·1933. 5	중국공산당, 동북인민혁명군 창립
·1936. 2	중국공산당, 동북인민혁명군을 동북항일연군으로 개칭
·1945. 8. 8	소련군, 대일전 참전 선언
·1945. 8. 9	소련군, 중국 동북지역 3개 방면으로 진군
·1945. 8. 11	중국공산당 팔로군 총사령 주덕, 팔로군과 조선의용군에 동북지역으로의 진군을 명령하는 연안총부 명령 제6호 발령
·1945. 8. 14	국민당정부, 소련과 중소우호동맹조약 체결

·1945. 8. 15	일본, 무조건 항복
·1945. 8. 18	소련군, 연길 점령
·1945. 8. 20	소련군, 연길서 간도임시정부 수립
·1945. 8. 26	국민당정부, 중소우호동맹조약 발표
·1945. 8. 28 -10. 10	모택동, 중경서 장제스와 담판; 쌍십협정-제3차 국공합작 (내전을 피하고 정치협상회의를 열어 평화적인 건국방안과 국민대회 소집에 합의)
·1945. 9. 2	조선독립동맹 총부(김두봉, 최창익 등) 및 조선의용군 사령부(무정, 박효삼, 박일우 등), 동북으로 진군
·1945. 9. 3	맥아더장군, 미주리호서 일본으로부터 항복 접수
·1945. 9. 12 -10. 2	미영소, 런던서 외교장관회의 개최; 전승국간 전후 처리문제 논의
·1945. 9. 18	중국공산당, 심양에 동북국 설립
·1945. 9. 19	중국공산당, '향북발전 향남방어' 전략방침 결정; 20만 대군 동북지역 집결
·1945. 9. 19	연변노농청부총동맹 결성
·1945. 10. 10	쌍십협정 체결
·1945. 10. 20	연변경비려를 중국 공산당 연변위원회(연변위)로 확대 개편
·1945. 10. 27	연변노농청부총동맹을 연변인민민주대동맹으로 개편
·1945. 10. 31	중국공산당, 팔로군 및 동북항일연군을 동북인민자치군으로 개편
·1945. 11. 10	조선독립동맹 집행위 및 조선의용군 사령부, 심양서 전체회의 개최; 조선독립동맹 주요 간부들의 조선귀국/ 조선의용군을 3개 지대로 나누어 분산 배치
·1945. 11. 12	중국공산당, 33인의 간부를 연변에 파견

·1945. 11. 15　중국공산당 연변위 해산 후 연변지방위원회(연변지위) 결성
·1945. 11. 20　연변인민대표대회 개최; 간도임시정부를 해산하고 연변정무위원회(연변정무위) 및 연변행정독찰 전원공서 설립
·1945. 11. 21　연변정무위, 10대 시정방침 채택
·1945. 12　조선의용군, 길림지역서 활동할 제7지대 편성; 동만으로 진격하던 조선의용군 5지대 간부 중심으로 길림 화전서 편성
·1945. 12. 28　모택동, 동북근거지 창설 지시
·1946. 1. 10-31　중국공산당과 국민당정부, 정치협상회의 개최; 정전협정 체결 및 5개항의 결의문 채택
·1946. 1. 12　중국공산당, 길림성공작위원회를 길료성위원회로 개편
·1946. 1. 14　중국공산당, 동북인민자치군을 동북민주연군으로 개칭; 공식적으로 조선의용군 명칭 배제
·1946. 1. 17 - 2. 3　중국공산당 길림성공작위, 영길현 차로하서 확대회의 개최; 토비숙청 지속, 친일잔재 청산운동 전개, 감조감식운동 실시 결정
·1946. 3. 13　소련군, 동북지역에서 순차적으로 철군 시작
·1946. 3　중국공산당 동북국, 일위시기 토지를 처리할데 관한 지시
·1946. 5. 3　소련군, 여순·대련 제외한 동북지역에서 철수 완료
·1946. 5　중국공산당, 소작료감소 청산 및 토지문제에 관한 지시
·1946. 5-6　국민당정부, 대대적인 공격으로 서만과 북만지역 점령
·1946. 6. 7　국민당정부와 중국공산당 간 정전협정 체결
·1946. 6. 26　국민당정부, 정전선언과 정치협상을 파기하고 30만 군대를 동원해 해방구 공격; 국공내전 발발
·1946. 7　중국공산당, 연변지역서 토지개혁 시작
·1946. 7　중국공산당, 동북근거지 창설 제기

- ·1946. 8. 17　중국공산당, 길림지역서 후퇴 후 연길에 안착; 연길을 동만 근거지화
- ·1946. 12　연변인민민주대동맹 해체
- ·1947. 7　중국공산당, 중국토지법 대강 채택
- ·1948. 1. 1　중국공산당, 동북민주연군을 동북인민해방군으로 개칭
- ·1948. 3　중국공산당, 연변지방위원회 재건
- ·1948. 4　연변일보 창간 (중국공산당 연변지위 기관지/연길)
- ·1948. 4　중국공산당, 연변지역 토지개혁 완료
- ·1948. 4　중국공산당, 임춘추를 연변전원공서 전원으로 임명
- ·1948. 7　중국공산당, 동북지역에서 대반격 시작
- ·1948. 11. 2　중국공산당, 심양 점령
- ·1949. 1　중국공산당 동북국 및 동북행정위, 길림서 민족사업 좌담회 개최
- ·1949. 3　중국공산당, 연변지위 서기에 주덕해 임명 (전임 유준수)
- ·1949. 3. 20　연변대학교 개교 (교장 주덕해, 부교장 임민호)
- ·1949. 7　조선의용군 제1지대 및 제3지대 출신 중국인민해방군 제166사단 및 164사단 북한으로 이동
- ·1949. 10. 1　중화인민공화국 수립
- ·1950. 4　조선의용군 제5지대 출신 중국인민해방군 북한으로 이동
- ·1950. 6. 25　6·25전쟁 발발
- ·1950. 10　중국, 인민지원군 북한에 파견
- ·1950. 10　조선족 대상 6·25전쟁 참전운동 전개
- ·1952. 9. 3　연변조선민족자치구 수립
- ·1954. 9　중화인민공화국 헌법 발표
- ·1955. 12　연변조선민족자치구를 연변조선족자치주로 개칭

- ·1956. 9　중국공산당 제8차대회; 사회주의적 개조의 완성
- ·1957 - 1960　반우파투쟁 및 민족 정풍운동 전개
- ·1958. 3　연변조선족자치주의 공식어로 조선어와 한어 채택; 자치주 내에서 조선어사용이 법적으로 보호됨
- ·1958 - 1960　인민공사 및 대약진운동 전개
- ·1959. 4　제2기 전국인민대표대회, 유소기를 국가주석으로 선출
- ·1966 - 1976　문화대혁명
- ·1976. 9　모택동 사망
- ·1977. 8　제11기 전국인민대표대회서 공식적으로 문화대혁명 종결 선포
- ·1978. 12. 28　중국공산당, 제11기3중전회서 개혁개방 노선 도입
- ·1981. 6　중국공산당, 제11기6중전회서 문화대혁명을 "모택동의 오류이며 중국공산당의 위대한 승리"로 평가
- ·1989. 6. 4　천안문민주화운동 발발
- ·1992. 1- 2.　등소평, 남순강화
- ·1992. 8.24.　중국, 한국과 외교관계 수립

참고 문헌

〈논문〉

강지혜·장우권·선봉규, "한국거주 조선족의 단체 형성과 활동 인식에 관한 연구,"『로컬리티 인문학』 19, 2018.4, pp. 65-93.

곽승지, "중국 동포사회에 대한 현실진단과 정책과제; 조선족동포를 중심으로,"『교포정책개발과 재외동포재단 비전설정 연구』(2008년 재외동포재단 연구보고서), 사)해외교포문제연구소, 2008, pp. 71-106.

곽승지, "한국인과 조선족 간 갈등 요인 및 갈등해소 방안," 동북아역사재단 용역과제, 2010. 1 제출.

곽승지, "한반도의 평화 통일과 재중 한인의 기여," 국사편찬위원회,『중국 한인의 역사 (하)』, 2012.

곽승지, "한중관계 발전 과정과 그에 따른 정치적 현상: 조선족의 입장과 연계하여," 곽재석·장경률 엮음,『한중수교 30년의 조선족』, 한국학술정보(주), 2022, pp. 29-72.

권향숙, "일본사회와 중국조선족,"『미드리』 7호, (사)이주동포정책연구소, 2011.12.

김강일, "조선족의 정체성과 조선족의 미래,"『조선족의 정체성과 향후 역할에 관한 연구』, 동북아공동체 연구회, 2010.

김경일, "조선반도 남북관계와 조선족사회,"『중국 조선족 사회의 문화우세와 발전전략』, 연변인민출판사, 2001.

김영술, "국내 거주 조선족의 민족 정체성과 국가 정체성 형성과 변화 연구,"『동북아연구』 제34권 2호(2019), 조선대학교 동북아연구소, pp.

73-106.
김재기, "중국 조선족의 과계민족적 특성과 북한 및 통일관," 『한국 동북아논총』 제 38집, 2006.
김주환, "북한 경제활동 동인으로서의 북한 화교의 역할," 『세계지역연구논총』 제30집 1호, 한국세계지역학회, 2012.
김춘선, "중국 조선족 이주사 연구동향 — 중국 조선족사학계 연구를 중심으로," 『제93차 중국학연구회 정기발표회자료집』, 동덕여자대학교 대학원, 2012.5.19.
김호웅, "중국조선족과 디아스포라," 『한중인문학연구』 29, 2010.
김호웅, "조선족동포와 한국국민의 갈등과 화합의 논리," 《동북아신문》 (2020.8.3.), http://www.dbanews.com/news/articleView.html?idxno=40589 (2022.12.30.)
류경재, "중국조선족의 글로벌 코리안 네트워크," 『글로벌 코리안 경제문화 네트워크』, 민족출판사, 2008.
박영실, "정전회담을 둘러싼 북한-중국 갈등과 소련의 역할," 『현대북한연구』 14권 3호, 북한대학원대학교, 2011.
박우, "한국 체류 조선족 '단체'의 변화와 인정투쟁에 관한 연구," 『경제와 사회』 2011년 가을호(통권 제91호), 비판사회학회, pp. 241-268.
박우, "'재한조선족사회'의 형성과 재한조선족 관련 연구," 『제93차 중국학연구회 정기발표회자료집』, 동덕여자대학교 대학원, 2012.5.19.
박은희, "인문주의적 공동체의 존립을 위한 사고: 하나의 시론 — 중국 조선족의 시선에 기초하여," 『한국학연구』 제55집(2019), 인하대학교 한국학연구소, pp. 101-122.
박종철, "문화대혁명 초기 북중관계와 연변 조선족," 『민족연구』 63호, 한국민족연구원, 2015, pp. 102-135.

백승애, "중국의 대조선족정책," 고려대학교 대학원 석사학위 논문, 2007.

성근제 "문화대혁명과 연변,"『중국현대문학』 제43호, 한국중국현대문학회, 2007.

손춘일, "해방직후 재만 조선인들의 한반도 귀환,"『전농사론』 제9집, 서울 시립대학교 국사학과, 2003.3.

안지연·양보균, "재외동포에서 신화교로 — 한국의 정책변화와 조선족의 인식 변화,"『한중사회과학연구』 제19권 제4호(통권 61호), 한중사회과학학회, pp. 233-250.

염인호, 6·25전쟁과 연변 조선인 사회의 관련성에 관한 일고찰," 한국근현대사학회 편,『한국근현대사연구』 제28집, 2004년 봄호.

염인호, "중국연변 문화대혁명과 주덕해의 실각," 독립기념관 한국독립운동사연구소,『한국 독립운동사연구』 제25집, 2005.12.

염인호, "중국 연변 조선족의 민족정체성에 대한 일고찰(1945.8-1950. 말),"『한국사연구』 140, 2008.

염인호, "'전단'을 통해서 본 중국 연변지방 문화대혁명과 파벌투쟁,"『연변조선족사회의 과거와 현재』, 고구려역사재단, 2006.

유병호, "재만 한인의 국적문제 연구(1881-1911)", 중앙대학교 대학원 박사학위논문, 2001.

유병호, "중국 조선족의 한국전쟁 참전 동기에 대한 고찰-《동북조선인민보》의 기사를 중심으로,"『제1회 한국학중앙연구원 현대한국연구소 국제학술회의 자료집』, 2010. 6. 25.

유상수, "한국전쟁에 참전한 중국 조선족; 용정(동성용진) 거주 참전 조선족을 중심으로," 중앙대학교 대학원, 2001.6.

이상숙·송문지, "1950-1960년대 조선족의 북한이주와 북중 협력,"『북한연구학회보』, 북한연구학회, 2012년 여름.

이진영, “중국공산당의 조선족정책의 기원에 대하여 : 1927-49,”『재외한인연구』 제9호, 2000. 12.

이진영, “조선인에서 조선족으로 : 중국공산당의 연변지역 장악과 정체성 변화, 1945-1949,”『중소연구』 95, 2002.

이창호, “신화교의 국내 이주와 정체성의 정치,”『민족연구』 No. 58(2014), (사)한국민족연구원, pp. 4-27.

정병준, “국공내전·한국전쟁이 만든 만주조선인사회의 정체성,”『역사와 현실』, 2010.

정판룡, “곡절 많은 인생,”『연변대학교 40년사』, 연변대학교 40년 편찬위원회, 1989.

카사이 노부유키, “재일조선족의 이주와 조선족네트워크의 상대화,”『미드리』 7호 (사)이주동포정책연구소, 2011. 12.

황유복, “조선족 정체성에 대한 담론,”『중국조선족사연구』(북경 : 민족출판사, 2009).

〈단행본〉

강명상,『중공의 소수민족정책』(서울 : 융성출판, 1988).

건국대학교 통일인문학연구단,『코리언의 역사적 트라우마』(서울 : 선인, 2012).

게오르크 루카치, 박정호·조만영 옮김,『역사와 계급의식 : 마르크스주의 변증법 연구』(서울 : 거름, 2005).

곽승지,『동북아시아시대의 연변과 조선족 : 현실진단과 가치평가』(서울 : 아이필드, 2008).

곽승지,『중국 동북3성 조선족마을 현황 연구』(서울: 재외동포재단, 2015)(비매품).

곽승지,『중국 동북지역과 한민족』(서울: 도서출판 모시는 사람들, 2017).
곽재석·장경률 엮음,『한중수교 30년의 조선족』(서울: 한국학술정보(주), 2022).
국민대학교 한국학연구소 편,『중국지역 한인귀환과 정책 6』(서울 : 역사공간, 2006).
강위원,『흑룡강의 조선족』(서울 : 고함 커뮤니케이션, 2005).
공봉진,『중국공산당 1921-2011』(파주 : 이담북스, 2011).
권태환 편저,『중국 조선족사회의 변화: 1990년 이후를 중심으로』(서울 : 서울대학교출판부, 2005).
김경일,『중국의 한국전쟁 참전 기원』(서울 : 논형, 2004).
김동선,『겨레의 넋』(연변 : 연변인민출판사, 2001).
김중생,『북만주 반일운동근거지 취원창』(서울 : 명지출판사, 2001).
김중생,『조선의용군의 밀입북과 6·25전쟁』(서울 : 명지출판사, 2001).
길림신문사 편,『기사로 읽는 새 중국 60년 조선족변천사: 길림편』(북경 : 민족출판사, 2010).
도미니크 라카프라, 육영수 엮음,『치유의 역사학으로: 라카프라의 정신분석학적 역사학』(서울 : 푸른역사, 2008).
동북아역사재단편,『만주 그땅, 사람 그리고 역사』(서울 : 동북아역사재단, 2007).
로버트 카플란, 이순호 옮김,『지리의 복수』(서울: 미지북수, 2017).
류연산,『혈연의 강들』(연변 : 연변인민출판사, 2002).
류은규,『연변문화대혁명 : 10년의 약속』(군포 : 토향, 2010).
박광성,『세계화시대 중국조선족의 초국적 이동과 사회변화』(파주 : 한국학술정보(주), 2008).
박지향 외,『해방전후사의 재인식』(서울 : 책세상, 2006).

서경식 지음, 형진의 옮김, 『역사의 증인 재일조선인』(서울 : 반디, 2012).
서동만, 『북조선 사회주의체제 성립사: 1945-1961』(서울 : 도서출판 선인, 2005).
서명훈, 『할빈시 조선민족 백년사화』(북경 : 민족출판사, 2009).
석원화, 최복실 옮김, 『중국공산당과 한국독립운동 관계기사 연구』(서울 : 고구려, 1997).
설용수, 『재중동포 조선족이야기』(서울 : 미래문화사, 2004).
송남헌, 『해방3년사2 : 1945-1948』(서울 : 까치, 1985).
연변대학 제3기 '211프로젝트' 중점항목, 『중국조선족통사 하권』(연변 : 연변인민출판사, 2009).
연변일보사편, 『기사로 읽는 새 중국 60년 조선족변천사: 연변편』(북경 : 민족출판사, 2010).
염인호, 『조선의용군의 독립운동』(파주 : 나남출판, 2003).
염인호, 『또 하나의 한국전쟁』(서울 : 역사비평사, 2010).
와다하루끼, 이종석 옮김, 『김일성과 만주항일전쟁』(파주 : 창작과 비평사, 1992).
윤윤진, 『재중 조선인 문학연구』(서울 : 서우얼출판사, 2006).
이광규, 『격동의 중국 조선족』(서울: 백산서당, 2002).
이덕일, 『근대를 말하다』(서울 : 역사의 아침, 2012).
이도기, 『현대 중국공산당의 이해 : 역사·지도사상·영도』(서울 : 통일신문, 2008).
이세기, 『중소대립과 한국전쟁 : 스탈린의 전쟁의도와 모택동의 참전동기』(서울 : 도서출판 현장, 1981).
이해영, 『중국 조선족 사회사와 장편소설』(서울 : 도서출판 역락, 2006).
이정식 지음, 허동현 엮음, 『20세기에 다시 보는 해방후사』(서울 : 경희대학교

출판문화원, 2012).
이종석,『북한 - 중국관계: 1945-2000』(서울 : 중심, 2004).
임계순,『우리에게 다가온 조선족은 누구인가』(서울: 현암사, 2003).
정신철,『중국조선족사회발전연구』(료녕 : 료녕민족출판사, 1999).
정판룡,『고향떠나 50년』(북경 : 민족출판사, 2000).
정현수 외,『중국조선족 증언으로 본 한국전쟁』(서울 : 선인, 2006).
정협 연변조선족자치주 문사자료위원회 편,『해방초기의 연변』(료녕 : 료녕민족출판사, 2000).
정협 연변조선족자치주 문사자료위원회 편,『돌아보는 력사』(료녕 : 료녕민족출판사, 2002).
조정남 외,『북한의 재외동포정책』(서울 : 집문당, 2002).
중국조선민족발자취총서 6,『창업』(북경 : 민족출판사, 1994).
중국 해양대학교 해외한국학 중핵대학 사업단,『귀환과 전쟁, 그리고 근대 동아시아인의 삶』(서울 : 경진, 2011).
중앙인민방송국 민족중심 조선어부,『영원한 기념비』(북경 : 민족출판사, 2011).
케이스 젠킨스 지음, 최용찬 옮김,『누구를 위한 역사인가』(서울 : 혜안, 1999).
퀀틴 스키너 지음, 황정아·김용수 옮김,『역사를 읽는 방법』(파주 : 돌베개, 2012).
한석정 노기식 편,『만주, 동아시아 융합의 공간』(서울 : 소명출판, 2008).
허상림 편저,『연변과 더불어 60성상』(북경 : 민족출판사, 2006).

2008년 재외동포재단 연구보고서,『교포정책개발과 재외동포재단 비전설정 연구』(서울: 사)해외교포문제연구소, 2008).

공보처, 『한국전쟁 : 증언자료』(서울, 1992).

상지시조선민족사편집위원회, 『상지시 조선민족사』, 2009.

『무지개를 수놓는 사람들』, 중한수교 30주년 기념 중국조선족기업가 30인에 대한 취재 실록, 신세림출판사, 2022.

『재외동포 관련 법령집』, 재외동포재단, 2014.

高永一, 『朝鮮族通史修改版; 近代-1952年』(서울 : 圖書出版 白岩, 2009).

孫春日, 『中國朝鮮族移民史』(北京 : 中華書局, 2009).

延邊大學民族研究院 編, 『朝鮮族研究論叢 5』, (延吉 : 延邊大學出版社, 2001).

延邊大學民族研究院 編, 『朝鮮族研究論叢 6』, (延吉 : 延邊大學出版社, 2009).

〈기 타〉

《연합뉴스》, 《중앙일보》, 《오마이뉴스》, 《동북아신문》, 《동포세계신문》, 《연변일보》, 《흑룡강신문》, 《길림신문》 등.

〈10주년 기념 수정 증보판〉

조선족, 그들은 누구인가

- 중국 정착 과정에서의 슬픈 역사 -

발행일 1쇄 2023년 2월 28일

지은이 곽승지
펴낸이 여국동
펴낸곳 도서출판 인간사랑
출판등록 1983. 1. 26. 제일-3호
주소 경기도 고양시 일산동구 백석로 108번길 60-5 2층
물류센타 경기도 고양시 일산동구 문원길 13-45(문봉동)
전화 031)901-8144(대표) | 907-2003(영업부)
팩스 031)905-5815
전자우편 igsr@naver.com
페이스북 http://www.facebook.com/igsrpub
블로그 http://blog.naver.com/igsr
인쇄 인성인쇄 **출력** 현대미디어 **종이** 세원지업사

ISBN 978-89-7418-436-0 93300